Alexandra Zykunov

»Was wollt ihr denn noch alles?!«

ullstein

Alexandra Zykunov

»Was wollt ihr denn noch alles?!«

Zahlen, Fakten und Absurditäten
über unsere ach-so-tolle Gleichberechtigung

Ullstein

Besuchen Sie uns im Internet:
www.ullstein.de

Originalausgabe im Ullstein Taschenbuch
1. Auflage Dezember 2023
2. Auflage 2025

Bei Fragen zur Produktsicherheit wenden Sie sich bitte an
produktsicherheit@ullstein.de
Umschlaggestaltung: semper smile, München
Titelabbildung: © Hans Scherhaufer
Satz: Pinkuin Satz und Datentechnik, Berlin
Gesetzt aus der Kepler Std
Druck und Bindearbeiten: GGP Media GmbH, Pößneck
ISBN 978-3-548-06824-4

Dieses Buch ist,
genau wie schon mein erstes,
für meinen Sohn und meine Tochter.
Damit sie in 30 Jahren hoffentlich nicht dieselben
Grabenkämpfe ausfechten
müssen wie wir heute.

»Die Emanzipation ist erst dann vollendet, wenn auch einmal eine total unfähige Frau in eine verantwortliche Position aufgerückt ist.«

Heidi Kabel, Schauspielerin

Inhalt

Laut einer UN-Studie
hegen fast 90 Prozent
der gesamten Weltbevölkerung
Vorurteile gegenüber Frauen.[1]

Muss ich wirklich noch mehr sagen?

Disclaimer

Es geht in diesem Buch viel um Erhebungen, Zahlen und Daten zu Verhaltensmustern von »Männern« und »Frauen«, um Rollenbilder, die typischerweise »Männern« und »Frauen« zugeordnet werden, und um die Erwartungshaltung unserer Gesellschaft gegenüber »Männern« und »Frauen« in verschiedenen Alltagssituationen. Dabei verwende ich »Männer« und »Frauen« immer wieder verallgemeinernd, was natürlich Quatsch ist, weil es nicht *die* Männer oder *die* Frauen gibt.

Ich schreibe auch viel über Partnerschaften, Ehen und Familien, die aus Männern und Frauen bestehen, und verwende diese Begriffe ebenfalls verallgemeinernd, obwohl das natürlich genauso Quatsch ist, weil es nicht *das* Beziehungs- oder Familienmodell gibt.

Zum Glück leben wir in einer Gesellschaft, in der es vielfältige Geschlechtsidentitäten gibt. Zum Glück leben wir in einer Gesellschaft, in der es vielfältige Beziehungs-, Lebens-, und Familienmodelle gibt. Das Problem ist nur, dass diese Vielfältigkeit ständig und überall von einem patriarchalen System unterdrückt und verschleiert wird, und das dazugehörige Familienbild sieht so aus: Es gibt *die* weiße, heterosexuelle, christliche, normschöne, ablebodied cis-Frau, es gibt *den* weißen, heterosexuellen, christlichen, normschönen, ablebodied cis-Mann, und wenn sie sich verlieben und zusammen ein weißes, heterosexuelles, christliches, normschönes, ablebodied cis-Kind bekommen, sind sie die perfekte deutsche Vorzeigefamilie.

Um diese patriarchalen, oft ableistischen, klassistischen, queer- und fremdenfeindlichen Strukturen aufzuzeigen, die uns immer wieder in die typischen Rollenzuschreibungen von »dem Mann« und »der Frau« zwängen, muss ich diese Begrifflichkeiten einsetzen – um sie herauszuarbeiten und dadurch zu entlarven.

Wenn ich in diesem Buch vom Patriarchat spreche, möchte ich keinen Männerhass schüren oder sämtliche Männer über einen Kamm scheren, sondern das System dahinter sichtbar machen, das sehr viele gesellschaftliche Gruppen unterdrückt, die – überspitzt gesagt – nicht aus alten, weißen heterosexuellen Männern bestehen. Und es ist ein System, das auch viele heterosexuelle cis-Männer unterdrückt, auch wenn sie es selbst auf den ersten Blick vielleicht gar nicht merken.

Eine letzte Sache: Wenn ich auf den folgenden Seiten vom Feminismus spreche, meine ich einen Feminismus, der nicht nur Diskriminierungen weißen, christlichen, heterosexuellen cis-Frauen gegenüber abschaffen will, sondern sämtliche Diskriminierungsformen allen marginalisierten Gesellschaftsgruppen gegenüber.

Wem jetzt der Kopf raucht vor lauter Gender-Sprech: Keine Sorge, das war's schon mit dem feministischen Fachjargon, und wir kommen zu der alles entscheidenden Frage: Bock, ganz ohne feministische Vorkenntnisse das Patriarchat anzuzünden? Ja? Gut. Ich auch.

Bevor es losgeht

»Frau Zykunov, welche Zahlen zur Diskriminierung von Frauen in Deutschland haben Sie während Ihrer Recherche am meisten schockiert?«

Im Grunde kam diese Frage in jedem einzelnen Interview, das ich vor zwei Jahren zu meinem ersten Buch »Wir sind doch alle längst gleichberechtigt!« geführt habe, und in jeder einzelnen Lesung aus dem Publikum. Dabei saßen in der Regel Frauen vor mir, die bereits verstanden haben, dass das System sie absichtlich ausbremst und erschöpft. Nur, in welchem Ausmaß und in welchen Bereichen des Alltags (Spoiler: in allen) – das war und ist den allermeisten Frauen auch heute noch nicht bewusst. Warum auch? Nur ein Bruchteil aller Bücher, die in weiterführenden Schulen im Fach Deutsch gelesen werden, ist von Frauen geschrieben. Erfinderinnen, die in der Vergangenheit Wissen und Forschung voranbrachten, sind aus Geschichtsbüchern systematisch rausgestrichen worden. Mehr als 90 Prozent aller Bürgermeister*innen hierzulande sind männlich, 87 Prozent aller Chefredakteur*innen in Lokalzeitungen sowie 72 Prozent der Lehrstuhlinhaber*innen an den Universitäten dieses Landes sind Männer. Also werden Zahlen, Fakten und statistische Abfucks zur Frauendiskriminierung in allen diesen Instanzen auch wenig bis gar nicht thematisiert. Diese Zahlen sind kaum Thema in Schulbüchern, kaum Aufmacher in Tageszeitungen und auch nicht Grundbausteine eines jeden Studiengangs in Deutschland. Folglich wird es nicht zum Allgemeinwissen, und dementsprechend wird in der Mitte der Gesellschaft auch kaum gegen diese Ungerechtigkeiten gekämpft. Warum auch, wenn man sich des

Ausmaßes gar nicht bewusst ist. Deswegen schreibe ich dieses Buch. Es soll all die absurden, teils völlig unbekannten, aber leider sehr realen Zahlen, Studien und Abfucks in den Fokus rücken, die aufzeigen, wo und wie Frauen in unseren ach so aufgeklärten Industrieländern benachteiligt werden, wodurch ihr Leben unbequemer, anstrengender, langweiliger, ärmer, ungesünder und im Zweifelsfall auch lebensgefährlicher wird. Ja, auch heute noch. Ja, auch in einem vermeintlich hoch entwickelten und reichen Land wie Deutschland.

Da ihr beim Lesen wahrscheinlich ähnlich wie ich beim Schreiben zeitweise sehr wütend sein werdet, möchte ich euch von einer Sache erzählen, auf die ich ebenfalls auf meinen Lesungen der letzten Jahre immer wieder angesprochen wurde. Nämlich: wie man es eigentlich erträgt, den ganzen Tag so wütend zu sein? Und das wird man zwangsläufig bei all den Zahlen und Daten, die wir auf den nächsten knapp 300 Seiten kennenlernen werden. Es muss doch extrem ermüdend sein, erschöpfend und frustrierend, all das zu lesen und aufzuschreiben, oder?

Ich laufe allerdings gar nicht die ganze Zeit geladen durch die Gegend. Ich komme auch nicht mit einem Puls von 180 morgens in die Büroküche oder mit geballten Fäusten Sonntagnachmittag zum Familienkaffeekränzchen. Schließlich möchte ich trotzdem einen funktionierenden Freundeskreis haben, ich möchte auch noch eine Weile mit meinem Partner zusammenbleiben und auch in Zukunft auf Familienfeiern eingeladen werden. Auf die meisten jedenfalls.

Wenn ich jedoch wütend werde – und das werde ich doch ziemlich oft –, frustriert oder ermüdet mich diese Wut gar nicht. Sie ist nicht destruktiv, sie ist nicht erschöpfend, lähmend oder selbstzerstörerisch. Sie ist viel eher ein unzerstörbarer Drang nach Veränderung. Sie ist ein Ventil. Und wie ich jetzt weiß, ist Wut auch ein liebevoller Schutzmechanismus.

Ich las neulich die Einordnung einer Therapeutin zum Thema Wut, die für mich augenöffnend war: »Deine Wut weiß, wenn du schlecht oder respektlos behandelt wurdest oder wenn deine Bedürfnisse vernachlässigt wurden. Sie gibt dir ein Zeichen, wenn du einen Ort oder eine Situation verlassen solltest. Lerne, auf die Wut zu hören, und mache sie zu deiner besten Freundin. Denn die Wut ist *der* Teil von dir, der dich am meisten liebt.«

Ich fand diesen letzten Satz so bahnbrechend. Meine Wut ist der Teil von mir, der mich am meisten liebt. Der Teil, der meine Bedürfnisse im Sinn hat. Kein Wunder also, dass Frauen Wut seit Generationen abtrainiert und aberkannt wurde! Sollten Frauen doch stets für die Erfüllung der Bedürfnisse anderer zur Verfügung stehen. Frauen sollten auch ganz sicher keine Emotion nach außen tragen, die Raum einnimmt, Aufmerksamkeit auf sich zieht, auf Missstände hinweist und Veränderungen fordert. Und ganz sicher sollten sie sich nicht selbst lieben und beschützen wollen.

Und so empfinde ich meine Wut nicht als Bürde, sondern als diese verloren gegangene Freundin, die wie keine andere meine Bedürfnisse, meine Werte und meinen Sinn für Gerechtigkeit im Blick hat.

Also freut euch, wenn sich diese Freundin meldet – das wird sie während der folgenden Lektüre sehr oft tun –, und sperrt sie nicht aus, nur weil euch von klein auf eingeredet wurde, sie sei keine gute Spielgefährtin. Sie ist eine super Spielgefährtin! Und eine, vor der das Patriarchat eine Scheißangst hat.

Gender Wikipedia Gap

Wo fange ich an? Das war eine der größten Fragen, die mich umtrieb, als ich mit der Arbeit an diesem Buch startete. Womit beginne ich? Welche Statistik ist die absurdeste, schockierendste, unbekannteste? Womit kann ich die Leser*innen am meisten schocken, mit welcher Zahl am meisten den Kopf schütteln lassen und sie dazu bringen, dass sie diese vor lauter Unfassbarkeit mit sämtlichen Freundinnen, Social-Media-Kanälen und Online-Netzwerken teilen? Welche Zahl eignet sich dafür besonders gut?

Die Antwort ist: alle. Ohne Witz. Es gibt einfach zu viele dieser Zahlen. Also dachte ich mir, lege ich einfach damit los, was ich in letzter Zeit an statistischen Abfucks selbst erlebt habe, und wir schauen mal, wohin uns das bringt.

Man muss dazu wissen, dass zum Zeitpunkt, zu dem ich diese Zeilen schreibe, mein erstes Sachbuch »Wir sind doch alle längst gleichberechtigt!« bereits sieben Monate in der SPIEGEL-Bestsellerliste ist. Sieben Monate ist eine ziemlich lange Zeit, finde ich. Es gab dazu Interviews, Gespräche und Rezensionen mit mir oder über mich in mehr als 65 Zeitungen, Magazinen, Podcasts oder TV-Beiträgen und unzählige Posts auf Social Media. Und seit das Buch herausgekommen ist, hielt ich mehr als 60 öffentliche Lesungen, Keynotes bei parlamentarischen Abenden vor Politiker*innen und Entscheider*innen oder saß auf Panels bei großen börsennotierten Unternehmen wie SAP, E.ON, Pfizer Pharma, Axa, Sparkasse, Johnson & Johnson usw.

Warum erzähle ich das alles? Nicht um mich hier abzufeiern – obwohl ein Thomas das im Zweifelsfall auch einfach tun und nicht mit so einem entschuldigenden Einschub relativieren würde. Warum also schreibe ich das alles? Weil mich vor einer Weile bei den Verhandlungen für eine potenzielle Keynote bei einer Veranstaltung eines großen internationalen Unternehmens die zuständige Mitarbeiterin vorsichtig fragte, bei welchen Firmen ich denn schon alles eine Keynote hielt, damit sie den Vorstand von meiner Relevanz überzeugen könne.

Ich will dem Vorstand jetzt nicht zu nahe treten, aber da Statistiken zeigen, dass in Deutschland zu diesem Zeitpunkt in den 160 größten deutschen Börsenunternehmen 599 Männer und nur 99 Frauen in Vorständen saßen und damit eine Frauenquote von 14,2 Prozent[2] hatten, war mir in diesem Moment recht klar, dass besagter Vorstand wahrscheinlich auch eher alt und männlich ist und folglich mehr Überzeugungsarbeit brauchen könnte, um eine Person für eine Keynote zu engagieren – und vor allem zu bezahlen –, mit der er sich – sagen wir es mal so – eher weniger identifizieren kann.

Und ich meine das wirklich nicht gehässig, es ist tatsächlich so, dass Menschen dazu tendieren, Personen sympathischer zu finden und auch einzustellen, die so sind wie sie. In der Arbeitswelt hat dieses Phänomen sogar schon einen Namen, der zugegebenermaßen ein bisschen lustig ist. Die Rede ist vom Thomas-Kreislauf[3] – ein Thomas stellt einen Thomas ein, der einen Thomas einstellt, der einen Thomas einstellt. Es sei denn, Quoten hindern all die Thomasse an genau diesem Unterfangen – aber: anderes Thema.

Der Thomas-Kreislauf ist für Frauen natürlich nicht nur in Vorständen von Nachteil. Sondern überall dort, wo vermehrt Thomasse sitzen. Und das ist quasi überall der Fall, wo sich Macht, Geld und Sichtbarkeit zentrieren. So gab es bis vor Kurzem in Bayern unter 71 Landräten mehr Landräte, die Thomas hießen, als Frauen.4 In den deutschen Großstädten gibt es mehr Oberbürgermeister, die Thomas heißen, als Frauen. Und auch bei Volkswagen beispielsweise gab es im September 2022 mehr Thomasse im Vorstand, als es Frauen gab.[5] Und ja, es ist tatsächlich immer der Thomas, der hier die Frauen übertrumpft. Aber nicht nur: Auch Hans war und ist als Führungsname sehr beliebt. So hat 2019 ein Bundesministerium selbst in einer Statistik festgestellt, dass es zu dem Zeitpunkt seit mehr als 70 Jahren Bundespolitik beispielsweise mehr Staatssekretäre gab, die Hans hießen, als Frauen,[6] die dieses Amt bekleideten.

Wer das jetzt spitzfindig findet oder nach einem Zufall hinter dieser Hans-Thomas-Dominanz sucht – ich kann diese erste Abwehrhaltung gut verstehen –, googelt bitte mal den aktuellen Bericht der Allbright Stiftung.[7] Die Non-Profit-Organisation veröffentlicht jährlich die Zahlen von Frauen in börsennotierten Unternehmen. Und während ihr jetzt vielleicht mit den Augen rollt, weil ihr denkt, *Oh nee, jetzt kommt sie mir wieder mit den ollen Vorstandszahlen*. Nein, darauf will ich nicht hinaus. Was wesentlich einprägsamer ist als irgendwelche Vorstandsquoten, ist eine andere Tatsache, und damit kommen wir zu unserem ersten absurden Gender Gap: Die Zahlen der Allbright Stiftung zeigen, dass es seit Jahren auch unter den Vorstandsvorsitzenden der größten börsennotierten Unternehmen mehr Männer gab, die Thomas hießen, als Frauen.[8]

Kann doch nicht sein, könnte man jetzt meinen, *das muss ja eine unfassbar veraltete Statistik sein!* Ja, die Erhebung war tatsächlich veraltet. Im September 2022 gab es neue Zahlen, die zeigten, dass unter den Vorstandsvorsitzenden nun Gott sei Dank nicht mehr mehr Thomasse saßen als Frauen. Ein Grund zur Freude? Leider nein. Die Statistik belegte lediglich, dass dort nun mehr Christians saßen als Frauen. Kein Witz! Christian hat Thomas einfach abgelöst. An dem Umstand selbst hatte sich aber nichts geändert: Unter den Vorstandsvorsitzenden kamen nun auf zehn Christians neun Frauen.[9]

Dass die wenigen Frauen, die in den Vorständen überhaupt auftauchen, zu einem absoluten Großteil weiß oder weiß gelesen sind, muss wohl nicht noch extra erwähnt werden.[10]

Warum erzähle ich das alles? Weil ich offensichtlich weder ein Thomas noch ein Christian, Jürgen oder Günther bin. Das wurde mir in dem Gespräch mit der Mitarbeitenden am Telefon noch mal richtig deutlich. Mein Nicht-Thomas-Dasein könnte mir also sowohl bei dieser als auch bei zukünftigen Keynote-Anfragen zum Verhängnis werden, dachte ich.

Im Grunde ist es ja bei *sämtlichen* Vorgängen, bei denen Männer über das Engagement entscheiden, ein Nachteil für eine Frau, dass sie eine Frau ist. Sei es bei Line-ups für Konzerte, bei Besetzungen von Panels, bei Expert*innenrunden, Workshopsgeber*innen, Expert*innenanfragen für Fernsehbeiträge, Berufungen für Professuren usw. usf. Sind die Entscheider*innen der Besetzung mittelalt, weiß, männlich und heißen Thomas, werden sie dazu tendieren, auch mittelalte, weiße, männliche Thomasse zu besetzen und diese sichtbar zu machen.

Was würde also helfen, sich gegen den Thomas- oder aktuell eher Christian-Kreislauf durchzusetzen? Erstens: wenn sämtliche Auftraggeber*innen und Entscheider*innen *wüssten*, dass es diesen Kreislauf überhaupt gibt und wie man aktiv dagegen anarbeiten kann. Und zweitens: wenn weibliche Auftragnehmerinnen eine Extraportion Sichtbarkeit hätten, eine Extraportion Expertise, eine Extraportion spannender Fakten, Arbeiten, Auszeichnungen, die ein Thomas, Christian oder wie auch immer er heißen mag bei gleicher Qualifikation im Zweifelsfall nicht vorweisen kann. Eigentlich ja ganz einfach. Und gleichzeitig unfassbar unfair. Denn es bedeutet im

Umkehrschluss, dass Frauen – bei gleicher Qualifikation – i m m e r einen Ticken besser sein müssen als Männer, um überhaupt in irgendeine Vorauswahl für irgendein Gespräch infrage zu kommen.

Wer auch das latent übertrieben findet, dem kann ich unzählige Studien ans Herz legen, die exakt das belegen. Oder ihr schaut einfach in meinem ersten Buch »Wir sind doch alle längst gleichberechtigt!«[11] vorbei, in dem ich verschiedenste Untersuchungen dieser Art zitiere: Wenn in Studien etwa identische Lebensläufe mit exakt denselben Abschlüssen, Berufsstationen und Weiterbildungen an Personaler*innen verschickt werden, die Personaler*innen aber Frauen grundsätzlich eine Schulnote niedriger einstufen; oder wenn gleichqualifizierte Männer und Frauen jenseits der 50 in Bewerbungsanschreiben dieselbe Jahressumme X bei ihren Gehaltsvorstellungen aufrufen und diese Summe X bei Männern als angemessen, bei Frauen jedoch als überhöht angesehen wird; oder, oder, oder. Und natürlich müssen Frauen oder Mütter of Color oder Frauen mit einem ausländisch klingenden Namen dann noch mal besser sein als weiße Frauen mit deutsch klingendem Namen, die dann wiederum besser sein müssen als weiße, deutsche Männer. Puh!

Es ist also unsagbar unfair und erschöpfend, dass Frauen offensichtlich per se nur dann eine höhere Chance haben, engagiert oder auf einem Panel besetzt zu werden, wenn sie besser, schlauer, sichtbarer oder erfolgreicher als ein Thomas sind, und sie ja aber gleichzeitig beim Erreichen dieser Extra-Erfolge von eben diesen Thomassen gebremst werden. Also ihnen dieses Extra-Herausstechen, das sie brauchen, um überhaupt eingeladen zu werden, wiederum durch die sowieso schon grundsätzlich viel zu seltenen Einladungen erschwert wird. Oder kurz gesagt, das typische Katze-beißt-Schwanz-Phänomen:

Damit Frauen bei Panels und Co. genauso oft besetzt werden wie Thomasse, müssen sie vermehrt auf eben diesen Panels vorher gesessen haben, was sie nicht können, weil sie keine Thomasse sind.

Zurück zu meinem Gespräch: Ich erzählte also der Mitarbeitenden des großen Unternehmens von meinen bisherigen Auftraggebern, wie SAP, E.ON, Bosch, Axa, Johnson & Johnson und Co. und dachte, wenn mich ihr Vorstand dann googelt, sieht er ja die zahlreichen Aufträge und Interviews und wird schon einigermaßen davon überzeugt sein, dass ich eine schlaue Besetzung für die Keynote wäre. Was mir zu meinem Sichtbarkeitsglück allerdings zusätzlich noch fehlte, das wurde mir in dem Moment klar, war ein Wikipedia-Eintrag. Was uns langsam, aber sich zum zweiten Gender Gap dieses Buches bringt.

Ich fragte also (wahrscheinlich ein bisschen naiv) in meiner Instagram-Community nach, ob sich denn dort eigentlich auch Wikipedianer*innen tummeln, ob ich wohl »wichtig« genug bin, einen Wikipedia-Artikel zu bekommen und, wenn ja, ob nicht eine*r von ihnen Bock hätte, einen kleinen Artikel über mich zu schreiben. Es fanden sich tatsächlich ein paar Leute und schrieben drauflos. Noch am selben Tag entstand ein kurzer, knackiger Artikel über mich. Da jede*r bei Wikipedia mitschreiben kann, ergänzte ich den Artikel an einigen Stellen, da beispielsweise mein Studium fehlte oder die Unternehmen, auf deren Panels ich schon mal saß. (Später erfuhr ich, dass es innerhalb von Wikipedia verpönt ist, wenn jemand seine eigene Biografie ergänzt – ergibt ja auch Sinn –, also ließ ich meine Ergänzungen dann bleiben.)

Es kam, wie es kommen musste: Keinen halben Tag später wurde der Artikel von der Seite genommen. Und in eine Art Backend verschoben, weil der Artikel – so die Begründung von

Wiki-Administrator*innen – »zu dünn« war und nicht genug Relevanzpunkte und Belege aufwies. Fair enough, dachte ich und googelte erst mal, welche Relevanzkriterien Buchautor*innen und / oder Journalist*innen eigentlich so erfüllen müssen, um für Wikipedia als »relevant« genug zu gelten.

Auf den Seiten von Wikipedia selbst wurde ich fündig.[12] Dort ist für Autor*innen u. a. als Relevanzvoraussetzung von mindestens vier veröffentlichten Sachbüchern die Rede. Gut, die habe ich (noch) nicht erfüllt, denn ihr haltet in diesem Moment erst mein zweites Buch in den Händen. Einen reputablen Literaturpreis – eine alternative Voraussetzung – habe ich auch (noch) nicht gewonnen. Dann las ich etwas, das mir Hoffnung machte: Für Wikipedia gilt man laut den eigenen Regeln als Autor*in nämlich sehr wohl als »relevant«, wenn sie »ein Standardwerk verfasst haben, das in reputablen externen Quellen als solches bezeichnet wird«, oder wenn das Buch »in besonderer Weise öffentlich wahrgenommen werde (beispielsweise Rezensionen in renommierten überregionalen Zeitungen)«.

Und da wurde ich tatsächlich stutzig: War ich mit all den Interviews und / oder Rezensionen und mit einem siebenmonatigen SPIEGEL-Bestsellerlisten-Status nicht in besonderer Weise öffentlich wahrgenommen worden? Und: Ich bekam Nachrichten von Lehrer*innen, Dozent*innen und tatsächlich auch Professor*innen, die Inhalte aus meinem Buch in ihre Unterrichtseinheiten, ihre Seminare und Vorlesungen einbauten. Da wir Frauen aber nicht dazu neigen, all diese Vernetzungen öffentlich zu machen, und da sicherlich – und so schließt sich dieser absurde Kreis – auch all die besagten Dozentinnen und Professorinnen sehr wahrscheinlich n i c h t auf Wikipedia vertreten sind, wo sie sich gegenseitig zitieren und die jeweils verwendeten Literaturlisten in ihren Seminaren samt Verlinken der besagten Autor*innen öffentlich machen könnten, war auch dieser Fakt für die Entscheider bei Wikipedia nicht sichtbar und war ich in dem Fall immer noch nicht relevant genug.

In den folgenden Stunden entbrannte also ein kleiner Wikipedia-Beef zwischen engagierten feministischen Wikipedianer*innen und offenbar noch engagierteren Wikipedia-Administratoren, die trotz verschiedenster Ergänzungen, Zitate aus medienrelevanten Artikeln und Rezensionen über mein Buch mir keinen Platz in der Wikipedia-Sonne gewähren wollten. Und ich konnte diese Debatten live mitverfolgen.

Der Artikel über mich wurde wie ein Pingpongball mehrere Stunden hinweg ins Backend und zurück verschoben, um dann schlussendlich mit der Begründung »Relevanzkriterien werden hoffnungslos verfehlt«, »wenig Chance für eine enzyklopädische Relevanz«, »Promoaktion« und – Achtung – »Sie sollten sich schämen« gelöscht zu werden. Jepp. Leute, die meinen Artikel erstellt haben, sollten sich also dafür schämen, dass sie es getan hatten.

Mehr noch: Weil daraufhin die Wikipedianer*innen versucht haben, meinen Artikel noch mal zu erstellen, wurde der Name »Alexandra Zykunov« als Artikelname – Trommelwirbel – für die nächsten 365 Tage gänzlich gesperrt und – Doppel-Trommelwirbel – konnte von nun an nicht mehr von jeder*m Wikipedianer*in einfach so auf der Seite veröffentlicht werden, sondern nur noch von einem der Administratoren selbst. So viel also zum eigentlich urdemokratischen Gedanken hinter Wikipedia.

Und selbst das war noch nicht das Ende: In der dazugehörenden Diskussionslöschseite, die es für jeden Artikel gibt, der zur Löschung vorgeschlagen wird, wurde weiter für und gegen mich argumentiert. Es wurde etwa darüber debattiert, warum es kaum eine Feministin zu einem Wikipedia-Eintrag schaffe, es dafür aber akribisch geführte Wikipedia-Listen über Pornofilme und jede einzelne darin auftretende Pornodarstellerin gibt.[13] Und als ich mich schließlich selbst als eine von vielen IP-Adressen persönlich einschaltete, um zu erklären, dass ich laut den offiziellen Relevanzkriterien von Wikipedia diese eigentlich erfüllen würde[14] – wurde daraufhin auch meine eigene IP-Adresse für das weitere Diskutieren gesperrt, sodass i c h s e l b s t mich nicht mehr an der Diskussion um m e i n e n e i g e n e n Namen und m e i n e n e i g e n e n beruflichen Werdegang beteiligen konnte. Wow.

Ein Wikipedia-Trauerspiel in mehreren Akten, das weniger als 24 Stunden dauerte.

Macht die jetzt »Mi mi mi«, weil Wikipedia sie nicht für wichtig genug hielt?, könnte man sich jetzt fragen. Keine Sorge, diese Frage stellte ich mir dann auch. Zumal ich »nur« eine Sachbuchautorin bin, vielleicht brauchte ich auch nicht unbedingt einen eigenen Eintrag. Es ist ja nicht so, dass ich Alzheimer geheilt, einen Impfstoff gegen Krebs entwickelt oder die Klimakrise gelöst habe. Da gibt es sicher weitaus wichtigere Frauen als mich, um bei Wikipedia aufzutauchen, dachte ich mir dann. Donna Strickland zum Beispiel. Die als dritte Frau überhaupt im Oktober 2018 den Nobelpreis für Physik bekommen hat, weil sie – Zitat der Nobelpreisjury – mit ihrer Forschung der Welt den größten Nutzen gebracht hat. Aber anscheinend nicht in den Augen der Wikipedia-Administratoren, die zu der Relevanz von Donna Strickland offenbar eine andere Meinung hatten: Nur wenige Monate vor ihrem Nobelpreis nämlich war nicht nur gar kein Artikel über Donna Strickland bei Wikipedia zu finden.[15] Mehr noch: Als eine Biografie über sie entstand, wurde sie prompt wieder gelöscht mit der Begründung, dass auch bei ihr, die »genannten Referenzen [nicht] zeigen, dass sie sich für einen Eintrag qualifiziert.«

Thekla Schild war eine der ersten Frauen in Deutschland überhaupt, die Anfang 1913 einen Abschluss als Diplomingenieurin bekommen hatte. Eine Galionsfigur für kleine Mädchen, könnte man meinen. Nicht aber für Wikipedia: 13 Minuten nachdem ein Eintrag über sie in der größten weltweiten Online-Enzyklopädie angelegt wurde, wurde er auch schon wieder zur Löschung vorgeschlagen, weil der Administrator nicht nur keine Relevanz in der Biografie von Schild sah, sondern unterstellte, Thekla Schild sei frei erfunden und hätte einfach niemals existiert![16]

Herrscht da etwa eine latent frauenfeindliche Stimmung auf dieser weltweit bekannten und vielfach zitierten Informationsplattform? Ich begab mich also in den wikipedianischen Kaninchenbau – und sollte kurze Zeit später komplett vom Glauben abfallen.

Ich begann erst mal ganz simpel mit meinem eigenen Fall und schaute mir einen der an meiner Verschiebung beteiligten Wikipedianer an. Dieser Wikipedianer war offenbar ein Biografienliebhaber und hatte laut seiner eigenen Wikipedia-Seite mehr als 1000 Biografien für das Nachschlagewerk verfasst. Hut ab, der wird viel Zeit haben, dachte ich. Ein Privileg der freien Zeit übrigens, das meist Männern obliegt, während Frauen zunehmend im Zustand der Zeitarmut[17] leben, aber dazu später mehr.

Ich schaute mir die Aufzählung seiner verfassten Biografien genauer an – und wusste an der Stelle schon wieder nicht, ob ich weinen oder lachen sollte: Denn das Geschlechterverhältnis unter seinen mehr als 1000 verfassten Biografien las sich in etwa so: zehn Thomasse, Wolfgangs und Herberts, eine Brunhilde. Zehn Manuels, Richards und Johanns, eine Mathilda.

Ja, gut, Alex, könnte man jetzt meinen, *ist ja auch nur ein einziger Typ von rund 20 000 Autor*innen im deutschsprachigen*

Raum, der eben total zufällig einen leichten Hang zu Männerbiografien hat. Könnte man meinen, ja. Ist nur leider kein Zufall. Sondern ein ganz großes und durch und durch strukturelles Wikipedia-Problem – oder seien wir mal ganz ehrlich: ein Wikipedia-Skandal: **In einer Studie des Mutterkonzerns von Wikipedia, der Wikimedia, wurde bereits 2018 ermittelt, dass nur 9 Prozent aller dort ehrenamtlich beitragenden Menschen weiblich waren.**[18] **Heißt, mehr als 90 Prozent aller Autor*innen bei Wikipedia sind männlich.** Und so überrascht es nicht, dass diese Zusammensetzung der Wikipedia-Autoren (und ich gendere hier jetzt absichtlich nicht) bis zu diesem Zeitpunkt naturgemäß dazu geführt hat, **dass bisher nur 17 Prozent aller Wikipedia-Biografien das Leben von berühmten Frauen beleuchteten, dafür aber 83 Prozent das Leben von berühmten Männern.**[19] Bezieht man dieses Verhältnis auf deutsche Wikipedia-Seiten, bedeutet das, das von den aktuell etwa 900 000 bestehenden Biografien[20] nur 153 000 von Frauen handeln, dafür aber 747 000 von Männern.

Mehr noch: In einer Studie von 2021[21] wurden Biografien, die zwischen 2017 und 2020 zur Löschung »nominiert« wurden, untersucht, und es wurde festgestellt, oh Wunder, dass weibliche Biografien – obwohl sowieso schon so viel seltener vorhanden – häufiger zur Löschung nominiert wurden als männliche. Und dass bei weiblichen Biografien auch die Relevanz an sich häufiger angezweifelt wurde als die Relevanz männlicher Lebenswerke.

Auch Biografien über Transmenschen, Menschen der LGBTQIA+-Community oder non-binäre Künstler*innen, Politiker*innen und Co. wurden häufiger als nicht relevant erachtet und auch ihre Biografien öfter zur Löschung nominiert als Biografien von heterosexuellen cis-Männern.[22] Und auch People of Color oder Menschen mit migrantischen Wurzeln, wie etwa nicht weiße Fußballspieler, wurden trotz vergleichbarer athletischer Erfolge als weniger relevant eingestuft als weiße Sportler.[23]

Und es geht munter weiter: Schaut man sich die geografische Zusammensetzung der Wikipedianer*innen an, kommt gerade unter den Autor*innen eine überragende Mehrheit aus Westeuropa – ist also vorwiegend weiß. Was zusätzlich dazu führt, dass nicht nur in Bezug auf Biografien, sondern auch im geschichtlichen Kontext zu 90 Prozent die weiße, westliche Sichtweise tradiert wird – die aber bei Weitem und nicht zwangsweise der Wahrheit entspricht, wodurch das historische Bild der Menschheit verfälscht wird. Und das in der größten Enzyklopädie der Welt.

So haben die Journalist*innen Jascha Hannover und Lorenza Castella für eine Arte-Dokumentation recherchiert, dass die Qualitätsüberprüfung, ob jemand als relevant oder nicht relevant erachtet wird, darauf beruht, dass es mehrere schriftliche Quellen für einen beschriebenen Menschen oder ein beschriebenes Ereignis geben muss. In der Tradition vieler afrikanischer Länder sei es aber kultureller Brauch, dass Erzählungen über Ereignisse oder Menschen mündlich überliefert werden. Was wiederum bedeutet, dass viele geschichtliche Ereignisse nur lückenhaft, falsch oder gar nicht erzählt werden, »weil dann die einzigen Quellen, die vorliegen, die der weißen Kolonialisten [waren]«.[24] Oder um es mit den Worten der feministischen Architektin und Autorin Karin Hartmann auszudrücken: »Wer heute nicht googelbar ist, war gestern nicht vorhanden.«[25]

Können wir uns diese Absurdität mal kurz vor Augen führen? Es gibt also sowieso schon viel zu wenig Biografien über Frauen, viel zu wenig Biografien über People of Color oder aus der LGBTQIA+-Community. Statt also jede einzelne von ihnen zu feiern und sie vielleicht sogar zu bevorzugen, um dieser wikipedianischen Ungerechtigkeit entgegenzuwirken – wird sogar diesen wenigen marginalisierten Biografien das schiere Überleben auf Wikipedia noch schwerer gemacht? Und die Messlatte offenbar noch höher angesetzt?

Ich möchte wirklich, dass wir uns die Relevanz dieser Tatsachen auf unser aller Zungen noch mal zergehen lassen: **90 Prozent dessen, was öffentlich, politisch, gesellschaftlich und kulturell als wichtig und relevant für die Nachwelt erachtet wird, quasi unser digitaler Nachlass als Zivilisation – wird also kuratiert, interpretiert, debattiert, (um)formuliert oder gänzlich gelöscht von: weißen, westeuropäischen Männern**. Und so sieht es für unsere Nachfahren aus, als ob unter all den weltbewegenden und weltverändernden Erfinder*innen, Politiker*innen, Revoluzzer*innen, Künstler*innen oder Autor*innen auf diesem Planeten nur 17 Prozent Frauen waren. Sie also folglich nicht gut genug, nicht schlau genug, nicht relevant und talentiert genug oder einfach zu blöd waren, um mehr als diese 17 Prozent hervorzubringen. Und der Anteil der schlauen und ideenreichen Männer einfach größer war.

Ja komm, Alex, könnte man jetzt meinen, *es gab in der Geschichte nun mal nicht so viele »wichtige« Frauen, weil es ihnen einfach nicht erlaubt war, öffentlich wichtige Dinge zu tätigen.* Joa, würde ich antworten. Erstens ist dieses Argument verwandt mit dem der Vorstände, die sich bei wenigen weiblichen Führungskräften herausreden mit »Es gab einfach nicht genug Bewerberinnen«, statt sich mit der Frage zu beschäftigen, warum es wohl nicht genug Bewerberinnen gab – ein Thema, dem ich später noch ein ganzes Kapitel widme.

Und zweitens ist es fatal, die beiden Aussagen »Frauen wurde es früher nun mal nicht erlaubt« und »Deswegen tauchen sie natürlich bei Wikipedia nicht auf« gleichzustellen: Nur weil es Frauen lange schwer gemacht wurde, Bücher zu schreiben, Physikerinnen zu werden oder Herrscherinnen, heißt es nicht, dass es sie nicht gegeben hat und sie es nicht trotzdem taten, unter falschem Namen etwa oder im Hintergrund. Mehr noch: Es heißt, dass es ihnen doppelt, dreifach, vielfach schwer gemacht wurde; dass sie aus Geschichtsbüchern und Patentanmeldungen rausgestrichen wurden und damit absichtlich von der Geschichte unsichtbar gemacht – wir werden das später noch an vielen Beispielen sehen. Es wäre also erst recht die Aufgabe der weltweit größten Enzyklopädie, diese Frauen sichtbar zu machen, statt die Hände in den Schoß zu legen und sich auf das »Na ja, es gab damals halt so wenig wichtige Frauen« zu berufen.

So viel also zum gruseligen Geschlechterverteilungs-Status-quo der größten Enzyklopädie der Welt. Kommen wir nun zu dem Wie: Wie kommt diese Schieflage, diese wikipedianische Ungerechtigkeit zustande? Wie kommt es, dass es so wenige Autorinnen unter den Wikipedianer*innen gibt? Das fragte sich auch die damalige Wikimedia-Chefin Sue Gardner[26] und analysierte verschiedene Gründe, warum Frauen so viel seltener unter den Wikipedia-Autor*innen zu verzeichnen sind. Und es ist schon wieder so lustig, wie sich der Kreis hier schließt: Denn die Gründe, warum auf einem globalgesellschaftlich wichtigen Portal wie Wikipedia die Hälfte dieser globalen Bevölkerung nicht stattfindet, finden sich in all den längst bekannten patriarchalen Strukturen und Sozialisationen, aufgrund derer Frauen bereits im analogen beruflichen Kontext unsichtbar gemacht und unsichtbar gehalten werden.

Beispielsweise an der fehlenden Zeit: Es gibt unzählige Studien, die belegen, dass Frauen deutlich mehr Care-Arbeit leisten als Männer; dass es in drei Viertel aller Fälle Frauen sind, die sich um das tägliche und niemals endende Erziehen,

Kochen, Pflegen, Putzen, Einkaufen, Streitschlichten, Planen, Besorgen, Schnippeln, Basteln, Nähen und um den ganzen anderen zeitfressenden und unsichtbaren Mental Load kümmern; es gibt Zahlen, die belegen, dass in einem Land wie Deutschland aktuell mehr als 370 000 Kitaplätze fehlen und Hunderttausende mehr Ganztagsschulplätze und gleichzeitig hierzulande 77 Prozent davon ausgehen, dass es die Aufgabe der Frau ist, sich nachmittags um die Kinder zu kümmern.[27] Sodass sich an diesem Punkt die Frage stellt, woher zur Hölle Frau die Zeit nehmen soll, sich auch noch am späten Abend, nachdem das eine zahnende Kind endlich eingeschlafen ist und bevor das andere fiebernde Kind wieder aufwacht, hinzusetzen und akribisch die tatsächliche Entdeckerin der DNA zu recherchieren? Die übrigens Chemikerin Rosalind Franklin war, auch wenn uns jahrzehntelang erzählt wurde, dass ihre beiden männlichen Kollegen die eigentlichen Entdecker waren.

Diese fehlende Zeit bei Frauen – übrigens tatsächlich in der Forschung bereits als Gender Leisure Gap bekannt[28] – ist also das eine Problem für einen so geringen Frauenanteil unter den Wikipedia-Autor*innen.

Dass sich Frauen zudem weniger trauen, eigenständig bestehende Wikipedia-Artikel zu verbessern oder neue zu schreiben, ist ein weiterer Grund, den die damalige Wikimedia-Chefin identifizierte. Wer bin ich denn, dass ich mich als Expertin eines Themas heraustue? Wer bin ich denn, dass ich einen bereits geschriebenen Artikel umschreibe, ergänze oder sogar ganze Passagen – oder den Artikel selbst – lösche? Dass sich Frauen diese Fragen öfter stellen als Männer, mag polemisch klingen, ist aber tatsächlich belegt. Der sogenannte Gender Confidence Gap, dem ich später noch ein ganzes Kapitel widme, belegt, dass Frauen aufgrund ihrer Sozialisation schon früh dazu erzogen werden, sich zu hinterfragen, während Jungs dazu ermuntert werden, ihre Ansichten und Meinungen kundzutun und auch durchzusetzen. So hindert der Gender Confidence Gap Frauen also nicht nur daran, sich auf besser bezahlte Führungspositionen zu bewerben oder höhere Gehälter zu verhandeln, sondern offenbar auch daran, bei Wikipedia mitzuschreiben.

Und schließlich ist auch der raue Ton, der in den Wiki-Diskussionsrunden herrscht, das sich ständige Profilieren, das Ausfechten von Argumentationen, was einen Artikel relevant macht und was nicht, ein weiterer Faktor, der besonders Frauen abschreckt, bei Wikipedia mitzumachen. Nicht umsonst werden diese Löschdiskussionsdialoge auch Edit-Wars genannt – also Umformulierungskriege.

Ja gut, Alex, könnte man jetzt meinen, *diese Umformulierungskriege nerven aber weibliche und männliche Wikipedianer*innen gleichermaßen.* Leider nein. Während hier wirklich nicht das Klischee von den braven, konfliktscheuen Frauchen tradiert werden soll, muss ich es ein Stück weit leider doch tun: Mädchen und Frauen werden auch heute noch dahingehend erzogen, die Konfliktschlichterinnen zu sein, sowohl im beruflichen wie auch im familiären Kontext. Wir kennen es alle: So sind es vorwiegend Frauen, die für die sogenannte emotionale Arbeit verantwortlich sind. Sie sind es, die Konflikte zwischen den Kindern schlichten, zwischen den konkurrierenden Kolleg*innen verhandeln und einfach ganz übergreifend das Ziel vor Augen haben zu deeskalieren – ob im Büro, im Kinderzimmer oder auf politischem Parkett. Kein Wunder also, dass diese Frauen sehr wahrscheinlich wenig bis gar kein Interesse daran haben, Tag für Tag freiwillig und unbezahlt um zwei Uhr nachts jetzt auch noch in die Wikipedia-Unterwelt hinabzusteigen, um auch noch dort Konflikte und irgendwelche Umformulierungskriege auszufechten mit Administratoren, deren Egos einfach zu groß für diese Welt oder zumindest für Wikipedia zu sein scheinen. Oder wie es eine Wiki-Autorin selbst mal in einem Forum konstatierte: »[E]ven the idea of going on to Wikipedia and trying to edit stuff and getting into fights with dudes makes me too weary to even think about it. I spend enough of my life dealing with pompous men who didn't get the memo that their penises don't automatically make them smarter or more mature than any random woman.«[29]

Und spätestens da, spätestens an dieser Stelle fragte ich mich, ob man nicht angesichts dieser ganzen Schieflagen bei dieser größten digitalen Enzyklopädie der Welt, ob man da die Regeln nicht irgendwie ändern müsste? Dass wenn nicht schon genug weibliche Biografien zu finden sind und die Quote aktuell bei 83 Prozent Männerbiografien vs. 17 Prozent Frauenbiografien liegt, ob man nicht eine Art weibliche Biografienquote bei Wikipedia einführen müsste? Und zwar nicht in Form von freiwilligen Initiativen mit weiblichen Wikipedianerinnen, die sich genau diesem Thema verschrieben haben und gezielt und ausschließlich Frauenbiografien schreiben. Sondern so richtig verpflichtend. Dass sämtliche Autor*innen eine Quote auferlegt bekommen, wie viele weibliche Biografien sie mindestens im Zeitraum X im Verhältnis zu männlichen Biografien geschrieben haben müssen.

Mehr noch: Wäre es nicht fair, bei Physikerinnen, Ärztinnen oder von mir aus auch Autorinnen gänzlich a n d e r e Relevanzkriterien als Voraussetzung für einen Wikipedia-Eintrag vorzulegen als bei ihren männlichen Pendants? Wenn beispielsweise eine Professur Voraussetzung ist, um als Wissenschaftlerin bei Wikipedia genannt zu werden, aber gleichzeitig in Deutschland aktuell 73 Prozent[30] aller Lehrstühle von

Männern besetzt sind. Wie fair ist dann so eine Voraussetzung wirklich? Oder wenn eine Journalistin u.a. einen Chefredakteursposten innegehabt haben muss, um wiki-relevant zu sein, aber bei den deutschen Regionalzeitungen die Chefredaktionen zu 87 Prozent[31] von Männern besetzt sind. Ist das alles nicht total unfair? Ist es nicht total unfair, dass weibliche Autorinnen mindestens vier Bücher geschrieben haben und für ihre Arbeit ausgezeichnet sein müssen, wenn wir gleichzeitig wissen, dass Frauen doppelt so viel Care-Arbeit aufbringen wie Männer und damit folglich ja überhaupt nur die Hälfte an Zeit zum Bücherschreiben haben?

Na ja, Alex, kommt dann schnell, *wir können ja jetzt nicht die Regeln verbiegen und bei Frauen weniger strenge Kriterien ansetzen.*

Aber wieso eigentlich nicht? Wenn die Startsituationen bei Mann und Frau hier so komplett unterschiedlich sind und beide Geschlechter nicht bei null anfangen, sondern die Frauen bei minus tausend? Sollte man sie dann nicht so lange bevorzugen, bis sie auch bei der 0 als Startposition angekommen sind? Das ist doch einfache Mathematik: Wenn unsere Gesellschaft Frauen ganz automatisch und buchstäblich Zeit raubt, die sie sonst zum Bücherschreiben, Forschungsarbeiten-Veröffentlichen, Sich-um-Professuren-Bemühen verwenden könnten, und wir diese Ungerechtigkeit des Gender Care Gaps ad hoc nicht lösen können, warum setzen wir dabei dann nicht wenigstens andere Regeln an? Andere Voraussetzungen, um bei einer Seite wie Wikipedia trotzdem aufzutauchen? Wie kann man da ernsthaft von einem »fairen Wettbewerb« sprechen?! Wenn der Wettbewerb zwar daraus besteht, einen Hundertmetersprint hinzulegen, die Startposition der weiblichen Sprinterinnen aber Hunderte, wenn nicht sogar Tausende von Metern hinter der männlichen Startposition beginnt.

Wenn selbst die Voraussetzung, um überhaupt zu dieser Startposition eingeladen zu werden, um das x-Fache unwahrscheinlicher ist. Und selbst wenn sie die Strecke dann laufen, ihnen durch unzählige Hindernisse, Gräben und Schlaglöcher auf ihrer Laufbahn das Rennen zusätzlich noch erschwert wird.

Wäre das alles nicht so endlos traurig, wäre es fast schon lustig, dass Wikipedia selbst zu all diesen Aspekten bereits einen eigenen ziemlich selbstkritischen Artikel veröffentlicht hat. Dieser heißt »Geschlechterverteilung in der Wikipedia«[32] und setzt sich mit dieser ganzen Thematik selbstreflektiert auseinander. Nur thront neuerdings über ebendiesem Text ein roter Banner mit der Überschrift »Die Neutralität dieses Artikels (...) ist umstritten«, was bei interessierten Leser*innen sofort ein Gefühl von – na klar – Unseriosität auslöst. Als ob mit diesem Artikel etwas nicht stimmen würde, als ob sich da Fehler, Ungereimtheiten, gar Unwahrheiten verstecken könnten.

Schaut man dann beim dazugehörigen Diskussionskrieg, dem Edit-War, vorbei, stößt man auf peinliche Argumentationsmuster in bester Großonkel-Günther-Facebookprofil-Manier: angebliche Beweise, die Zahlen und Studien zu den Diskriminierungsstrukturen bei Wikipedia als nicht »neutral« diffamieren; Kommentare, dass es für die Bias-Behauptungen nur eine »wackelige Datenlage« gäbe; und bestes Mansplaining dass man hier wirklich nicht von Sexismus sprechen könne – schließlich sei Sexismus etwas völlig anderes.[33]

Versuchen andere Wikipedianer*innen diesen Stimmen mit Zahlen entgegenzuwirken, werden sie zum Schweigen gebracht oder ins Lächerliche gezogen.

Demokratisch? Offen und transparent für alle? Oder doch nur eine Enzyklopädie von einigen wenigen für einige wenige?

Steigt doch bei Gelegenheit gern in den wikipedianischen Kaninchenbau und entscheidet selbst ...

Der wahre Grund, warum Frauen sich nicht auf Führungspositionen bewerben

Kommen wir zu meiner eingangs erwähnten Keynote in einem großen deutschen Unternehmen zurück, die ich am Ende trotz meines nach wie vor fehlenden Wikipedia-Eintrags gehalten habe. Meine Aufgabe war es u.a., die dort anwesenden Frauen zu motivieren, sich doch mal auf Führungspositionen zu bewerben. Denn tatsächlich zeigen die Erfahrungen unzähliger mittelständischer und auch börsennotierter Firmen, dass sich auf Führungsprogramme oder Führungsstellen ein überwiegend hoher Anteil an Männern bewirbt, während man die Frauenbewerbungen an einer Hand abzählen kann. Das sieht man zum Beispiel auch daran, **dass sich Frauen nur dann auf eine Position bewerben, wenn sie 100 Prozent der nötigen Anforderungen erfüllen; Männer hingegen bewerben sich auf solche Jobs bereits, wenn sie nur 60 Prozent der nötigen Anforderungen mitbringen.**[34] Außerdem kündigen Frauen, wenn sie es dann mal in die Führung geschafft haben, aktuell unverhältnismäßig häufiger und schneller.[35] Diesen – nennen wir ihn Gender Bewerbungs-Gap – sollte ich also mit meiner Keynote in Angriff nehmen und den anwesenden Frauen im Saal ein bisschen Feuer unterm Hintern machen, damit sie sich mehr zutrauen und häufiger bewerben.

Ich bekomme solche Anfragen häufiger und habe dabei, ehrlich gesagt, immer etwas Bauchschmerzen. Warum? Weil wir damit doch wieder in die typische »Frauen sollten halt einfach X oder Y machen« -Argumentation kommen. Sie müssen einfach X tun, um den Job zu bekommen, einfach Y machen, um die Gehaltserhöhung zu erstreiten, und folglich sind es die Frauen, die selbst schuld sind an der Ungleichbehandlung, am Gender Pay Gap und am Gender Pension Gap – müssten sie doch »einfach« mehr auf den Tisch hauen, sich »einfach« mehr trauen und sich »einfach« häufiger auf Führungsstellen bewerben.

Ich könnte jetzt weit ausholen und erklären, warum all diese »Frauen sollten einfach X oder Y«-Sätze Bullshit sind. Ich könnte Studien zitieren, die zeigen, dass Frauen, die »einfach auf den Tisch« hauen und »einfach mal verhandeln wie ein Mann«, erst recht abgestraft werden, weil wir alle unterbewusst dazu neigen, Personen unsympathisch zu finden, wenn sie sich nicht »geschlechtstypisch« verhalten. Ich könnte erklären, dass Sätze wie »Frauen müssen einfach nur X oder Y tun, um voranzukommen« ganz besonders deswegen Bullshit sind, weil sie mal wieder die Schuld für die Diskriminierung von Frauen bei den Frauen selbst suchen, statt im System. Und ich könnte mich darüber aufregen, dass wenn es ach so »einfach« wäre, es jede einzelne Frau längst hätte hinkriegen müssen mit der Beförderung und der finanziellen Unabhängigkeit.

Nun änderte das alles nichts an der Aufgabenstellung: Ich sollte also neben all der Systemkritik bei der Keynote trotzdem auch den Frauen latent in den Hintern treten. Denn ja, es stimmt: Wenn Chef*innenetagen sagen »Wir würden ja gern mehr Frauen einstellen, aber sie bewerben sich halt einfach nicht«, ist das ein ernst zu nehmendes Problem. Und ja, es ist immerhin ein positives Zeichen, wenn Entscheider*innen in mehr Unternehmen langsam dämmert, dass der Fachkräftemangel – hoppla – irgendwie doch schon da ist und vielleicht mit Frauen oder – Überraschung – sogar mit Müttern aufgefangen werden könnte.

»Das größte Beschäftigungspotenzial zur Fachkräftesicherung sind Frauen«,[36] heißt es beispielsweise aktuell auf den

Seiten des Bundeswirtschaftsministeriums. Ja, Mensch! Was für eine Erkenntnis! Entschuldigt bitte den Sarkasmus, aber es ist schon ein bisschen absurd, dass sich Expert*innen seit Jahrzehnten den Mund fusselig reden über Fachkräftemangel und Demografiewandel, und bei Politiker*innen und Wirtschaftsbossen erst jetzt der Groschen zu fallen scheint: Moment, wir haben ja noch diese Frauen und Mütter, mit denen wir die Fachkräftelöcher stopfen könnten!

Und während das eigentlich endlich mal nach einer positiven Entwicklung klingt, beginnt an der Stelle meistens schon das nächste Problem. Denn wenn die meist männlich dominierten Chefetagen den Ernst der Lage erkannt haben, glauben offenbar sehr viele von ihnen: »Das war's. Wir schreiben jetzt also einfach mal explizit auch für Frauen aus, verweisen in der Jobbeschreibung allenfalls noch darauf, dass Bewerbungen von Frauen besonders erwünscht sind und dass man Teilzeit anbiete, lehnen uns dann aber schon zurück und warten, bis wir mit Bewerbungen geflutet werden.« Gefahr erkannt, Gefahr gebannt.

Dass es so einfach leider nicht geht, zeigt dann ihre latent verständnislose bis beleidigte Haltung, wenn sie ratlos mit den Schultern zuckend feststellen, dass die explizit erwünschten Frauen sich dann doch explizit nicht bewerben. Folglich muss das Klischee wohl doch stimmen, dass Frauen einfach gar keine Karriere und Führungsrolle wollen. Und ein bisschen in die Richtung schien auch die Führungsetage des Unternehmens zu denken, zu dessen Veranstaltung ich eingeladen war.

Ich stand also in diesem Saal und hörte zu Beginn der Rede der Führungsetage zu. Und selbst diese Rede – ich muss es so deutlich sagen – war so randvoll mit Bullshitsätzen, dass man sich hätte fragen können, wo eigentlich die versteckte Kamera war. Immer wieder wurde nicht an die Geschäftsleitung selbst, sondern eingehend an die *Frauen* appelliert, dass sie sich doch bitte »einfach« – da war es wieder – mehr trauen sollten, dass das Unternehmen doch wirklich nicht aufs Geschlecht schaue, dass doch nur die Qualität zähle und nicht das Geschlecht. Aber sich bewerben – das müssten die Frauen halt schon noch selbst. Und ich? Hätte wieder im Dreieck springen können.

Deswegen an dieser Stelle eine Frage an die (meist) Herren Entscheider in vielen solchen Unternehmen: Liebe Herren, es würde doch in Ihrer Firma auch niemand auf die Idee kommen und sagen: »Tja, unser Produkt wird irgendwie nur von der einen Hälfte der Bevölkerung gekauft, die andere scheint uninteressiert – na ja, was solls?« Hier würden Sie doch auch sofort tief in die Fehleranalyse gehen, Sie würden Zielgruppenbefragungen machen, Marktforschungen, Analysen mit Fragen wie: »Warum spricht unser Produkt keine Frauen an? Sind wir für Frauen als Produkt nicht attraktiv genug, und was müssten wir ändern?« Aus dem einfachen Grund, weil man es sich schlicht und ergreifend *nicht leisten* kann, auf die Hälfte der potenziellen Kundschaft zu verzichten! Richtig?

Wie kommt es dann aber, dass Sie sich all diese Fragen bei der *Besetzung* der eigenen Führungsstellen kaum stellen? Warum wird hier nicht nachgeforscht:

- Bieten wir Jobsharing eigentlich auch auf Führungsebene an?
- Haben wir eine betriebsinterne Kita, oder bieten wir Hilfestellung oder konkrete finanzielle Ausgleichszahlungen bei der Kitasuche oder bei privaten Kindergartenplätzen, wenn es nicht genug staatliche gibt?
- Sind unsere Stellen in Führung überhaupt mit dem Privatleben eines Menschen vereinbar?

- Haben wir auch bei unseren Führungsstellen Teil- und Gleitzeiten?
- Sprechen wir vermehrt auch und gerade unsere männlichen Kollegen zu Elternzeit und Teilzeit an und bieten finanzielle Anreize, dass gerade unsere männlichen Kollegen diese auch beantragen?
- Lehnen wir uns vielleicht so weit aus dem Fenster, dass wir sogar Gehaltserhöhungen für all unsere Mitarbeitenden ermöglichen, die Kinder bekommen, wie das Unternehmen Einhorn es macht?[37]
- Sind unsere Personalabteilung und unser mittleres Management mit Unconscious Gender Bias vertraut und arbeiten sie aktiv dagegen an? Formulieren wir beispielsweise ganz explizit in unseren Jobanzeigen, dass wir an Mitarbeitenden direkt aus der Elternzeit interessiert sind?[38] Dass wir an Care-Arbeitenden explizit interessiert sind, weil wir wissen, dass eine Teilzeitkraft, die Care-Arbeit leistet, teilweise sogar effizienter arbeitet als ein*e Vollzeitangestellte*r?[39] Oder dass wir uns als Unternehmen der Diskriminierung von Eltern und Care-Arbeitenden auf dem Arbeitsmarkt sehr wohl bewusst sind und deswegen aktiv bei der Besetzung unserer Stellen dagegen anarbeiten?
- Unterschreiben wir nach dem Ende eines jeden Jobeinstellungsprozesses eine Erklärung, dass es wirklich keine geeignete Kandidat*in aus einer marginalisierten Gruppe gegeben hat, wie das beispielsweise die renommierte Oxford University in ihrer Berufungskommission bei Jobvergaben macht?[40]
- Kennen wir nicht nur Begrifflichkeiten wie »gläserne Decke«, sondern auch »gläserne Klippe« – dass Frauen zu 50 Prozent häufiger in Vorstände oder Chefetagen geholt werden, wenn das Unternehmen eh am Abgrund steht,

sodass auch ihre eigene Chance zu scheitern viel größer ist[41] – und arbeiten wir auch aktiv dagegen an?

- Und zu guter Letzt: Wissen wir um das Problem der »Only Experience«[42] von Frauen in Führungspositionen? Dass Frauen in Solo-Männerteams signifikant häufiger mit diskriminierenden, sexistischen und unterschätzenden Kommentaren und verbalen Angriffen zu rechnen haben, und arbeiten wir aktiv auch gegen diese »Only Experience« von Frauen an?

Fallen die Antworten auf die meisten dieser Fragen mit »Nein« oder »Ähm« aus, dann – sorry – sind es nicht die Frauen, die hier schuld sind, weil sie sich »einfach« nicht auf Ihre Jobanzeigen für Führungspositionen bewerben. Sondern vielleicht Sie selbst. Oder wie es die New-Work-Expertin Lena Marbacher in einem Essay schrieb: Ein an die Wand gepinntes Poster mit den Worten »Traut euch!« löst dieses Problem nicht auf.[43]

Es ist nämlich gar keine große Wissenschaft, warum es den Gender Bewerbungs-Gap tatsächlich gibt: Erst 2022 zeigte eine Studie[44] der Beratungsfirma McKinsey, wie viel mehr Gegenwind Frauen in Führung bekommen im Vergleich zu Männern; wie viel mehr Überstunden sie schieben müssen im Vergleich zu gleich qualifizierten Kollegen, um für eine Führungsposition überhaupt infrage zu kommen; dass Frauen bei Außenterminen doppelt so oft als hierarchisch niedrigere Arbeitskräfte eingestuft werden (als Praktikant*innen etwa oder Assistent*innen); dass bei 37 Prozent aller weiblichen Managerinnen die Lorbeeren für ihre Arbeit von einem männlichen Kollegen eingeheimst wurden; dass Frauen ganz allgemein wesentlich seltener ermutigt werden, überhaupt in Führung zu gehen! Frauen of Color erfahren diese Entmutigung sogar 1,5-mal häufiger als weiße Managerinnen; und dass zwei von drei Frauen unter 30 sehr wohl deutlich mehr Interesse daran hätten aufzusteigen, wenn sie denn erstens mehr Chefinnen (Mehrzahl!) als Vorbilder hätten und zweitens Chefinnen, die auch eine funktionierende Work-Life-Balance vorleben würden. Solche Vorbilder – vor allem unter Frauen – fehlen aber offenbar.

Hinzu kommt ein immer noch völlig unbeleuchteter weiterer Grund fürs Nicht-Bewerben von Frauen: Es sind ja nicht nur das berufliche Konstrukt und die veralteten und sexistischen Kulturen in den Führungsetagen, die heute immer noch herrschen. Eine große Rolle spielen auch die private Partnerschaft der Frau und die damit einhergehende Doppel- und Dreifachbelastung und der Druck durch konservative Rollenbilder, die auch heute noch damit einhergehen, wenn Frauen sich »einfach« auf Führungspositionen bewerben.

Ende 2022 ging ein Video der US-amerikanischen Journalistin Stefanie O'Connell Rodriguez viral, in dem sie Studien zitierte,[45] die allesamt belegen, dass heterosexuelle Frauen, die die Hauptverdienerinnen in der Beziehung sind und ihre Männer komplett finanzieren, von diesen Männern häufiger betrogen werden als Frauen, deren Männer auch Geld nach Hause bringen; dass der Stresslevel von Ehemännern steigt, sobald ihre Ehefrauen mehr als 40 Prozent zum Haushaltseinkommen beitragen; und dass Frauen, die höhere Positionen einnehmen, sofort einer signifikant höheren Gefahr ausgesetzt sind, dass die Ehe in einer Scheidung endet. Ihr könnt selbst entscheiden, wie viele Affe-hält-sich-die-Augen-zu-Emojis an dieser Stelle angebracht wären.

Es gibt auch hierzulande Untersuchungen,[46] die zeigen, dass eine Ehe »stabiler« ist, je weniger die Ehefrau verdient. Es gibt noch aktuellere US-Studien von 2022,[47] die belegen, dass Frauen, die eine höhere Position übernehmen und damit mehr Verantwortung, mehr Druck und mehr Arbeitsstunden, zu Hause dafür nicht etwa entlastet, sondern stattdessen *belastet* werden: Je höher das Einkommen gerade von Müttern über dem ihrer Ehemänner liegt, desto mehr Hausarbeit übernehmen diese Mütter, belegt diese Studie. Desto mehr reiben sie sich auf, um die Kinder rechtzeitig abzuholen, es zu ihren Schulaufführungen zu schaffen, um das Familienfest für die Schwiegermutter auszurichten, um sich ja nicht angreifbar zu machen und als schlechte Ehefrau und Mutter darstellen zu lassen. Der obligatorische Rücken wird also auch heute noch offensichtlich von den Frauen den Männern frei gehalten, aber nicht andersherum.

Und eine australische Studie[48] von 2021 kommt zu dem sehr gruseligen Schluss, dass Frauen, die mehr als die Hälfte zum Haushaltseinkommen beitragen, eine 35 Prozent höhere Wahrscheinlichkeit haben, von ihrem Partner körperlich, und eine 20 Prozent höhere Wahrscheinlichkeit, emotional misshandelt zu werden. Weil sie – und ich kann es selbst kaum fassen – »zu viel« verdienen. Diese Zusammenhänge zeigen sich übrigens in allen Beziehungen, egal welcher Bildungsgrad, welches Alter und welcher kulturelle Hintergrund, so die Wissenschaftler*innen der Studie.

Mir ist schon klar – und wir kommen zu den Unternehmen zurück –, dass das keine Zusammenhänge sind, die eine Firma oder ihre HR-Abteilung beheben können. Aber sie einfach auszublenden und Frauen zu raten, »sich einfach mehr zu trauen«, ist vor diesem Hintergrund schon sehr höhnisch.

Was diese Unternehmen aber sehr wohl beheben könnten und worüber sie sich aufklären lassen könnten, ist die folgende statistisch belegte Beobachtung: Wenn Frauen sich nämlich getraut haben und in Managementpositionen aufgestiegen sind, leisten diese Managerinnen die doppelte Care-Arbeit nicht nur privat, sondern auch parallel im Unternehmen! Auch hier spielen sie »die Kümmerin«: Dem McKinsey-Bericht[49] zufolge verwenden weibliche Führungskräfte doppelt so viel Zeit und Energie darauf, das Wohlbefinden der Mitarbeiter*innen zu fördern und beispielweise – Überraschung – für Geschlechtergerechtigkeit zu kämpfen. Alles Arbeit, die diesen Frauen und nicht den Männern Zeit und Energie raubt und die natürlich auch nicht zusätzlich bezahlt wird.

Sodass Frauen in Führung mit dieser doppelten und dreifachen Ladung an Gender Care Gap – wir kommen später noch ausführlicher dazu – auch mit dem sogenannten Gender Stress Gap[50] bestraft werden, was unwiderruflich dazu führt, **dass zwar 31 Prozent aller Manager angeben, aktuell ausgebrannt zu sein, bei ihren weiblichen Pendants aber satte 43 Prozent dem Burn-out nahe stehen – und damit fast jede Zweite**. Um dann als »Belohnung« quasi auch noch *zusätzlich* vom Gender Pay Gap getreten zu werden, der in Management-Etagen sowieso viel höher liegt als die üblichen 18 Prozent.

Ja, Mensch! Warum nur, oh warum wollen sich bei solch glorreichen Arbeitsbedingungen Frauen so selten auf Führungsstellen bewerben? Tja, ich weiß es auch nicht.

Wenn man also bei all diesen Studien, Befunden und Auf-die-Zwölf-Analysen, warum sich Frauen aktuell nicht auf Führungspositionen bewerben oder diese überdurchschnittlich schnell wieder verlassen, als Vorstand immer noch mit den Schultern zucken kann, dann – ganz ehrlich – *möchte* man vielleicht auch einfach nicht, dass sich mehr Frauen im eigenen Unternehmen bewerben. Auch wenn das Chefetagen vielleicht nicht hören möchten. Auch wenn es die besagte Chefetage, der ich bei meiner Keynote gegenüberstand, vielleicht nicht hören wollte. Gesagt werden musste es aber allemal. Denn natürlich sollten Frauen sich mehr untereinander solidarisieren, das sagte ich auch in meiner Keynote. Natürlich sollten sie sich mehr bewerben, mehr fordern und sich mehr trauen. Aber das allein ist nicht die Lösung. Schon gar nicht, wenn es heißt, sie sollten sich »einfach mal trauen«. Denn von »einfach mal trauen« kann hier ganz sicher so was von keine Rede sein. Was uns direkt zum nächsten Gender-Abfuck führt.

Gender Confidence Gap und seine vielen Kumpels

Sich »einfach« etwas zu trauen setzt viele verschiedene Eigenschaften wie Selbstsicherheit und Selbstüberzeugung voraus, Risikofreude und Risikobereitschaft, Mut, die Stärke, eigene Zweifel aus dem Weg zu räumen, Unterstützung aus dem eigenen Umfeld, einen Glauben an die eigenen Fähigkeiten und den Glauben daran, fehlende Kompetenzen zu erlernen oder im Zweifelsfall glaubhaft zu kaschieren, und viele andere Dinge, die für die allermeisten Frauen wenig bis gar nicht selbstverständlich sind. Denn wir reden hier von Frauen, die vielleicht mit Pippi Langstrumpf groß geworden sind, deren Poesiealben aber auch gleichzeitig voll waren mit Sprüchen wie »Sei wie das Veilchen im Moose, bescheiden, sittsam und rein und nicht wie die stolze Rose, die immer bewundert will sein«. Kotz-Emoji.

Schauen wir uns also im Zeitraffer an, wie »einfach« es Frauen auf dem Arbeitsmarkt aktuell *wirklich* gemacht wird, Selbstsicherheit, Selbstüberzeugung, Risikobereitschaft und all das andere Zeug aufzubauen, das man braucht, um sich das mit der Beförderung, dem neuen Job und der Gehaltserhöhung zuzutrauen.

Damit kommen wir zu einem Gap, der in den Sozialwissenschaften schon als solcher identifiziert und benannt wurde – nämlich dem sogenannten Gender Confidence Gap, der mit dem Gender Bewerbungs-Gap an dieser Stelle zu gern Händchen hält. Der große Unterschied zwischen den beiden ist aber, dass der Gender Confidence Gap im Leben einer Frau viel früher kickt, nämlich quasi schon im Babyalter.

Der Gender Confidence Gap in unserer Erziehung

Es beginnt schon damit, wie wir mit Jungs und wie wir mit Mädchen sprechen. Wenn wir mit kleinen Jungen sprechen, loben wir sie viel häufiger dafür, wie sie Dinge *tun*: »Du bist aber weit gesprungen, du bist aber schnell gelaufen, du bist aber hoch geklettert.« Klar, auch Mädchen loben wir dafür, dass sie hoch klettern oder weit springen können. Nur wisst ihr, wofür wir Mädchen viel häufiger loben? Dafür, wie sie *aussehen*: »Du hast aber ein süßes Kleidchen an, du hast dir deine Haare aber schön gekämmt, du siehst mit dem Haarreif ja so süß aus.«

Wann habt ihr das letzte Mal zum Beispiel einen kleinen Jungen dafür gelobt, dass er seine Haare toll gekämmt hat, oder unterstrichen, dass er sich die Hose ja farblich passend zum T-Shirt ausgesucht hat – genau wie Papa das auch immer macht? Eben.

Da mein Anspruch an dieses Buch aber natürlich nicht ist, meine Aussagen auf einzelne Beobachtungen zu stützen, kommen wir zu den Fakten. Zu Studien, die belegen, dass kleinen Mädchen schon sehr früh beigebracht wird, dass ihr Geschlecht noch immer selten mit Geisteskraft und Stärke als vielmehr mit Äußerlichkeiten verbunden wird. Ja, auch heute noch.

Die Basislektüre, die auf knapp 500 Seiten geballt aufzeigt, wie unterrepräsentiert, unsichtbar gemacht und benachteiligt Frauen in wirklich jeder Sphäre des öffentlichen Lebens sind, stammt von der gefeierten britischen Publizistin Caroline Criado-Perez in ihrem internationalen Bestseller, dem Meisterinnenwerk »Unsichtbare Frauen«. Criado-Perez zitiert darin Hunderte Studien, die zum Beispiel zeigen, dass wir mit unseren Ansichten, Rollenbildern und Lehr- und Ausmalbüchern und selbst mit unseren Schulen kleinen Mädchen beibringen, »dass geistige Brillanz nicht zu ihren Eigenschaften gehört«.

Bittet man Kleinkinder im Kindergartenalter etwa, Wissenschaftler zu malen, zeichnen Mädchen und Jungen in etwa gleich viele Männer wie Frauen. Nur ein bis zwei Jahre später, wenn die Kinder gerade mal sieben oder acht Jahre alt sind, zeichnen sie fast ausschließlich nur noch Wissenschaftler – also: Männer.[51]

Wird Kindern ein Spiel vorgeschlagen, das für »wirklich schlaue Kinder« gedacht ist, melden sich dazu im Kindergarten noch in etwa gleich viele Jungs und Mädchen. Sind die Kinder sechs und bereits in der Schule, zeigen die Mädchen an diesem Spiel plötzlich auch weniger Interesse.[52]

Woran liegt das, es ist doch (hoffentlich) nicht mehr so, dass Lehrer*innen unseren Töchtern erzählen, dass sie irgendetwas weniger gut könnten als unsere Söhne, oder? Ich hoffe auch, dass das so offensichtlich nicht mehr passiert. Das Problem ist nur – es passiert viel subtiler, viel versteckter und ist somit leider nur sehr schwer ausfindig zu machen. Wir zeigen Mädchen etwa immer dann, dass sie weniger stark oder weniger wertvoll sind, wenn wir Sätze formulieren wie: »Ich brauche ein paar starke Jungs, um ein paar Tische in den Klassenraum zu tragen.« Oder indem wir als Eltern unseren Söhnen im Schnitt elf Prozent mehr Taschengeld auszahlen als unseren Töchtern.[53] Oder indem wir bei denselben guten Informatiknoten unserer Kinder bei unseren Söhnen später 82 Prozent in einem IT-Beruf sehen, unsere Töchter aber nur zu 53 Prozent.[54] Oder indem wir Mädchen schon ab einem Alter von fünf Jahren 30 Prozent mehr Care-Arbeit im Haushalt machen lassen als Jungs und im Alter von 10 Jahren sogar 50 Prozent mehr aufräumen, putzen und auf kleine Geschwister aufpassen lassen als ihre Brüder.[55] Oder indem wir unsere Kinder Wissenschaftspodcasts hören lassen, die – oh Wunder – zu gefühlt 99 Prozent von männlichen Hosts moderiert werden.[56] Oder indem wir ihnen Schulaufgaben vorsetzen, in denen sie Gegenstände wie Fußball oder Lippenstift eher einem Mädchen oder eher einem Jungen zuordnen sollen. Oder indem sie Matheaufgaben lösen sollen, in denen Väter Münzen zählen und Mütter Wäscheklammern. Das nur als kleiner Einblick, an wie vielen Stellen wir Jungs heute immer noch auf Wissen, Kraft, Geld und Macht polen und Mädchen eher aufs Kümmern, um ihr eigenes Aussehen oder um die Befindlichkeiten von anderen bemüht.

Der Gender Confidence Gap in Kinderbüchern

Wie sehr Mädchen schon von klein auf auch in ihrer Entwicklung und Abenteuerlust gebremst werden, zeigte neulich eine eindrucksvolle Analyse der »Süddeutschen Zeitung«, die 50 000 Kinderbücher aus sage und schreibe 70 Jahren Kinderliteraturgeschichte analysierte und herausbekam, dass thematisch betrachtet die Abwechslung der geografischen Orte, Abenteuer und auftretenden Berufsgruppen bei Mädchenbüchern um ein Vielfaches geringer ist als die Abwechslung der Orte und Berufsgruppen bei den Jungs.[57]

Überhaupt sind Abenteuer in Kinderbüchern den Jungs vorbehalten. So erzählen Mädchengeschichten meist Szenarien im eigenen bekannten Alltag, während Jungsgeschichten sich ins große Unbekannte wagen. Und so kommt es, dass männliche Helden in Kinderbüchern fast dreimal so viele Abenteuer erleben wie ihre weiblichen Pendants. Dreimal! Auch die Orte und Abenteuer selbst sind bei Mädchen viel belangloser, während sie bei Jungs buchstäblich horizonterweiternd sind. So sind Freundschaftsgeschichten für Jungs mit exotischen

Ländern, mit Magie, historischen Erzählungen und Gefahren verbunden. Richtige Abenteuer eben. Bei Mädchen finden Freundschaftsgeschichten hingegen in Deutschland statt, da ist dann zwar auch Magie vorhanden (Feen, Einhörner und so), aber eben keine Gefahr, keine exotischen Länder und auch keine historischen Erzählungen. Stattdessen viele Tiere, viel Alltag und viel Schulferien. Oder wie es die SZ in ihrer Studie sehr passend zusammenfasste: »Jungen machen in Büchern tendenziell häufiger außergewöhnliche, spannende, auch gefährliche Erfahrungen, die Erlebniswelt von Mädchen dagegen (…) (zeigt) Abenteuer mit ihrer Familie in den Schulferien auf einem deutschen Reiterhof.«[58]

Interessant, wie hier schon die Weichen fürs »Sich einfach mal trauen« gestellt werden, wenn Mädchen, noch bevor sie überhaupt lesen können, erfahren, dass ihr »Abenteuer« eher im behüteten und ihnen längst bekannten Alltag stattzufinden hat.

Da kommt mir dann schon die Frage in den Sinn: Versuchen wir etwa auch mit unseren Kinderbüchern die Mär vom Welteroberer und Weltentdecker weiter zu tradieren? Und gleichzeitig die Mädchen schon von klein auf davon zu überzeugen, dass sie hingegen besser zu Hause aufgehoben sind? Besser nicht in diese große, für Frauen doch so gefährliche Welt reisen und sowieso viel besser dran sind, sich zu Hause um Haus und Bauernhof zu kümmern, bis sie dann ihre eigene Familie gründen? Um dann gerade wegen der Kinder natürlich erst recht nicht in die große weite Welt aka Dienstreisen aka berufliche Auslandsaufenthalte aufbrechen sollten?

Ach komm, Alex, höre ich die Zweifler schon rufen, *das ist alles bestimmt nur ein riesengroßer Kinderbuchzufall! Außerdem sind wir doch sehr wohl mit Heldinnen und starken Abenteurerinnen wie Pippi Langstrumpf groß geworden oder Ronja Räuber-*

tochter. Ja, das stimmt, diese Heldinnen gab es durchaus. Aber erstens hört nach diesen beiden Namen die Aufzählung der großen bekannten Kinderbuchheldinnen meistens auf.

Zweitens hat die SZ diese Heldinnen in ihre Analyse miteinbezogen, denn ja, diese Bücher und Heldinnen gab es gerade nach der feministischen Welle der 60er- und 70er-Jahre sehr wohl. »Aber die Galionsfiguren einer frauenbewegten Zeit reichten nicht, um einen Umsturz auf dem gesamten Buchmarkt anzuzetteln«, konstatieren die SZ-Autorinnen, »vielleicht waren Ronja und Co. ihrer Zeit voraus – das Pendel scheint nach ihnen jedenfalls wieder in die andere Richtung ausgeschlagen zu haben.«

Und drittens: Es geht um 50 000 Bücher im Laufe der letzten 70 Jahre! Das sind drei Generationen an Autor*innen und Leser*innen! Wer also bei einer so groß angelegten Analyse immer noch von einem Zufall spricht, der- oder diejenige *möchte* die darin festgestellten sexistischen Rollenbilder und Handlungen vielleicht auch nicht wahrhaben. Denn das würde ja bedeuten, dass wir uns damit auseinandersetzen müssten, welcher grotesk-klischeehafte Einfluss auf unsere Eltern ausgeübt wurde, noch bevor sie überhaupt lesen und schreiben konnten, welcher grotesk-klischeehafte Einfluss auf uns als Kinder ausgeübt wurde und welchen grotesk-klischeehaften Einfluss sehr wahrscheinlich auch wir als Eltern heute noch beim allabendlichen Vorlesen auf unsere Kinder ausüben.

Der Gender Confidence Gap in Kinderserien

Immerhin – ja, es gibt auch positive Zahlen in diesem Buch, die ich euch zum Durchatmen natürlich nicht vorenthalten möchte – immerhin geht es bei den Kinderserien im deutschen Fernsehen in kleinen Schritten voran: Waren nach einer groß angelegten Medienanalyse der Uni Rostock der vier deutschen Kindersender Kika, Nickelodeon, Disney Channel und SuperRTL im Jahr 2017 noch nur rund ein Drittel aller Protagonist*innen weiblich, waren es 2021 immerhin schon 44 Prozent und damit fast die Hälfte.[59]

Und immerhin kommt auch mein Sohn, der genau weiß, worüber ich hier schreibe, immer wieder zu mir und macht mich darauf aufmerksam, dass etwa bei seiner Lieblings-Star-Wars-Serie »Bad Batch« nun auch eine Kopfgeldjägerin namens Fennec Shand am Start ist und den Jungs da ganz schön den Rang abläuft. Oder dass eine weibliche Jedi namens Ahsoka aktuell sogar ihre eigene Disney-Star-Wars-Serie bekommen hat. Ich liebe es auch, dass er mir stolz erzählt, dass seine Lieblingspodcast-Moderator*innen wie Tobias Krell alias »Checker Tobi« oder sein Lieblings-Star-Wars-Podcast »Bucketheads« das Thema Geschlechterverteilung in Serien auch aktiv thematisieren. Dass auch sie Verteilungen von männlichen und weiblichen Held*innen zählen und ihre Gedanken darüber teilen, wie sie sich die Serien in Zukunft noch diverser wünschen. Ich liebe es vor allem deswegen, weil mein Sohn erstens offenbar explizit darauf achtet und ich heulen könnte vor Glück. Und zweitens, dass ich nicht die Einzige bin, die ihm damit gefühlt auf den Wecker geht – sondern zunehmend andere Menschen, Moderator*innen und Podcaster*innen das ebenfalls tun. Ganz nach dem Motto: Steter Tropfen höhlt den patriarchalen Stein.

Kommen wir zu den Kinderserien zurück: Dass in den Sendungen zumindest bei der Vergabe der weiblichen Protagonist*innen in den vergangenen vier Jahren so viel passiert ist, liegt auch daran, dass die Medienanalyse 2017 hohe mediale Wellen geschlagen hat und auf beschämende Art und

Weise sichtbar machte, wie klischeehaft und wenig divers die deutschen Kindersender noch immer waren. Daraufhin wurde glücklicherweise n i c h t mal wieder auf Freiwilligkeit und gute Absichten von einigen wenigen Individuen in den redaktionellen Entscheideretagen gesetzt. Es wurde erfreulicherweise n i c h t versucht, ein strukturelles Problem mal wieder auf individueller Ebene zu lösen. Sondern es wurden klare s t r u k t u r e l l e Werkzeuge eingeführt, wie beispielsweise Diversity-Checklisten,[60] die nun seit ein paar Jahren bei den Produktionsfirmen und in den Redaktionen verwendet werden. In diesen Checklisten wird beispielsweise konkret gemessen und geschaut, ob die Erzählstränge klischeehafte Plots und Rollenbilder bedienen, ob genug Mädchen in den Geschichten vorkommen, genug Kinder of Color, genug verschiedene Geschlechtsidentitäten, verschiedene sexuelle Orientierungen, Kinder mit migrantischen Wurzeln, Kinder mit Behinderungen etc. Und auch ob die Teams aus Redaktion und Produktion selbst divers aufgestellt sind – sprich, dass die Geschichten bestenfalls nicht einzig und allein der Feder weißer, deutscher, heterosexueller cis-Männer und cis-Frauen entspringen.

Diese Entwicklung zeigt für mich drei Dinge: erstens, wie wichtig es ist, Diskriminierungen messbar zu machen und so die Probleme und Gaps mit Zahlen zu belegen und damit eine schlechte Publicity zu generieren – sprich: Shitstorms –, die kein Unternehmen heutzutage will. Zweitens, wie wichtig strukturelle Werkzeuge wie Checklisten und Quoten sind, weil für ein strukturelles Problem nun mal die Strukturen verantwortlich sind. Und drittens, dass das Ende der Fahnenstange leider noch immer nicht erreicht ist, denn auch diese Werkzeuge haben uns zwar einen kleinen Schritt vorangebracht, aber wir sind noch lange nicht am Ziel.

Denn mit den 44 Prozent weiblichen Protagonst*innen hören die positiven Aspekte in Bezug auf Kinderfernsehen leider auch schon auf, und wir müssen nach dem kurzen Aufatmen auch hier wieder in die miefige, patriarchale Versenkung hinabsteigen. Vielleicht wollt ihr euch vorher einen kleinen Beruhigungstee kochen, denn es wird ziemlich furchtbar:

Roboter und Maschinen in Cartoons? Sind auch heute noch zu 77 Prozent männlich. Tierfiguren? Zu 82 Prozent männlich. Und selbst Fanatasiepflanzen (!) hören zu 92 Prozent auf männliche Vornamen.[61] Was sogar ein Anstieg ist im Vergleich zur letzten Studie, denn 2017 lag der Dude-Anteil bei Pflanzen noch bei »nur« 88 Prozent.

Ich muss euch nicht sagen, dass Frauen of Color oder Schwarze Frauen oder Frauen mit Behinderungen oder überhaupt Menschen mit Behinderungen noch unsichtbarer sind im deutschen Fernsehen, und zwar nicht nur bei Kindersendungen. »Während 26 Prozent der Menschen in Deutschland einen Migrationshintergrund haben, kann er in den TV-Programmen nur 11 Prozent der Protagonist*innen und Hauptakteur*innen zugeschrieben werden«, heißt es in der aktuellen Studie. »Schwarze Menschen und People of Color sind ebenfalls unterrepräsentiert: Während sie schätzungsweise rund 10 Prozent der Bevölkerung stellen, können nur rund 5 Prozent der Protagonist*innen oder Hauptakteur*innen als Schwarz oder People of Color gelesen werden. Auch Menschen mit Behinderung sind im TV unterrepräsentiert.«[62]

Klar, es gibt immer wieder Vorzeige-Serien, mit starken Schwarzen Kindern wie dem Wissenschaftsmädchen Ada Twist auf Netflix oder die Serie »GhostForce« vom Disney Channel, die eine Geisterjägertruppe mit zwei weißen Mädchen und einem Schwarzen Jungen zeigt. Dennoch sind solche Plots und Figuren immer noch eine Seltenheit und müssen aktiv und mühselig ergoogelt werden, und das – seien wir mal ehrlich – meist von Müttern und nicht von Vätern.

Kommen wir also zu den Mädchen in Kinderserien zurück. Dass sie vielleicht immer häufiger auftreten, heißt leider noch lange nicht, dass sie dann auch viel zu sagen hätten. Denn was und wie viel Mädchen sagen dürfen, ist immer noch geringer im Vergleich zu Jungs. Vor allem, wenn man sich Disneyfilme anschaut. Yasmin, die sich in »Aladdin« gegen Bevormundung wehrt? Muss sich gleichzeitig gegen 90 Prozent männliche Redezeit behaupten.[63] Mulan rettet im gleichnamigen Film als Teenagerin quasi ganz China? Doch wie viel männliche Redezeit steht dieser Heldinnentat gegenüber? 75 Prozent![64] Und selbst die gefeierten »Frozen«-Figuren Anna und Elsa fallen in diese Kategorie. *Was, kann doch nicht sein,* sagt ihr jetzt, *das ist doch ein Film mit gleich zwei weiblichen Hauptrollen!* Ja, das stimmt. Hindert die Männer in der Erzählung aber nicht daran, trotzdem einen höheren Redeanteil zu haben.[65]

Was das mit den Frauen und ihren Redeanteilen in den Ausbildungen, Unis, Abteilungen und Büros dieser Welt zu tun hat, fragt ihr euch jetzt? Na, dass Frauen offenbar schon sehr früh lernen, dass für ihren Redeanteil, für ihre Gedanken, für ihre Ideen und Argumente der Platz rar ist. Während Jungs schon früh erfahren, dass sie als Männer mehr und länger werden reden dürfen.

Und so brutal das klingen mag, ist genau das tatsächlich bei den heute erwachsenen Frauen und Männern in Deutschland zu beobachten: Das Phänomen »Mansplaining« kennt ihr vielleicht schon. Dieses Buzzword, dem schon sehr viele Artikel und ebenso viele Studien gewidmet wurden und das bei vielen heterosexuellen Männern sofort Stresspickel auslöst, gefolgt von weiterem Mansplaining darüber, was Mansplaining wirklich bedeutet und was nicht. Augenroll.

Vielleicht ist euch auch das »He-peating« schon mal als Begriff begegnet, das belegt, dass besonders Männer im beruflichen Kontext dazu neigen, bereits (oft von einer Frau) Gesagtes zu wiederholen und dafür Lob, Anerkennung oder anderweitige positive Credits zu bekommen.

Einen Begriff, den ich noch nicht kannte und von dem ich das erste Mal in dem Buch »Fem Facts« von Michaela Leitner[66] las, ist das »Man-terrupting« oder auch das »Him-terrupting«, das sich aus den englischen Worten »man/him« und dem Begriff »interrupting« – nämlich unterbrechen – zusammensetzt. **Es ist nämlich tatsächlich so, dass Männer Frauen doppelt so oft unterbrechen als andersherum. Neben Studien, die das belegen, gibt es mittlerweile sogar Apps, die das messbar machen!**[67]

Kommen wir also zu den Redeanteilen in Kinderserien zurück: Natürlich sind Kinderserien nicht allein unsere Sozialisation. Natürlich werde ich als erwachsene Frau später nicht sagen: Weil Arielle vor 30 Jahren ihre Stimme abgab, um bei einem Typen zu sein, den sie kaum kannte, werde ich jetzt im Büro auch meinen Mund halten, bis mein Chef mich endlich »entdeckt« und heiratet. Doch es ist eben nicht nur Arielle. Es sind all die Serien, Kinderbücher, Märchen und Disneyfilme in Summe, die uns unsere komplette Kindheit lang begleiten, die kleine Puzzleteile sind und gemeinsam mit anderen Faktoren unserer Sozialisation – Familie, Schule, Poesiealben – ein leider immer noch sexistisches Bild davon kreieren, was und wie viel offenbar ein Mann und was und wie viel offenbar eine Frau zu sagen haben.

Wie also, frage ich euch, sollen Mädchen und Frauen da Selbstvertrauen aufbauen? Wenn ihnen schon von klein auf bis in ihr Erwachsenenleben eingebläut wird, ihre Redeanteile seien per se weniger erwünscht und weniger wert? So sehr, dass sie – um dem ständigen Him-terrupting zu entfliehen – sich sogar angewöhnt haben, ihre eigenen Redeanteile selbst zu beschneiden? Um sich später dann aber anhören zu müssen, dass sie ja selbst dran schuld sind, wenn sie weniger Raum einnehmen?! Ich weiß ja nicht, wie es euch geht, aber ich hätte jetzt das große Bedürfnis, dieses Buch aus dem Fenster zu schmeißen. Und meinen Fernseher gleich mit.

Bevor wir das aber kollektiv tun, sollten wir noch kurz mit den völlig übersexualisierten und anatomisch komplett unmöglichen, aber dennoch täglich über unsere Bildschirme flimmernden Mädchenkörpern in diesen Kinderserien weitermachen? Man würde ja denken, wir sind in Zeiten von #Metoo, Petitionen oder gar gesetzlichen Initiativen gegen Catcalling, Initiativen für selbstverständliches Oben-ohne-Baden für Frauen in Freibädern und der allgemeinen Awareness gegen eine Übersexualisierung von weiblichen Körpern längst weiter. Sind wir aber leider nicht: »In Serien wie ›Monster High‹, ›Mia and Me‹ oder ›Winx Club‹ haben die Mädchen streichholzartige Figuren mit Riesentitten, Wasserköpfen und Glubschaugen«, lautet etwa das desaströse und sehr treffende Urteil der »EMMA«-Redakteurin Annika Ross zu aktuell beliebten Kinderserien. »Sie tragen kurze Röcke, Feennachthemdchen oder Leggins, die ihnen quasi auf den Leib gezeichnet sind.«[68] Die Serien orientieren sich damit an der japanischen Manga-Kultur, konstatiert Ross, die, wenn man es ganz genau betrachtet, Teil der Pornoindustrie ist, sodass wir als Eltern somit mit diesen omnipräsenten Serien nachmittags ein Stück weit Teenie-Pornos in die Zimmer unserer Kinder holen.

Als ich diese Zeilen las, gab es nicht genug Affe-hält-sich-die-Augen-zu-Emojis, die ich an der Stelle gern gesetzt hätte, während ich überschlug, welche Serien meine siebenjährige Tochter aktuell nur zu gern schaut:

»Mia and Me« etwa – diese extrem beliebte Serie, zu der es mittlerweile auch Kinofilme gibt, über ein Mädchen in einer Elfenwelt, das mit seinen Elfenfreund*innen Abenteuer erlebt. Klar sind die Abenteuer spannend und auch mal gefährlich und finden immerhin nicht nur auf dem »deutschen Bauernhof« statt. Aber die Elfen sehen mit ihren Riesenköpfen, ihren anatomisch viel zu dünnen Beinchen, Armen und Taillen sowie mit den hautengen und ultrakurzen Minikleidchen wie sehr stark geschminkte Glitzer-Teenagesexpuppen aus. Selbiges gilt übrigens für die Abenteuer der ebenso extrem beliebten französischen Serie »Miraculous«, zu der es mittlerweile auch mehrere Kino-Blockbuster gibt: Die Protagonistin Lady Bug rettet zwar auch hier regelmäßig die Welt vor dem bösen Hawk Moth, tut das aber in einem übertrieben dünnen, übersexualisierten und viel zu engen roten Ganzkörper-Latexanzug, der Brüste und Pobacken akzentuiert!

Was bedeutet das also für die Lieblingscartoons unserer Kinder? **Laut einer Studie von 2017 haben 50 Prozent aller weiblichen Figuren in deutschen Trickserien einen anatomisch unmöglichen Körper![69] Das ist – jede – zweite – Mädchenfigur im deutschen Fernsehen!** Jede zweite Mädchenfigur, die unsere Kinder zu gern über den Laptop oder das Handy flimmern sehen, hat also eine viel zu schmale Taille, viel zu große Brüste oder viel zu dünne Beine. Rippen, Magen, Leber haben in solchen Körpern gar keinen Platz! Jedes zweite Mädchen in Trickfilmen sieht also so aus und suggeriert ihren Zuschauer*innen damit, dass auch sie bitte g e n a u s o auszusehen haben. Auch wenn das biologisch gar nicht geht! Während sich die Schönheitschirurgie schon voller Vorfreude die Hände reibt.

Warum muss ich mich als Elternteil also offenbar entscheiden zwischen Serien mit sterbenslangweiligen Bauernhofplots, bei denen die Figuren aber wenigstens anatomisch korrekt gezeichnet sind, oder aber coolen Weltretterinnen, die aussehen, als kämen sie allesamt von einer sehr fragwürdigen Anime-Porno-Party?!

Was denn aber mit den Jungs ist, fragt ihr euch? *Schließlich werden auch sie mit absurden, viel zu muskulösen, überproportional durchtrainierten Super-Hulks und Batmans zu Körper- und Essstörungen animiert.* Richtig, absolut und auch sehr gefährlich. Auch Jungs müssen sich in ihren Lieblingstrickserien mit diesen toxischen Männlichkeitsbildern auseinandersetzen. Ich werde immer wieder darauf eingehen, wie sehr das Patriarchat auch unseren Jungs und männlichen Freunden schadet. Nur auch hier: **Wisst ihr, wie viele männliche Kinderfiguren laut derselben Analyse einen anatomisch unmöglichen Körper haben? Nur sechs Prozent.[70] Einstellig! Im Vergleich zu 50 Prozent bei den Mädchen.**

Was genau hat denn das jetzt aber mit dem Confidence Gap bei Mädchen und jungen Frauen zu tun? Darauf lasse ich gern Maya Götz, Leiterin des »Internationalen Zentralinstituts für das Jugend- und Bildungsfernsehen« antworten: »[Mädchen] verinnerlichen dieses Bild und gehen zunächst davon aus, sie würden bald so aussehen. Spätestens mit Beginn der Pubertät sind damit eine Beschämung und ein Verlust des Selbstwertes verbunden, was bis in eine Identitätskrise führen kann.«[71]

Verlust des Selbstwertes und Identitätskrise – brauchen wir wirklich noch mehr Zusammenhänge, inwiefern solch absurde Frauenbilder den zuschauenden Mädchen schaden und den Gender Confidence Gap vergrößern? Ich fürchte, leider nicht.

Kinderbücher und -serien haben wir also abgehakt. Kommen wir nun zu den Schulbüchern und Unterrichtsmaterialien, die unsere Kinder ebenfalls tagtäglich in Schulen und Nachmittagsbetreuungen über viele Jahre zu Gesicht bekommen: Ich gehe auf diesen Part in meinem ersten Buch bereits ein. Auch hier gab es 2020 eine ausführliche Analyse des »SZ-Magazins«,[72] die beispielsweise aufzeigte, dass in den meisten deutschen Bundesländern in der gymnasialen Oberstufe im Fach Deutsch nicht ein einziges (!) Buch einer weiblichen deutschen Autorin durchgenommen wird, dafür aber mehr als genügend Werke männlicher Autoren. Und was das mit den Schüler*innen macht, wenn sie über viele Jahre ihrer Schullaufbahn hinweg meist nur männliche Perspektiven, männliche Leiden und männliche Abenteuer lesen und folglich männliche Themen, männliche Sichtweisen, männliche Probleme und ebenso männliche Lösungen als die Norm ansehen. Auch in den naturwissenschaftlichen Lehrbüchern sind Frauen chronisch unterrepräsentiert. Eigentlich keine Überraschung. Was hingegen die wenigsten wissen dürften, ist der Zusammenhang, den diese Unterrepräsentanz auf die Noten der Mädchen haben könnte: So zeigen Studien, dass Schülerinnen in Naturwissenschaften bessere Leistungen erbringen und folglich auch bessere Noten bekommen, wenn die Bilder in ihren Schulbüchern auch Wissenschaftlerinnen zeigten.[73] Was im Umkehrschluss bedeutet, dass weniger weibliche Naturwissenschaftlerinnen in Schulbüchern die Leistungen der Mädchen schwächen.

Als Mutter zweier Grundschulkinder merkte ich zudem schnell, dass die tradierten Geschlechterklischees im Unterricht schon viel früher beginnen: wie oft mir Frauen Kopien von Arbeitsblättern oder Schulbüchern ihrer Grundschulkinder schicken, in denen Gegenstände wie Fußball, Auto oder Stöcke und Pferde, Spiegel oder Glitzerröcke entweder Jungs oder Mädchen zugeordnet werden sollen. Ich bekomme Geschichten erzählt, wie Lehrer*innen bei Grammatikübungen, wo man Subjekt, Prädikat und Objekt erkennen muss, in die Klasse Klischeesätze reinrufen wie »Ein schönes Mädchen geht zur Schule« oder »Ein mutiger Junge geht in den Wald«. Sätze, die sicherlich nicht böse gemeint sind, die aber immer und immer wieder die ewig sexistischen Klischees von schönen Mädchen und mutigen Jungen tradieren.

Ich bekomme Geschichten von Lehrerinnenfreundinnen erzählt, die mir sagen, dass ihre Bücher für Sexualkunde zehn Jahre alt sind und dort Körperteile von Mädchen nicht nur falsch, sondern manchmal auch einfach gar nicht benannt werden. Wo die Rede von Schamlippen ist (wofür genau sollen wir uns da eigentlich schämen?); wo die Klitoris, wenn überhaupt, als eine wenige Millimeter große Perle dargestellt wird (kein Wort davon, dass das eigentlich ein etwa zehn Zentimeter [!] großer Schwellkörper ist mit Klitorisschenkeln und Tausenden Nervenenden). **Eine Mutter erzählte mir, dass die Lehrerin ihres Sohnes ihm in der sechsten Klasse das Wort »Vulvalippen« rot unterkringelte und »Schamlippen« als vermeintlich richtige Lösung danebenschrieb. Kein Wunder! Schließlich taucht das Wort Vulvalippen noch nicht mal in unserem Duden auf!** 2018 gab es dafür sogar schon eine medienstarke Petition[74] mit aktuell mehr als 44 000 Unterschriften, genau das zu ändern und die anatomisch korrekte und enttabuisierte Bezeichnung »Vulvalippen« in das Nachschlagewerk aufzunehmen. Vergebens: Sucht man mehr als fünf Jahre später diese Bezeichnung auf duden.de, leuchtet einem nur der traurige Satz »Leider ergab Ihre Suchanfrage keine Treffer« entgegen.

Wie also, frage ich euch, sollen Mädchen irgendwelche *Confidence* entwickeln, wenn selbst bei ihren eigenen Körperteilen, die genauso alt sind wie die Menschheit selbst, auch heute noch Unsichtbarmachung und Verwirrung herrschen? Und keiner so recht weiß, wie das »da unten« zu benennen ist? Wie respektlos ist das eigentlich den Frauenkörpern gegenüber? Mehr noch, den Teilen des Körpers gegenüber, die nichts weniger tun, als die menschliche Zivilisation am Leben zu erhalten?! Wenn die Körperteile falsch bezeichnet, falsch abgebildet, vom Duden als nicht existent deklariert werden und selbst mein eigenes, verdammtes Word-Programm, während ich diese Zeilen in meine Tastatur hämmere, das Wort »Vulvalippen« rot unterkringelt?!

Und so ist es auch nicht verwunderlich, dass in einer aktuellen Wartezimmerumfrage unter 191 Männern und Frauen nur neun Prozent der Befragten überhaupt die korrekten äußeren Körperteile einer Vulva nennen konnten.[75] Heißt: 91 Prozent konnten es nicht. Selbst viele Gynäkolog*innen (!) haben Schwierigkeiten damit, die Organe der Frau richtig zu benennen, sagte Chefärztin und Gynäkologin Mandy Mangler kürzlich in einem Interview.[76] Der Penis hat eindeutig die größere Sichtbarkeit, sagt sie, nicht nur in der Forschung, auch in der Kunst, im Film, in Pornografie, Witzen, auf Klowänden. »Zum Penis und zur Erektion gibt es auch tausend Studien, weil Männer es extrem spannend finden, alles daran zu untersuchen und zu vermessen und zu quantifizieren.« Die Klitoris aber zum Beispiel wurde jahrhundertelang regelrecht geghosted, sagt Mangler. Wenn das umgekehrt so wäre und der Penis nur einen Tag lang so missachtet oder falsch bezeichnet würde wie die Klitoris! Lediglich als Eichel statt als Penis oder als »Schamwurst« zwischen den Beinen. Was da los wäre?! Ich sehe die BILD-Kampagnen schon vor mir.

Ja komm, Alex, könnte man jetzt meinen, *o.k., die meist männlich dominierte Wissenschaft hatte über viele Jahrhunderte vielleicht auch einfach keine Ahnung von den weiblichen Geschlechtsteilen und kommt eben jetzt erst dazu, diese ordentlich zu untersuchen.* Also erst mal, wie traurig ist es bitte, dass wir heutzutage in der Lage sind, Tiere zu klonen, uns von künstlichen Intelligenzen Gedichte, Artikel und Abiklausuren schreiben lassen und nur einen Klick davon entfernt sind, All-inclusive-Urlaub auf dem Mond buchen zu können – die Benennung der Geschlechtsorgane der Hälfte der menschlichen Zivilisation war uns als Menschheit aber bisher zu viel verlangt?

Und zweitens – dass die Wissenschaft bisher einfach zu doof war, um die Anatomie der Frau richtig zu benennen, stimmt nicht mal! **Das Wissen über die weibliche Anatomie, die Klitoris und deren sehr klare Funktionen als Lustorgan existiert bereits seit fast 400 Jahren! Nur wurde dieses Wissen nach seiner Entdeckung systematisch ignoriert und aus bereits bestehenden Lehrbüchern wieder ausradiert.** Was für Günther womöglich nach einer ausgedachten »Wokeness-Verschwörung« klingt, ist tatsächlich belegt: Schon im 17. Jahrhundert war die Anatomie der Klitoris bekannt.[77] Spätestens im Jahr 1844 hat der deutsche Anatom Georg Ludwig Kobelt die weiblichen »Wolllustorgane« untersucht und akribisch dokumentiert, schreibt die Journalistin Clara Hellner in einem Artikel der »Süddeutschen Zeitung«. In seinen Zeichnungen dokumentierte Kobelt präzise den Aufbau und die Blut- und Nervenversorgung der Klitoris. Seine Arbeiten fanden jedoch nicht nur keinen großen Anklang, sämtliche Überreste der Skizzen zur weiblichen Klitoris wurden aus dem damals wichtigsten Anatomieatlas

»Gray's Anatomy« einfach gestrichen: Während darin im 19. Jahrhundert noch eine genaue Darstellung der Klitoris erschien, wurde das Organ in der Ausgabe von 1901 nur noch als kleine Wölbung gezeigt, und in der Ausgabe 1913 war es dann komplett verschwunden.[78] Ein ganzes Körperteil einfach so mit dem patriarchalen Zauberstab weggezaubert. Warum? »Die Klitoris passte ganz einfach nicht ins viktorianische Zeitalter, in dem Frauen die Rolle der Hausfrau und Mutter bestimmt war. Die Gebärmutter gilt als wahres weibliches und fortpflanzungsfähiges Sexualorgan der Frau. Die dafür vermeintlich unbedeutende Lust der Frau – und damit auch die Klitoris – sehen Mediziner zu dieser Zeit als überflüssig, wenn nicht sogar als krankhaft und gefährlich an.«[79]

Wow.

Erst 1998 – ich kann es selbst kaum fassen – wurde die Anatomie der Klitoris dann endlich richtiggestellt, und zwar durch die australische Urologin Helen O'Connell.[80] Die feststellte – oh Wunder –, dass die Klitoris in den von ihr sezierten Frauenleichen komischerweise viel größer war als in ihren Lehrbüchern und auch teilweise woanders platziert. Und das in einer Zeit, in der wir längst Mails um die Welt schicken, Schafe klonen und künstliche Befruchtungen durchführen konnten. Aber eine anatomisch korrekte Darstellung des wichtigsten Lustorgans von der Hälfte der Weltbevölkerung? War bis dato wohl nicht drin.

Es war also kein Unwissen, kein medizinischer Bereich, der einfach keine Forschungsgelder bekam. Nein, die Vernachlässigung der weiblichen Anatomie war eine a k t i v e Entscheidung für die Unsichtbarmachung. Weil Frauen gefälligst keine Lust beim Sex zu verspüren hatten, sondern ihr Geschlechtsorgan lediglich dem Kinderkriegen und der Mutterschaft zur Verfügung zu stehen hatte.

Und so hallt diese Unsichtbarmachung – und wir kommen zu den Schulbüchern unserer heutigen Kinder zurück – auch 200 Jahre später in unseren Medizin-, Biologie- und auch Aufklärungsbüchern nach: »[D]ie großen Anatomieatlanten, aus denen noch immer Millionen Medizinstudenten weltweit lernen, erreichen bis heute nicht das Niveau von Georg Ludwig Kobelts Zeichnungen«, konstatiert SZ-Autorin Clara Hellner, »[v]iele Neuauflagen der Bücher übernehmen immer wieder die Inhalte der vorherigen Ausgaben – ohne kritische Prüfung.«[81]

Habt ihr mal auf den Kalender geschaut, in welchem Jahr wir eigentlich leben? Ich sag's ja nur ...

Gender Confidence Gap im Unterricht, die Zweite

Apropos Geschichte – wir machen nach Sexualkunde noch einen kleinen Abstecher zu Geschichte, Sach- und Erdkunde: Auch in Geschichtsbüchern kommen Frauen so gut wie gar nicht vor, abgesehen von den Galionsfiguren wie Jeanne d'Arc, Katharina die Große oder Marie Curie. Warum? Weil auch hier Frauen systematisch aus Geschichtsbüchern gestrichen, ihre Erfindungen unsichtbar gemacht, ins Lächerliche gezogen oder buchstäblich von ihren Ehemännern oder Kollegen gestohlen wurden.

Das klingt so abstrakt und gefühlt schon tausendmal gehört, aber nicht, wenn wir uns klarmachen, mit welchen Produkten, Erfindungen und Ereignissen wir eigentlich weibliche Namen verbinden sollten, es aber nicht tun. Hier ein ganz kleiner Auszug: In Wahrheit hat nicht etwa Walt Disney den Zeichentrick erfunden, sondern eine Frau, nämlich Lotte Reininger,[82] schreibt Journalistin Vera Weidenbach, die 2022 mit ihrem Buch »Die unerzählte Geschichte. Wie Frauen die moderne Welt erschufen – und warum wir sie nicht kennen« nichts anderes als ein alternatives Geschichtsbuch geschrieben hat, das einfach an sämtlichen Schulen dieses Landes und in sämtlichen Lehramtsstudiengängen Pflichtlektüre werden sollte. Es war auch eine Frau, die das erste Computerprogramm geschrieben hat, eine Frau, die die Kernspaltung entdeckt hat, ebenso war es eine Frau, die die Stimmen der kleinen Leute in die weltberühmten Theaterstücke von Bertolt Brecht gebracht hat. Die Namen dieser Frauen kommen in unser aller Geschichtserzählungen allerdings nicht vor. Auch der Nobelpreis für die Entschlüsselung der DNA ging nicht etwa an die Mikrobiologin Rosalind Franklin, sondern an zwei Typen. Der Nobelpreis für die Entdeckung der Kernspaltung ging auch nicht an die Kernphysikerin Lise Meitner, sondern an einen Typen. Auch der Treibhauseffekt wurde von einer Forscherin entdeckt – Eunice Newton Foote –, drei Jahre bevor es John Tyndall tat. Tyndall wurde allerdings zum Gründungsvater des Treibhauseffekts erklärt, Footes Arbeiten wurden ignoriert und erst 2010 völlig zufällig publik.[83] **Monopoly wurde von einer Frau erfunden – Lizzie Magie –, reich wurde dadurch aber Jahrzehnte später ein Typ.[84] Der größte Pirat der Geschichte? Eine Frau.[85] Der erste Schriftsteller der Welt? Eine Frau.[86] Der Gründer der ersten Universität der Welt? Eine muslimische Frau.**[87] Diese unfassbare Unsichtbarmachung von Frauen in Wissenschaft, Medizin, Literatur, Kunst, Wirtschaft und Politik spiegelt sich nicht nur in den Schulbüchern seit Generationen wider, sondern begleitet unsere Großeltern, Eltern, uns selbst und auch heute noch unsere Kinder.

Ja, o.k., Alex, wir haben's verstanden, könnte man jetzt meinen. *Aber spiegelt das alles sich denn jetzt wirklich unmittelbar in den Entscheidungen erwachsener Frauen und Männer für bes-*

ser bezahlte Berufe, Bewerbungen für Führungspositionen, Lohnlücken und Co. wider? Weil darum geht es hier in dem Kapitel doch – dass Frauen sich aufgrund des lang und breit beschriebenen Gender Confidence Gap nicht auf bestimmte Stellen bewerben. Spielen da jetzt Bücher und Co. wirklich so eine große Rolle?

Die kurze Antwort: Ja. Zu hundert Prozent.

Die lange Antwort: Eine Studie hat belegt, dass allein eine höhere Sichtbarkeit von Frauen bei Wikipedia[88] (die man sehr gut mit Schulbüchern vergleichen kann), in Artikeln zu Politik, Wirtschaft oder Bildung Mädchen dazu verleitet, beruflich auch genau in diese Branchen zu strömen. **Was andersherum bedeutet, dass wenn Wikipedia-Artikel zu Physik, Chemie, Finanzen und Co. nicht genügend weibliche Vorbilder aufzeigen, das Ansehen dieser Berufszweige bei den Leserinnen dieser Artikel zu sinken beginnt.**[89] Oder ganz platt gesagt: Wenn ich als Mädchen kurz vor dem Schulabschluss verschiedene Berufe googele, zwangsläufig erst mal bei Wikipedia lande und bei Maschinenbau nur Thomasse vorfinde, werde ich nur wenig Bock haben, in diese Berufe zu gehen.

Ob das alles jetzt wirklich Einfluss auf den Gender Pay Gap hat? Auch dazu gibt es eine Studie der Hans-Böckler-Stiftung, die feststellte, dass Frauen auch deswegen in die Gender Pay Gaps geraten, weil sie eine zu geringe Auswahl an »weiblich konnotierten« Berufen haben, aus denen sie als junge Frauen überhaupt wählen können.[90] Wo wir – und so schließt sich der Kreis – wieder bei der eingangs erwähnten SZ-Studie angekommen sind und der Handvoll Berufsbilder in Mädchenbüchern und der schier unendlichen Auswahl an verschiedenen Berufsbildern in Jungsbüchern.

Nach all diesen zusammengetragenen Beobachtungen und Zahlen komme ich nicht drum herum, mich zu fragen: Wie geht denn das?! Belegen Studien doch, dass es für Kinder essenziell ist, ihre eigenen Geschlechter in Schulbüchern und Schulheften zu sehen, um in diesen Fächern auch erfolgreich zu sein! Wir scheinen aber kein Problem damit zu haben, dass Mädchen und Frauen ihre Stimmen, Gedanken, Körper und Ideen auf Wikipedia, in Podcasts, in Sendungen, Kinderserien, Kinderbüchern, auf Arbeitsblättern und in Geschichts- und Anatomiebüchern so unverschämt unterrepräsentiert sehen?!

Und so ist es nur logisch, dass eine internationale Studie aus dem Jahr 2022 unter sage und schreibe 72 Ländern aufzeigte, dass **Teenagermädchen sich trotz gleicher oder sogar besserer Qualifikation ganz grundsätzlich untalentierter einschätzten, als Jungs es tun;**[91] **dass die Selbstsicherheit von Mädchen zwischen 8 und 14 Jahren um 30 Prozent einstürzt und sich 14-jährige Mädchen um 27 Prozent weniger selbstsicher fühlen als 14-jährige Jungs;**[92] und dass sich folglich Mädchen schon als Teenagerinnen für ihre spätere berufliche Laufbahn ein deutlich geringeres Gehalt ausrechnen, als Jungs es tun.[93]

Und dann wundern wir uns ernsthaft, wie es auch heute noch trotz der viel zitierten Pippi Langstrumpfs und Ronja Räubertochters zu so etwas wie dem Gender Confidence Gap kommen kann? Und warum sich erwachsene Frauen nur dann auf eine Position bewerben, wenn sie 100 Prozent der nötigen Anforderungen erfüllen, während Männer schon bei 60 Prozent loslegen?

Natürlich ist das so! Weil es Mädchen einfach nie anders kennengelernt haben! Weil sie es nie anders vorgelebt bekommen haben! Und weil sie mit all diesen Bildern aus Stickerbüchern, Schulheften, Kinderbüchern, Serien, Schulbüchern, Podcasts, Social Media, Wikipedia und Filmen auch heute noch 24/7 überall zugeballert werden.

Puh, ist das kompliziert und verworren, sagt ihr jetzt womöglich, *wie und an welcher Stelle sollte man denn da bitte anfangen, diese Muster aufzubrechen?* Eben! Genau das!

Wie absurd und verharmlosend und herablassend ist es dann, von einer einzelnen Frau zu erwarten, diesen gigantischen Gender Confidence Gap beiseitezuschieben und sich »einfach mal« beruflich mehr zuzutrauen?!

Wie Algorithmen Frauen in prekäre Jobs locken

Vielleich beginne ich dieses Kapitel mal mit einem kleinen Hoffnungsschimmer, damit man nicht heulen muss, weil in diesem Moment die süße kleine Tochter im Nebenzimmer spielt, nichts ahnend von dem hier Beschriebenen und den sie sehr wahrscheinlich erwartenden Ungerechtigkeiten. Ich versuche also mal ein bisschen positive Stimmung zu verbreiten.

Was mir aktuell Hoffnung macht, ist die sich stark wandelnde Situation auf dem Arbeitsmarkt: weg von einem Arbeitgeber*innenmarkt hin zu einem Arbeitnehmer*innenmarkt, und dass die Generation Z, wenn sie denn schon das kaputteste Rentensystem, kaputteste Gesundheitssystem und den kaputtesten Planeten von uns erbt, sich wenigstens auf dem Arbeitsmarkt ihre Jobs immer mehr selbst aussuchen kann. Heißt, dass nicht mehr nur Unternehmen fragen, was ihre Bewerber*innen denn so für Stärken und Schwächen haben, sondern Firmen selbst sich solche Fragen gefallen lassen müssen. Meine große Hoffnung wächst, dass dieser Zustand auch für immer mehr F r a u e n von Vorteil sein wird, einfach weil es sich Unternehmen nicht mehr leisten können werden, Frauen weiterhin auszuschließen. (Spoiler: Warum Firmen es trotzdem weiterhin tun – und sich damit wissentlich in den Ruin treiben –, dazu kommen wir später noch.)

Meine große Hoffnung liegt also in dem sich wandelnden Arbeitsmarkt. So weit, so naiv. Denn ich habe diese hoffnungsvolle Rechnung leider ohne den Algorithmus gemacht.

Warum? Weil viele Frauen im Zweifelsfall gar nicht erst e r f a h r e n werden, welche lukrativen Jobs da draußen für sie existieren – weil sie ihnen bei der Jobsuchmaschinensuche sehr wahrscheinlich gar nicht erst angezeigt werden. Ihren männlichen Konkurrenten allerdings schon.

Klingt wieder nach Verschwörungstheorie gegen Frauen? Ist es auch: Nennt sich Patriarchat, ist in Bezug auf den Algorithmus bereits in zahlreichen Studien nachgewiesen worden, und ihr merkt, dass der Hoffnungsschimmer an dieser Stelle schon wieder ausgeschimmert hat.

Mittlerweile gibt es Bücher und Doku-Reihen, die in regelmäßigen Abständen die digitale Diskriminierung Frauen oder auch anders marginalisierten Menschen gegenüber öffentlich machen. Der bereits erwähnte internationale Bestseller »Unsichtbare Frauen« von Caroline Criado-Perez ist hier ganz vorne mit dabei, ebenso wie zahlreiche Dokus der Öffentlich-Rechtlichen wie beispielsweise die ZDFzoom-Doku-Reihe von 2022 »Digital Empire«.

Aber erst mal ganz simpel erklärt: Ein Algorithmus, einer Suchmaschine beispielsweise, lernt von uns, wie die Welt um uns herum so tickt. Ähnlich wie wir das unseren Kindern erklären, zeigen also einerseits Programmierer*innen und andererseits auch wir durch unsere Suchanfragen und unser Klickverhalten dem Algorithmus, wie die Welt offenbar funktioniert, welche Themen wohl Männer suchen, welche Themen Frauen, was wir shoppen, welche Fragen wir stellen, auf welche Artikel wir reagieren, welche Artikel wir teilen und so weiter und so fort. Und der Algorithmus saugt dieses Wissen auf wie ein Kind.

Jetzt kommt der Haken: Sind die »Eltern« dieses Kindes – also sowohl wir als auch die Programmierer*innen – aber patriarchal oder rassistisch sozialisiert oder anderweitig dazu erzogen worden, Klischees über andere zu glauben (und davon ist so ziemlich jeder Mensch in der einen oder anderen Weise betroffen), werden sie an ihr Kind – sprich: den Algorithmus – sehr wahrscheinlich diese Sozialisation weitergeben.

Genau dasselbe passiert, wenn Programmierer*innen Algorithmen mit ihrem Wissen und ihren Daten füttern. Auch sie werden ihre teils klischeehaften und teils diskriminierenden Erklärungen über die Welt an ihr Algorithmus-»Kind« weitergeben. Und da in Deutschland **Programmierer*innen für künstliche Intelligenz zu 76 Prozent Männer sind und nur zu 24 Prozent Frauen**[94] und diese 76 Prozent sehr wahrscheinlich zu einem großen Teil weiße, christliche, europäische, heterosexuelle cis-Männer sind, werden auch die Informationen und Ansichten, mit denen sie die Algorithmen füttern, relativ homogen und »typisch« für diese Gruppe sein.

»Das heißt, leider sehr oft wird Technik entwickelt, die dann diejenigen, die dann ohnehin schon sozial schwach sind, noch stärker belastet«,[95] fasst es die Juristin und Technologie-Professorin der Oxford University Sandra Wachter zusammen. »Und das ist leider sehr oft der Fall für Frauen. Das ist leider sehr oft der Fall für nicht-weiße Menschen. Und sehr, sehr oft der Fall für Leute aus der LGBTQIA+-Community.« Oder anders ausgedrückt: Wer im realen Leben diskriminiert wird, wird auch online diskriminiert.

Schauen wir uns das mal konkret für unser tägliches Klick- und Suchverhalten an: in der Google-Suchleiste. Noch bevor wir etwas zu Ende in die Suchmaschine getippt haben, kommen ja bereits die allseits bekannten »Google-Vorschläge«, und allein diese Vervollständigungen sind bereits diskriminierend. Die ZDF-Doku »Digital Empire« nennt dafür eines der aktuellsten und prominentesten Beispiele, nämlich den Fall der *beiden* Biontech-Impfstofferfinder und der *beiden* Biontech-Vorstandsmitglieder Özlem Türeci und ihres Ehemanns Uğur Şahin. Als die beiden mit der Impfung gegen

Corona Ende 2020 Weltruhm erlangten, wurde beim Googeln Uğur Şahin als »Vorstandsvorsitzender Biontech« in den Suchergebnissen angezeigt. Özlem Türeci, obwohl ebenfalls zu der Zeit im Vorstand von Biontech, wurde von Google aber zuerst als »Ehefrau von Uğur Şahin« bezeichnet. Also in etwa so wie in den 60er-Jahren, als die Frauen von Ärzten mit »Frau Doktor« angesprochen wurden.

Nachdem es einen Shitstorm gab, hat Google diesen Fehler zwar behoben, sodass Özlem Türeci nicht mehr als »Ehefrau von« beschrieben wird. Nur wurde hier das Problem nicht gänzlich gelöst: Wenn man heute Özlem Türeci googelt, steht da jetzt zwar nicht mehr »Ehefrau von«, sondern: »Deutsche Medizinerin«. Ich meine, ja, sie ist deutsche Medizinerin, aber das ist meine Hausärztin auch. Hat meine Hausärztin aber den ersten Impfstoff gegen eine weltweite Epidemie erfunden, damit Millionen Menschenleben gerettet und ist Vorstandsmitglied dieses Unternehmens? Ich denke nicht. Sollte das aber bei der Person aufploppen, die das alles tatsächlich getan und erreicht hat? Ich denke schon.

Was aber steht bei ihrem Ehemann Uğur Şahin, wenn man ihn heute googelt? »Vorstandsvorsitzender Biontech«. Er ist also Vorstandsvorsitzender, sie Medizinerin. Eine Frau als Forscherin, Erfinderin und a u c h n o c h im Vorstand eines milliardenschweren Biotechnologieunternehmens ist für den Algorithmus wohl nur sehr schwer vorstellbar, unrealistisch und wird daher für alle Fälle lieber unsichtbar gemacht.

Aber hey, ist bestimmt alles nur ein blöder Zufall, und wenn ihr jetzt in diesem Moment das Buch beiseitelegt und die beiden nacheinander in die Suchleiste eintippt, hat Google diesen sexistischen Algorithmus-Gap bestimmt behoben, oder?

Dann wurde ich richtig stutzig und wollte nach meiner eigenen kleinen Wiki-Leidensgeschichte wissen, ob eigentlich auch beide Forscher*innen bei Wikipedia auftauchten. Tun sie, klar. Doch bevor wir uns zu sehr darüber freuen, kommt der Knaller: Özlem Türeci bekam ihren eigenen Wikipedia-Artikel nämlich am 8. Juni 2020,[96] und zwar mitten im ersten Pandemiejahr, als die weltweite Suche nach einem Impfstoff und Biontech in aller Munde waren. Eigentlich ganz logisch. Zumindest fast.

Denn ratet doch mal, seit wann der Wikipedia-Artikel ihres Ehemannes Uğur Şahin bereits existiert. Seit dem 31. Januar 2007[97] und damit seit mehr als 16 Jahren! Ich musste so lachen, als ich das recherchierte. Biontech hat das Ehepaar 2008 gegründet. Und trotzdem: Mehr als ein ganzes Jahrzehnt, obwohl beide im Biontech-Vorstand sind, war er präsenter, auffindbarer und damit professionell sichtbarer als sie.

Aber hey, auch das ist bestimmt ein Riesenzufall, nicht böse gemeint, ein Missverständnis und hat rein gar nichts mit patriarchalen Strukturen bei Wikipedia zu tun. Oder wie es Technologie-Professorin Sandra Wachter vielleicht etwas sachlicher ausdrückt: »Das Problem ist, dass die Hürden für die Frauen, die sie überwältigen müssen (...) in der Offlinewelt, dieselben sind, die sie online finden.«[98]

Solche Algorithmus-Diskriminierungen potenzieren sich zusätzlich bei Frauen of Color oder wenn Frauen der LGBTQIA+-Community angehören: Die Journalistin Lena Deser stellte in einem Artikel beispielsweise kürzlich fest, dass bestimmte Bücher von queeren Autor*innen vom Amazon-Algorithmus automatisch in der Unterkategorie »Erotik« gelandet sind,[99] damit nicht unbedingt als jugendfrei anmuteten und dadurch eine latent schmuddelige, folglich negative Konnotation bekamen. In den USA hat eine Gruppe Content-Creator*innen aus der LGBTQIA+-Community geklagt, weil Videos, die als

»gay« oder »queer« gelabelt wurden, von internen YouTube-Programmen mutmaßlich als nicht werbetauglich eingestuft worden sein sollen. Bekommen sie von den Gerichten recht, würde das vereinfacht gesagt bedeuten, dass Content-Creator*innen mit ihrer Arbeit kein Geld verdienen konnten, und das einfach nur, weil sie queer sind und queeren Content produziert hatten.

Doch es sind nicht nur Google oder Wikipedia. Bekanntermaßen ist Social Media und sind die Content-Creator*innen, die damit Geld verdienen, ja sehr weiblich. Was für ein »Zufall« also, dass Social-Media-Algorithmen schon länger die Sichtbarkeit von Frauenaccounts systematisch zensieren und drosseln, nicht aber die Sichtbarkeit von Männeraccounts. Kein Witz! Das hat eine aktuelle, groß angelegte Recherche der britischen Zeitung »The Guardian« und des Rechercheteams des Bayerischen Rundfunks ergeben: So nehmen Algorithmen stinknormale Frauenbilder lächelnd mit Hund, am Strand oder stumpf beim Einkaufen per se als sexualisierter und anzüglicher wahr und löschen sie viel häufiger als exakt dieselben Motive von Männern, die einkaufen oder mit ihrem Hund am Strand herumstehen.

Und ich meine damit wirklich nicht, dass nackte Frauenbrustwarzen gelöscht werden, nackte Männerbrustwarzen aber nicht. Eine schreiende Ungerechtigkeit, schon klar, aber fast schon ein alter Hut. Nein, ich meine, dass Algorithmen selbst Bilder von nackten Schwangerschaftsbäuchen als anzüglich einstufen und löschen; oder Frauenoberkörper mit Kompressen nach einer Brustabnahme nach einer Krebsdiagnose gelöscht werden.[100] Für die Frauen aufklärerische, gesundheitlich wichtige Inhalte – für den Algorithmus: zu sexy.

Wodurch auch hier die Reichweite und Sichtbarkeit von Frauen, die ja auch von Social Media leben, eingeschränkt und folglich Frauen in ihren finanziellen Möglichkeiten auch hier, diesmal von Algorithmen, die zu 76 Prozent von Männern programmiert werden, beschnitten werden.

Apropos finanzielle Möglichkeiten: Algorithmen, die über Kreditvergaben entschieden, haben auch Frauen benachteiligt und ihnen nur niedrigere Kredite angeboten. Selbst der Apple-Mitbegründer Steve Wozniak hatte bestätigt, dass die offizielle Kreditkarte von Apple, die Apple Card, seiner Frau einen zehnmal geringeren Kreditrahmen gewährt hatte als ihm selbst – obwohl ihre gemeinsamen Vermögenswerte exakt dieselben waren.[101] Sicherlich wurde der Algorithmus nicht darauf programmiert, Frauen absichtlich schlechtere Kreditwürdigkeit zu attestieren, aber das Programm hatte einfach die Muster der Vergangenheit gelesen – dass Frauen meist finanziell schlechter aufgestellt sind und folglich niedrigere Kredite gewährt bekommen – und hat diese Vergangenheit einfach auf andere Frauen und ihre Zukunft projiziert.[102] Eine patriarchale Endlosschleife.

Wie ihr euch wahrscheinlich schon denken könnt, sind auch hier Frauen bei Weitem nicht die einzigen Leidtragenden: Wenn Algorithmen, wie eingangs erwähnt, fast ausschließlich mit Daten, Meinungen und Ansichten von weißen, männlichen, heterosexuellen cis-Männern gefüttert werden, passiert es, dass Gesichtserkennungssoftware etwa bei Passkontrollen, bei digitalen Brillenanprobierprogrammen oder bei der Gesichtserkennung von Telefonen männliche, weiße Gesichter nahezu perfekt erkennt – bei Gesichts- und Geschlechtserkennung Menschen of Color aber gnadenlos durchfallen.[103] Und du als Person of Color im Zweifelsfall vor einer automatischen Tür stehst, die sich nicht öffnet, weil sie dich nicht als Mensch erkennt. Oder die Gesichtserkennungsfunktion nicht reagiert, wenn du deine Identität beim Antrag eines neuen Bankkontos verifizieren lassen musst. Oder dein eigenes Telefon nicht versteht, dass dein Gesicht ein Gesicht ist.

So schließt sich auch hier wieder der Kreis mit den Worten: Wer früher im analogen Raum mehrfach diskriminiert wurde, wird im digitalen Raum wieder mehrfach diskriminiert. Für Frauen of Color gibt es dafür bereits einen Begriff, der in den Mainstreammedien allerdings nahezu unbekannt ist, von dem ich neulich auf dem Onlinemagazin für Schwarze Frauen »RosaMag« erfahren habe: *Misogynoir.*[104] Ein feministisches Fachwort, das die Schwarze US-Professorin Moya Bailey prägte und das die Zusammensetzung beschreibt aus »Misogynie«, also Frauenfeindlichkeit, und »noir«, dem französischen Wort für Schwarz. Ein Zustand, der besagt, dass unsere weiß dominierten Gesellschaften Schwarze Frauen nicht nur diskriminieren, weil sie Frauen sind, sondern sie mehrfach diskriminieren, weil sie Frauen und Schwarze sind. Und so findet sich offenbar auch dieses *Misogynoir* nicht nur analog, sondern auch digital in den rassistischen Machenschaften der Algorithmen wieder.

Kommen wir nun nach diesem Algorithmus-Exkurs zum eingangs erwähnten Thema Jobsuchanfragen zurück: Die NGO AlgorithmWatch hat erforscht, wem der Algorithmus von Facebook eigentlich welche Stellenanzeigen ausspielt, und testete das anhand fiktiver Jobausschreibungen für u. a. Lkw-Fahrer*innen, Erzieher*innen und Pfleger*innen.[105] **Dreimal dürft ihr raten, was bei diesem Experiment herausgekommen ist:** Der Lkw-Job wurde an sage und schreibe 4864 Männer ausgespielt, aber nur an 386 Frauen. Damit bekamen die Lkw-Anzeige zu 93 Prozent nur Männer zu sehen. Den Erzieher*innen-Job hingegen bekamen – oh Überraschung – nur 258 Männer zu sehen, dafür aber in 6456 Fällen und damit zu 96 Prozent Frauen.[106] Ist doch total logisch, dachte sich der Algorithmus wahrscheinlich, Frauen können doch eh nicht Auto fahren, dafür aber besonders gut Windeln wechseln. Digitale Klischeehölle, at its best.

Das Ergebnis kam übrigens zustande, obwohl Algorithm-Watch dem Programm explizit nicht vorgab, a n w e n der Algorithmus diese Anzeigen ausspielen sollte. Das Programm dachte also nach und entschied sich dazu, quasi keinem einzigen Mann zu erzählen, dass Erzieher*innen und Pfleger*innen gesucht werden, und quasi keine Frau darauf aufmerksam zu machen, dass es neue Jobs als Lkw-Fahrer*innen für sie geben könnte.

Warum? Weil dem »Algorithmus-Kind« zuvor mithilfe von unzähligen Artikeln, Statistiken, Bilddatenbanken, Filmen, Werbespots, Büchern, lustigerweise auch Wikipedia-Artikeln und zigtausend anderen Daten beigebracht wurde, was Männer und Frauen wohl für Jobs suchen. Sprich, wir »Algorithmus-Eltern« haben dem Kind beigebracht, was wohl »typisch männliche« Lebenswelten und was wohl »typisch weibliche« Lebenswelten sind. Was – und so schließt sich der Kreis – ähnlich klischeehaft ist wie das, was wir echten Eltern in den letzten 70 Jahren offenbar auch unseren echten Kindern in den bereits erwähnten 50 000 Kinderbüchern beigebracht haben und immer noch beibringen. Puh!

Denkt man die Ergebnisse von AlgorithmWatch weiter, wäre es nur logisch und nachvollziehbar, wenn dieser Algorithmus-Bias auch bei anderen »typisch weiblichen« und »typisch männlichen« Berufen auftritt. Und folglich auch eher prestigereichere, eher technikaffine, eher höher bezahlte Jobs Frauen einfach viel seltener ausgespielt werden.

Google hatte übrigens auch einen Shitstorm an der Backe, als eine Untersuchung der US-amerikanischen Carnegie Mellon University gezeigt hat, dass auch die Suchmaschine Frauen we-

niger gut bezahlte Stellen in Führungspositionen anzeigte als Männern.[107] Aber bei Stammtischen schön weiter behaupten, dass Frauen halt selbst schuld seien, wenn sie in schlechter bezahlte Berufe gehen. Ja, kein Wunder! Wenn ihnen offenbar nur die schlecht bezahlten Berufe angezeigt werden.

Eine letzte Sache noch, dann könnt ihr auch euren Laptop endgültig aus dem Fenster schmeißen: Falls ihr in den vergangenen vier Jahren im Homeoffice das Gefühl hattet, ihr werdet bei Zoom, Teams und Co. bei Videokonferenzen irgendwie weniger gehört oder überhört oder ignoriert und eure Message kommt nicht an – **könnte es daran liegen, dass künstliche Intelligenzen für Videocallsoftware offenbar zu selten mit weiblichen Stimmen gefüttert wurden, folglich weibliche Stimmen seltener erkennen und die Programme Frauenstimmen in unser aller täglichen Videocalls einfach schlechter übertragen**. Ohne Witz! Hat erst 2021 eine Untersuchung von Wissenschaftler*innen der Universität Magdeburg und der dänischen Universität Sønderborg ergeben.[108] Was psychologisch für uns zur Folge hat – auch das haben die Wissenschaftler*innen untersucht –, dass diese schlecht übertragenen Frauenstimmen uns unterbewusst weniger charismatisch, weniger ausdrucksstark und – jetzt kommt's – weniger kompetent vorkommen.

Gut, was soll man dazu noch sagen? Wenn Frauen, die in gemischten Teamkonferenzen sowieso schon weniger Redezeit bekommen und weniger sichtbar sind, jetzt also selbst von der Konferenztechnik buchstäblich der Mund verboten wird.

Atmen. Ein. Aus.

Wenn Sprache absurde Realitäten schafft

Nachdem wir uns jetzt sehr viel mit Algorithmen beschäftigt haben, will ich mal einen Schritt zurückgehen, nämlich – Achtung, Pathos – zu unserem gesprochenen Wort. Und keine Sorge, ich will euch nicht mit philologischen Studien und Fachtermini langweilen, sondern – ganz untypisch für dieses Buch – mich ausnahmsweise mit reinen Beobachtungen beschäftigen. Beobachtungen, die zwar meine persönlichen sind, aber unser aller Alltag, all unsere Gedanken und damit all unsere Realitäten beeinflussen. Wie genau meine ich das? Ich liebe den Spruch »Sprache schafft Realitäten«. Deswegen will ich in diesem Kapitel mal auf unsere alltägliche Sprache schauen, welche Realitäten wir damit schaffen, welche Begriffe wir im täglichen Sprachgebrauch benutzen, welche davon eher Frauen zugeschrieben werden und welche eher Männern, welche Konnotationen da jeweils mitschwingen und vor allem, für welche Begriffe es eigentlich Pendants auf der anderen Geschlechterseite gibt, für welche nicht und warum das so ist.

Denn es gibt immer wieder Begrifflichkeiten, die wir verwenden und uns keine Gedanken darüber machen, dass sie eigentlich eine bestimmte Konnotation haben oder ein bestimmtes Rollenklischee tradieren oder – seien wir mal ehrlich – sexistisch sind *as fuck*.

Welche Begriffe meine ich damit? Schnell fallen uns vielleicht Worte wie »dämlich« ein, das zwar immerhin nicht von der Dame abgeleitet ist, das Pendant allerdings – »herrlich« – kommt sehr wohl von Herr und ist natürlich positiv konnotiert. Es gibt die »Herrschaft«, aber keine »Frauschaft«, es gibt das Wort »herrschen« – hier wird einfach das Wort »Macht haben« den Herren zugeschrieben –, was machen aber die mächtigen Frauen? Frauschen? Nee, die haben dafür das Wort »bemuttern«, während Väter natürlich kein »bevatern« haben.

Überhaupt Mutter: Offenbar haben Mütter das Monopol auf sehr viele Wortzusammensetzungen, die den Vater dabei aber gänzlich auslassen. Das Wort »Muttergefühle« kennen wir beispielsweise alle. Das Wort »Vatergefühle« ist uns aber offenbar fremd. Glaubt ihr nicht? In welchem Jahr leben wir denn, bitte? Offensichtlich noch im Jahr 1960, denn selbst der Online-Dudenredaktion sind »Vatergefühle« so fremd, dass dieses Wort auch heute nicht im Duden auftaucht. Das hat mir die Autorin Jana Heinicke erzählt. Und tatsächlich, als ich das Wort »Vatergefühle« bei duden.de eingebe, kommt ein leeres Suchergebnis. Gefolgt von der »Meinten Sie vielleicht ...«-Frage, ob ich nicht doch etwa »Muttergefühl« oder »Fahrgefühl« gemeint haben könnte.

Den Vogel schießt in meinen Augen aber die Tatsache ab, dass die Dudenredaktion zwar das Wort »Mutterinstinkt« kennt, aber nicht »Vaterinstinkt». Stattdessen fragt mich der Algorithmus an der Stelle, ob ich – wenn ich mich schon für Männerinstinkte interessiere – nicht doch vertippt und statt »Vaterinstinkt« eigentlich »Machtinstinkt« oder »Jagdinstinkt«[109] gemeint haben könnte. Was fast schon ein bisschen lustig ist.

Aber hey, vielleicht muss ich den Algorithmus des größten deutschen Online-Rechtschreibnachschlagewerkes hier auch in Schutz nehmen, vielleicht ließ er sich auch einfach nur von den vielen Artikeln über unseren Finanzminister Christian Lindner im Herbst 2022 verwirren, als dieser in einem ZEIT-Artikel indirekt damit zitiert wurde,[110] während seiner späteren Care-Arbeit mit Imkern, Fischen und ja, auch mit Jagen, beginnen zu wollen.[111] Kein Wunder – meine Mutmaßung –, dass da der Meinten-Sie-vielleicht-Algorithmus von Duden »Vaterinstinkt« prompt mit »Jagdinstinkt« verwechselt haben muss, um jedem, der Vaterinstinkt im Duden nachschlagen wollte, zu signalisieren: »Junge, was machst du da, bitte? Vaterinstinkt? Gibt's nicht. Jagdinstinkt! Das hast du doch gesucht! Also, lass dir mal lieber ein paar Eier wachsen und geh einen Bison erlegen!«

Na ja, Alex, könnte man jetzt meinen, *unsere Sprache ist doch aber insgesamt schon weiter als all das.* Hm. Aber ist sie das wirklich?

Ich bin neulich über einen Tweet[112] gestolpert, der sich genau dieser Thematik annahm und als Negativbeispiel die beiden heute geläufigen Gender-Sprach-Gap-Beispiele nannte: erstens, der Begriff »Karrierefrau«. Einen Karrieremann gibt es in unserem alltäglichen Sprachgebrauch nämlich nicht. Wenn ein Mann Karriere macht, ist er einfach ein Mann, die Norm. Wenn eine Frau aber Karriere macht, ist das so ungewöhnlich, dass »Frau« in dem Begriff extra unterstrichen und betont werden muss.

Nach demselben Prinzip funktionieren übrigens auch vermeintlich freundliche Begriffe wie »Powerfrau« – auch hier gibt es keinen Powermann, weil ein Mann mit Power einfach ein Mann ist. Eine Frau mit Power ist aber eine Ausnahme, weil Frauen offenbar eigentlich schlappe Lauchs sind. Haben sie aber Power, ist das für die deutsche Sprache und folglich auch für uns so dermaßen ungewöhnlich, dass wir es extra unterstreichen müssen. Deswegen an dieser Stelle an alle, die es nett meinen mit dem Begriff »Powerfrau« – lasst es uns aus unserem Wortschatz streichen, ja? Denn wenn ihr unterstreicht, dass eine Frau eine Powerfrau ist, beleidigt ihr in dem

Zusammenhang alle anderen Frauen, die anscheinend keine Power haben.

Der zweite Beispielbegriff aus dem Tweet war dann der »Familienvater«. Auch hier selbiges Spiel, nur umgekehrt. Ein vermeintliches Kompliment, dass es auf der einen Seite offenbar »nur« Väter und auf der anderen Seite aber extra tolle »Familienväter« mit Fleißbienchen gibt, die nicht nur Kinder gezeugt haben, sondern sich tatsächlich auch noch um diese kümmern.

Bei Müttern gibt es in unserem alltäglichen Sprachgebrauch aber keine »Familienmutter« – obwohl sie sogar im Duden steht –, weil man davon ausgeht, dass Mütter sich einfach i m m e r um ihre Familie kümmern, ob sie es denn wollen oder nicht.

Deswegen auch an dieser Stelle und besonders an die Kolleg*innen in den Redaktionen da draußen gerichtet: Lasst uns bitte den Begriff »Familienvater« streichen oder aber den Begriff »Familienmutter« in unser aller Wortschatz integrieren. Andernfalls kippen wir damit wieder Zement auf die sowieso schon steinharten Rollenbilder der Mutter, die nur für ihre Kinder da zu sein hat, und den Vater, der mit Papa-des-Jahres-Plaketten behangen wird, weil er seine Kinder nicht nur gezeugt hat, sondern sich auch noch um sie kümmert.

Jedenfalls wurden in dem Tweet die Follower*innen gefragt, ob diese nicht noch mehr solcher absurd-einseitigen Begrifflichkeiten kennen – und die Reaktionen waren gigantisch. Ich komme gleich noch dazu.

Vorher will ich euch aber noch den satirischen Instagram-Kanal @seiten.verkehrt vorstellen, der bereits seit Jahren genau diese Thematik in den Fokus rückt und typisch »weibliche« oder eben typisch »männliche« Begriffe umdreht und somit den Sexismus dahinter entlarvt.

Und eben weil man beim Lesen all dieser Begriffe, sowohl beim besagten Tweet als auch beim besagten Instagram-Kanal, einen Mindblow nach dem anderen bekommt und eben weil Sprache Realitäten schafft, hier ein paar der »besten« Beispiele aus diesen zwei Quellen, vermischt mit Beispielen aus meinem eigenen Hirn, die Best-of-Gender-Sprach-Gaps quasi. Bereit?

Wir hatten es ja gerade: Es gibt herrisch, aber kein frau-isch.
Es gibt Herrschaftszeiten, aber keine Frauschaftszeiten.
Fachmännisch, aber nicht fachfrauisch.
Staatsmännisch, aber nicht staatsfrauisch.
Man kann einer Sache »Herr werden«, sich diese aneignen, aber man kann sich eine Sache nicht aneignen, indem man ihrer »Frau wird«.
Man kann auch »Herr der Lage« sein, »Herr seiner Sinne«, ein Macher eben, der alles unter Kontrolle hat, aber »Frau der Lage, Frau ihrer Sinne« existiert in unserem Sprachgebrauch nicht.
Für sämtliche Problemlösungen gibt es den Königsweg, nicht aber den Königinnenweg.
Es gibt die Hausmannskost für den schwer arbeitenden Mann, nicht aber die Hausfrauenkost für die schwer arbeitende Frau.
Es gibt den Bauherren, aber keine Baudame.
Es gibt zum opulenten, gutbürgerlichen Herrenhaus in unserer Sprache zwar auch ein Frauenhaus – nur ist die Bedeutung hier gänzlich und sicher nicht zufällig eine völlig andere.
Es gibt auch zum Zimmermann theoretisch die Zimmerfrau, nur ist auch hier die Bedeutung eine andere: Der Zimmermann baut und erschafft, die Zimmerfrau räumt den Dreck weg.
Auch zum Hausherren gibt es theoretisch das weibliche Pen-

dant der Hausdame oder Hausfrau, nur ist auch in diesem Fall die Bedeutung eine völlig andere. Spannend, wie ein vermeintliches Wortpendant die Hierarchie und Konnotation sofort sichtbar macht. Klar, sind alles steinalte Worte und damit einfach Kinder ihrer Zeit. Spannend ist aber, dass selbst als irgendwann die Hausherrin oder Bauherrin im Sprachgebrauch hinzukamen, einfach der »Herr« in die weibliche Form übersetzt wurde. Eine »Frau-in« – dazu konnte sich unsere Sprache dann doch nicht hinreißen lassen.

Es gibt den Sohnemann, aber keine Tochterfrau.

Dafür gibt es die Spielerfrau, nur wo sind denn die ganzen Spielerinnenmänner?

Es gibt eine Mannschaft, aber keine Frauschaft.

Uns fehlt im Büro oft die Manpower, aber nicht die Womanpower.

Dafür gibt es auf rosa T-Shirts die ausgerufene Girlpower, aber nicht die Boypower.

Es gibt die allseits beliebte Küchenfee, aber keinen Küchenfeenmann.

Die Putzfee, aber keinen Putzfeenmann.

Es gibt die Tratschtante, aber keinen Tratschonkel.

Die Lästerschwestern, aber keine Lästerbrüder. Die Dramaqueen und Diva, aber keinen Dramaking oder Divenmann.

Es gibt die Stutenbissigkeit, aber keine Hengstbissigkeit.

Das Resting Bitch Face, aber kein Resting Dick Face.

Den Frauenhelden, aber keine Männerheldin. Wobei sie dann eher als Schlampe gilt.

Es gibt eine Jungfrau, aber keinen Jungmann.

Dick Pics, aber keine Clit Pics.

Eine Bikinifigur, aber keine Badehosenfigur.

Es gibt die Girlboss, bei Männern ist es einfach nur Boss.

Es gibt die Arzthelferin, aber wo ist der Ärztinnenhelfer?

Man kann sich verbrüdern, aber nicht verschwestern.
Ebenso kann man auf Bruderschaft trinken, aber nicht auf Schwesterschaft.
Und wir beenden diese Sammlung aus der sprachlichen Klischeehölle mit dem Otto Normalverbraucher, für den es aber keine Ottin Normalverbraucherin gibt.

Warum, oh warum, gilt denn aber nur ein »Otto« als die Norm? Und wenn wir schon dabei sind: Warum ist unsere Sprache dabei so wahnsinnig binär? Warum sträuben sich so viele von uns dagegen, diese einfach mit einer klitzekleinen Atempause in unserem Sprachgebrauch weniger binär und dafür viel inklusiver zu gestalten? **Vielleicht liegt es auch daran, dass wir in einer Welt leben, in der Transsexualität von der Weltgesundheitsorganisation WHO erst 2018 (!) ganz offiziell nicht mehr als psychische Krankheit katalogisiert wurde.**[113] Da können wir wohl offenbar nicht erwarten, dass unsere Sprache sich so schnell wandelt. Aber wir könnten in Zukunft unsere Augen dafür offen halten, wie binär und altbacken und unfassbar klischeebeladen unsere Sprache und damit auch unsere Werbung, unsere Schulbücher, unsere Behördenbriefe, unsere Powerpoint-Präsentationen und unsere Zeitungen und Magazine so sind. Und dagegen anarbeiten. Und uns freuen, wenn der Duden – endlich mal etwas Positives – 2021 beispielsweise ganz offiziell das Wort »Gästin« als weibliches Pendant zu »Gast« in sein Nachschlagewerk aufgenommen hat. Oder alle 12 000 Berufsbezeichnungen durchgenderte, statt wie früher mit dem generischen Maskulinum auch die Frauen »mitzumeinen«.

Wäre dies also ein Workbook, würde ich euch an der Stelle noch viele leere Zeilen zur Verfügung stellen, damit ihr diese Sammlung aus dem Gruselkabinett der modernen deutschen Sprache mit weiteren Negativ- oder eben auch Positivbeispielen vervollständigen könnt. Denn unsere Sprache schafft eben auch unsere Realitäten, und beides könnte an der einen oder anderen Stelle den Rotstift vertragen.

Die Lügen hinter dem »bereinigten« Gender Pay Gap

Kommen wir nun zu einem Klassiker, möchte ich fast sagen, nämlich zum ewigen Thema des ungleichen Lohns. Keine Sorge, ich werde euch jetzt nicht mit der ewigen Leier vom deutschen Gender Pay Gap von aktuell 18,3 Prozent langweilen. Einerseits absurd, dass es eine alte Leier ist und sich hier andererseits aber so wenig bis gar nichts tut. Aber hey, immerhin ist diese Ungerechtigkeit mittlerweile bei nahezu allen Entscheider*innen, Politiker*innen und Bürger*innen angekommen. Kein Wunder, schließlich gibt es buchstäblich keine einzige Branche in Deutschland, in der es keinen Gender Pay Gap gibt.[114] In keiner einzigen Branche! *Moment mal, Alex,* könnte man jetzt denken, *das kann nicht sein! In der Pflege müsste der Gender Pay Gap doch kaum existieren. Oder auch bei den Erzieher*innenberufen oder in der Gastronomie. Da arbeiten doch extrem viele Frauen.*

Leider nein: In der Branche »Gastgewerbe« beispielsweise liegt die Lohnlücke bei aktuell acht Prozent, bei »Erziehung und Unterricht« bei zehn Prozent und beim »Gesundheits- und Sozialwesen« bei – Trommelwirbel – 23 Prozent! *Wie das sein kann,* fragt ihr euch? *In einer Branche, die so weiblich dominiert ist?* Tja, unter Pflegerinnen und Pflegern besteht auch heute noch eine Lohnlücke von 8 bis 9 Prozent, sie ist zwar vergleichsweise klein, aber dennoch vorhanden. Unter Ärzt*innen hingegen liegt der Unterschied bei satten 30 Prozent![115] Während Ärzte also im Schnitt ein Jahresgehalt von 161000 Euro erhalten, sind es bei den Ärztinnen gerade mal 114000 Euro. Für genau das gleiche Studium und genau die gleichen Facharztausbildungsjahre. Und das hat rein gar nichts mit Teilzeit zu tun, der Gehaltsunterschied kommt zustande, obwohl beide Geschlechter in Vollzeit verglichen wurden.[116] Hach ja, da ist sie wieder, die gefühlte Gleichberechtigung, von der immer so gern gesprochen wird.

Wer diese 18,3 Prozent aber immer noch nicht richtig greifbar findet, demjenigen kann vielleicht die folgende Umformulierung helfen: **Vom 1. Januar bis zum 7. März arbeiteten Frauen im Jahr 2023 statistisch betrachtet gänzlich umsonst. Erst ab dem 7. März bekamen sie für ihre Arbeit auch den Lohn, den Männer bekommen**. Die umsonst gearbeiteten Monate sind also genau die besagten 18,3 Prozent Lohnunterschied. Deswegen wurde in Deutschland auch am 7. März 2023 der Equal-Pay-Day »gefeiert«. In Österreich etwa ist dieser Tag im Oktober, die Logik dahinter aber dieselbe: Vom 31. Oktober bis 31. Dezember 2022 arbeiteten Frauen in Österreich statistisch gesehen auch umsonst, während Männer weiterhin ganz normal Gehalt bekamen.

Jetzt könnte man meinen: *So ist es halt. Ja, Frauen weltweit sind vom Gender Pay Gap betroffen, es ist nicht schön, aber so ist es nun mal.* Und so nähern wir uns den Lügen, die um den Gender Pay Gap, insbesondere um den »bereinigten« Gender Pay Gap kursieren, und dröseln hier jetzt ein für alle Mal eine nach der anderen auf:

Lüge 1: Der Gender Pay Gap ist überall ein Problem, nicht nur in Deutschland.

Was die wenigsten von uns wissen, ist, dass Deutschland mit diesen 18,3 Prozent tatsächlich ziemlich peinlich, ziemlich weit hinten und ziemlich allein dasteht – und zwar im Vergleich zu nahezu allen EU-Ländern! Denn der EU-weite Gender Pay Gap liegt – Trommelwirbel – bei aktuell »nur« 13 Prozent. » Bei den Spitzenreitern wie Italien, Rumänien oder Belgien liegt er aktuell sogar nur bei 4 bis 6 Prozent.[117] Am geschlechterfairsten bezahlt seit Jahren übrigens Luxemburg mit sogar -0,7 Prozent. Richtig gelesen: Minus. Das heißt, dass in Luxemburg der durchschnittliche Gender Pay Gap komplett behoben ist und Frauen dort heute im Schnitt sogar 0,7 Prozent mehr verdienen als Männer. Bisher einmalig in der EU.

Und Deutschland? Seit etwas mehr als 15 Jahren veröffentlicht die EU-Kommission für alle ihre Mitgliedsstaaten regelmäßig die Gender-Pay-Gap-Statistiken. Und genauso lange belegt Deutschland darin konsequent die Top-5-Schlussplätze. Mehrere Jahre hintereinander waren wir sogar unter den »Flop 3« vertreten, gleich neben unseren deutschsprachigen Nachbarn Österreich und der Schweiz. Noch ungerechter werden Frauen aktuell nur noch in Estland (21,1 Prozent) und in Lettland (22,3 Prozent) bezahlt.

Und so sollten wir uns diese Tatsache mal ganz deutlich vor Augen führen: Es ist wirklich höchst peinlich für ein Land wie Deutschland, das sich gern als modern, emanzipiert und geschlechtergerecht darstellt, wenn es seit mehr als 15 Jahren unter nahezu allen EU-Ländern die Frauen im eigenen Land für die gleiche Arbeit konsequent mit am geringsten bezahlt.

Lüge 2: Der »bereinigte« Gender Pay Gap ist viel aussagekräftiger.

Da höre ich sie schon, die Skeptiker*innen, die nervös mit den Hufen scharren: *Ja, aber es ist ja gar nicht wahr, Alex! Die* 18,3 *Prozent beziehen sich ja gar nicht auf die gleiche Arbeit!*

Denn was in den Kommentarspalten von vielen Artikeln zur Lohnlücke immer wieder zu lesen ist, sind drei Gegenargumente, die zu belegen versuchen, warum die ganze Gender-Pay-Debatte angeblich an den Haaren herbeigezogen ist: Erstens, weil der sogenannte »bereinigte« Gender Pay Gap viel niedriger sei. Zweitens, dass die Lohnlücke ganz natürlich zustande komme, schließlich kriegen Frauen Kinder, gehen viele Jahre in Elternzeit und danach viele Jahre in Teilzeit. Selbst schuld. Und drittens: Überhaupt würde ja niemand Frauen zwingen, in schlechter bezahlte Berufe zu gehen – dafür können ja die Männer nichts, dass sie nun mal zufällig in besser bezahlten Jobs arbeiten.

Kommen wir also zum lautesten Argument, dass der »bereinigte« Gender Pay Gap ja viel niedriger sei und deswegen die ganze Lohnlückendiskussion hinfällig. Was ist überhaupt der bereinigte Gender Pay Gap? Das ist die Gehaltslücke zwischen Männern und Frauen – und zwar, wenn beide in der freien Wirtschaft, in exakt derselben Branche und exakt derselben Position arbeiten. Also, Chirurgin vs. Chirurg, Versicherungskauffrau vs. Versicherungskaufmann, Anwältin vs. Anwalt, Schreinerin vs. Schreiner und so weiter. Im bereinigten Gender Pay Gap spielen Teilzeit, Kinder oder Pflegezeiten von Angehörigen keine Rolle. Es geht wirklich nur um den Gehaltsvergleich von gleich qualifiziertem Mann in Vollzeit vs. gleich qualifizierter Frau in Vollzeit. Betrachtet man also nur diese bereinigte Lücke, so die Gender-Pay-Gap-Verharmloser, beträgt diese in Deutschland »nur noch« sechs Prozent und ist quasi nicht mehr der Rede wert. Ha!

Also erstens weiß ich gar nicht, was daran erfreulich sein soll, wenn man selbst bei gleicher Position, gleicher Ausbildung, gleicher Qualifikation und gleicher Arbeitszeit für exakt die gleiche Arbeit trotzdem sechs Prozent weniger verdient, nur weil man Vulva und Brüste, aber offenbar keinen Penis hat.

Zweitens entsprechen sechs Prozent Gehaltsunterschied jeden Monat beim aktuellen Durchschnittsvollzeitgehalt von 4100 Euro brutto **immer noch monatlichen Einbußen von 246 Euro brutto,**[118] **was aufs Jahr gerechnet knapp 3000 Euro brutto sind und auf ein ganzes Erwerbsleben von Pi mal Daumen 40 Jahren mal eben einen Unterschied von fast 120.000 Euro brutto ergibt.** Aber klar, lasst uns ruhig feiern, dass die »nur« sechs Prozent Pay Gap quasi Gleichberechtigung pur sind.

Und drittens – und das ist der wichtigste Punkt – ist es doch völlig absurd, bei einem Gehaltsvergleich, bei dem ja *gerade* Faktoren wie Teilzeit oder Care-Arbeit oder Kinderkriegen die entscheidende Rolle spielen, genau *diese* Faktoren auszulassen. Wir haben in den Operationssälen etwa doch *gerade deswegen* nur 23 Prozent Frauen unter den Chirurg*innen, und auch diese verdienen doch gerade deswegen weniger Geld, weil meist Frauen zu Hause bei ihren Kindern bleiben und die Arbeitsstrukturen in der Chirurgie eine Vereinbarkeit von Familie und Beruf nicht zulassen. Wir haben doch *gerade deswegen* eine Gehaltslücke zwischen Abteilungsleiterinnen und Abteilungsleitern – ich schreibe in meinem ersten Buch ausführlich darüber –, weil Personaler*innen bei den Gehaltsverhandlungen etwa bei Frauen von vornherein niedrigere Gehälter ansetzen, weil sie so die zukünftigen »Ausfälle« bei einer Frau (Schwangerschaften und Kinder und so) quasi schon einkalkulieren und die Frauen deswegen schon von vornherein niedriger einstufen. Wir haben doch *gerade deswegen* jetzt schon Gehaltsunterschiede zwischen Handwerkerinnen und Handwerkern, weil die meisten davon selbstständig arbeiten und es für selbstständige Handwerkerinnen aktuell *keinen* Mutterschutz und ein lächerlich geringes Elterngeld gibt und folglich ihre Einnahmen aufgrund von Mutterschaft, Teilzeit und Familie sofort schrumpfen.

Was soll es also bitte für einen Sinn ergeben, einen bereinigten Gender Pay Gap als »Beweis« gegen die Diskriminierung von Frauen anzuführen, wenn die Gründe für ebendiese Diskriminierung darin einfach unsichtbar gemacht werden?

Natürlich wird eine Abteilungsleiterin ähnlich viel verdienen wie ihr gleichgestellter männlicher Kollege, wenn beide kinderlos sind. Es geht doch aber darum, was passiert, *sobald* sie Kinder bekommt.

Natürlich wird eine Vorständin ähnlich viel verdienen wie ihr gleichgestellter männlicher Kollege, wenn beide dieselben hochkarätigen Berufserfahrungen in ihren Lebensläufen stehen haben. Es geht doch aber darum, offenzulegen, dass es überhaupt nur eine Handvoll Frauen in diese Vorstände schaffen und dass nur eine Handvoll Frauen exakt dieselben hochkarätigen Stationen absolvieren, *eben weil* sie vorher schon durch Kinder, Care-Arbeit oder einfach Diskriminierungen à la »Sie könnte ja bald Kinder kriegen« gar nicht erst in den Genuss irgendwelcher gleichwertiger Stationen und hohen Gehälter kommen.

Und so ist es tatsächlich einfach nur lächerlich, dass selbst das Institut der deutschen Wirtschaft vor wenigen Jahren noch in Bezug auf den Gender Pay Gap erklärte: »Entscheidungen über Karriere und Familie sind jedoch rein privat«,[119] und all diese *strukturellen* Gründe damit einfach mal negierte. Klar, alles privat! Franziska hat sich privat dafür entschieden, aufgrund von Mutterschaft ein Drittel mehr Bewerbungen schreiben zu müssen als eine Frau ohne Kind; Thea hat sich privat dafür entschieden, zu den 74 Prozent aller Mütter zu gehören, die im Job schon mal aufgrund ihrer Mutterschaft diskriminiert wurden; Özlem hat sich privat dafür entschieden, auf Bewerbungen bei exakt denselben Qualifikationen eine ganze Schulnote schlechter bewertet zu werden als ein Mann; und Seyda hat sich natürlich auch privat dafür entschieden, vom Ehegattensplitting in Teilzeit- und Altersarmutsfallen festgehalten zu werden und folglich mehr als die Hälfte ihres Gehalts und ihrer Rente einzubüßen. Klar, liebes Institut der deutschen Wirtschaft, all das und noch viel mehr haben sich Frauen in diesem Land alles GENAU SO vorher überlegt und GENAU SO privat ausgesucht!

Atmen.

Selbst neutrale Statistiker*innen sagen heute doch, dass der Gender Pay Gap zu 71 Prozent strukturell bedingt ist.[120] Und dann diese strukturellen Aspekte leugnen? Die Realität dahinter leugnen? Das kann nur jemand wollen, der die strukturelle Diskriminierung von Frauen entweder nicht nachempfinden kann, weil er sie noch nie erlebt hat. Oder aber jemand, der um die Diskriminierung von Frauen auf dem Arbeitsmarkt sehr wohl weiß, diese aber unter allen Umständen unsichtbar machen möchte.

Lüge 3: Frauen sollten einfach mehr Vollzeit arbeiten, dann gäbe es auch keinen Gender Pay Gap.

Klingt total logisch, oder? Funktioniert nur leider auch vorne und hinten nicht. Warum? Vergleicht man die Lohnlücke zwischen Frauen und Männern in Vollzeit, zeigt sich, dass der Geschlechterlohnunterschied bei Vollzeit nicht geringer, sondern höher ist, und zwar doppelt so hoch wie die Lohnlücke bei Männern und Frauen in Teilzeit.[121] Sprich: Je mehr Stunden frau arbeitet, und je höher sie dabei aufsteigt, desto größer wird auch ihre Lohnlücke. Bis die Lücke ihren traurigen Höhepunkt in den Leitungspositionen in Vollzeit erreicht – also gerade da, wo Frauen den Gender Pay Gap angeblich gar nicht mehr erleben dürften, würden sie sich endlich »einfach mal mehr trauen« und endlich »einfach in Vollzeit arbeiten«. Augenroll.

Die Heinrich-Böll-Stiftung konstatierte dazu mal sehr treffend: »Gelingt Frauen der Aufstieg, verringert das die Lücke kaum. Im Gegenteil ist dort der Verdienstnachteil gegenüber Männern noch größer als im Bereich unterer oder mittlerer Qualifikation. (...) Für Frauen lohnen sich Bildung und Aufstieg vom Entgelt her viel weniger als für ihre männlichen Kollegen.«[122]

Frauen müssten also einfach mehr Vollzeit arbeiten und sich auf höhere Positionen bewerben? Die Realität ist leider genau andersherum: Je mehr Frauen erwerbsarbeiten, und je höher sie auf der Karriereleiter klettern, desto h ö h e r ist ihr Verdienstausfall verglichen mit dem Gehalt der Männer. Wer hat bei solchen Aussichten überhaupt noch Bock, mühsam auf irgendwelche Karriereleitern zu steigen?

Frauen in Vollzeit zu drängen behebt das Problem des Gender Pay Gaps also auch nicht. Zumal das allein deswegen schon nicht funktioniert, weil irgendwer ja die Millionen von minderjährigen Kindern in unserem Land betreuen muss, uns aber hierzulande mehr als 370 000 Kitaplätze und bis 2030 230 000 Erzieher*innen an Kitas und Grundschulen fehlen werden.[123] Bis dahin stehen vorwiegend Frauen vor der unlösbaren Frage, wie man einen Vollzeitjob damit vereinen soll, dass mittags das Kind vor der Haustür steht oder abgeholt werden muss. Die Antwort: gar nicht.

Fassen wir also zusammen: Der »bereinigte« Gender Pay Gap ist kein Beweis dafür, dass wir der Gleichberechtigung entgegensteuern, sondern ein Beweis dafür, dass wir genau das nicht tun. Denn er versucht, die Gründe für die Lohnlücke zwischen Männern und Frauen zu vertuschen. Mal ganz abgesehen davon, dass der ach so geringe bereinigte Gap sich in Deutschland komischerweise irgendwie gar nicht zu verringern scheint und stattdessen seit fast 20 Jahren konsequent zwischen sechs und acht Prozent vor sich hindümpelt.[124] Mehr noch: Statt zu sinken, ist er zwischendurch sogar gestiegen! Und zwar von 5,5 Prozent im Jahr 2016 wieder auf aktuell mehr als sechs Prozent![125]

Statt also das Problem der Lohnlücke künstlich kleinzurechnen, sollten wir eher das Gegenteil tun und uns der Tatsache stellen – und jetzt wird es leider richtig ungemütlich –, dass der Gender Pay Gap in Deutschland nicht kleiner, sondern tatsächlich v i e l g r ö ß e r ist, als wir alle eigentlich dachten. Was uns zum nächsten ultimativen Gender-Gap-Albtraum bringt.

Gender Pay Gap und seine vielen Kumpels

Nachdem wir nun verstanden haben, dass die »bereinigte« Lohnlücke der größte Quatsch ist, der – mal wieder – die strukturelle Diskriminierung von Frauen nach unten korrigieren oder gänzlich verschleiern soll, können wir stattdessen anfangen, diese Zahl lieber nach oben zu korrigieren. Aber eins nach dem anderen.

Der Gender Pay Gap liegt also in Deutschland aktuell bei bitteren 18,3 Prozent. Nun ist es allerdings so, dass dieser Verdienstausfall die finanzielle Situation von Frauen ja gar nicht allein bestimmt. Dieser Gap hat nämlich viele seiner Kumpels mitgebracht, mit denen er sich ständig und genüsslich abklatscht, wodurch sein bestes Stück – die Lücke – immer größer und mächtiger wird. Steigen wir also wieder ein in die Analyse und schauen uns seine Kumpels mal genauer an:

Gender Boni Gap

Dazu muss man erst mal wissen, wie sich der Gender Pay Gap eigentlich berechnet – und was bei der Berechnung alles n i c h t mit einfließt. Die Berechnung der Lücke orientiert sich am durchschnittlichen Bruttostundenlohn von zig Hunderttausenden Männern und Frauen in den unterschiedlichsten Branchen in Deutschland. Die Lücke von 18 Prozent heißt also nichts anderes, als dass Männer im Schnitt pro Stunde brutto 18 Prozent mehr verdienen als Frauen. In konkreten Zahlen heißt das, dass ein Mann aktuell im Schnitt 23,20 Euro pro Stunde verdient, eine Frau aber 19,12 Euro.[126] **Bei einem aktuellen Durchschnittslohn von ca. 3200 Euro brutto wären das im Schnitt 585 Euro brutto weniger. Jeden Monat. Im Jahr sind das dann mehr als 7000 Euro brutto weniger Einnahmen.** Aufs ganze Erwerbsleben von etwa 40 Jahren hochgerechnet ist es dann eine hübsche kleine Summe von 280 000 Euro, was in einer mittelgroßen deutschen Stadt mal locker eine kleine Eigentumswohnung wert wäre. So weit, so furchtbar.

Wisst ihr aber, was bei Angaben von Bruttostundenlöhnen und damit bei der Berechnung des Gender Pay Gaps gar nicht mit abgefragt und somit auch nicht einberechnet wird? Extrazahlungen wie Boni oder bestimmte Funktionszulagen zum Beispiel. Und in welchen Tätigkeitsfeldern stehen Boni, Zusatzzahlungen und Co. häufiger auf der Tagesordnung? Richtig: Überproportional häufig in höheren Positionen, in denen – oh, welch ein Zufall – überproportional selten Frauen auftauchen. Sodass sich hier der Gender Pay Gap mit seinem Kumpel – nennen wir ihn Gender Boni Gap – abklatscht, weshalb die Lohnlücke noch viel größer wirkt.[127] Rechnet man den Punkt der fehlenden Extrazahlungen nämlich mit ein, dürfte der Gender Pay Gap aktuell also etwa drei Prozentpunkte höher und damit bei 21 Prozent liegen.[128]

Migration Wage Gap

Kommen wir zu einem weiteren Kumpel des Gender Pay Gaps, den der Mainstream auch nicht zu kennen scheint. Oder habt ihr schon mal etwas vom sogenannten Migration Wage Gap (auch Immigrant Wage Gap genannt) gehört? Denn was bei der Berechnung der Lohnlücke ebenfalls nicht mit abgefragt wird und folglich auch nicht mit in die Gender-Pay-Gap-Statistik einfließt, sind Herkunft oder Hautfarbe der durchschnittlichen Arbeitnehmer*innen.

Da man aber aus unzähligen Studien weiß, dass ein Schmidt auf den Bewerbungsunterlagen einem Özgül oder eben auch einer Zykunov vorgezogen wird;[129] da man ebenfalls aus Umfragen weiß, dass ein weißer Schmidt einem Schwarzen Schmidt auf dem Bewerbungsfoto auch vorgezogen wird;[130] und wir ja schon eruiert hatten, dass selbst unter den sehr wenigen Frauen in den deutschen Vorständen nur ein Bruchteil – wenn überhaupt – eine nicht weiße Hautfarbe hat, ist davon auszugehen, dass der Gender Pay Gap z w i s c h e n den Frauen selbst, je nach Herkunft etwa, der Hautfarbe oder dem Namen, auch noch mal ganz unterschiedlich ausfällt. Daraus ergibt sich folglich ein Gender Migration Wage Gap. Der in Deutschland aber – oh Wunder – sehr wenig erforscht ist.[131]

Wenn also die weiße Frau in Deutschland schon im Schnitt 18,3 Prozent weniger verdient als ein weißer Mann, wie viel weniger verdient denn dann eine Frau mit Migrationsgeschichte oder eine Frau of Color im Vergleich zu einer weißen Frau? Wollt ihr es wissen? Schätzungen zufolge noch mal 20 (!) Prozent weniger![132]

Ja, Moment, könnte man jetzt sagen, *im Ausland sind aber nun mal die Abschlüsse und Stellen andere. Da ist es kein Wunder, dass die Frauen aus dem Ausland in Deutschland schlechter bezahlt sind.* Joa, ich erspare euch jetzt die ganzen Zahlen und Artikel von völlig überqualifizierten Ingenieur*innen aus Afghanistan oder Ärzt*innen aus Syrien, die hier – in unserem vom Fachkräftemangel gebeutelten Land – allenfalls als Taxifahrer*innen, Putzkräfte oder höchstens Pfleger*innen arbeiten. Aber lassen wir uns kurz auf dieses fremdenfeindliche Argument ein und schauen uns an der Stelle ausnahmsweise den »bereinigten« Migration Pay Gap an, der ja wirklich nur dann die Gehälter ausländischer mit deutschen Frauen vergleicht, wenn sie *tatsächlich* gleiche Abschlüsse, Berufserfahrung und Positionen innehatten. Und jetzt ratet doch mal, wie dieser bereinigte Migration Wage Gap zwischen diesen *gleich* qualifizierten Frauen aussieht – Trommelwirbel: Der liegt immer noch bei 17,6 Prozent![133]

Eine Frau mit migrantischen Wurzeln oder Schwarzer Hautfarbe verdient hierzulande also 17,6 Prozent weniger als eine weiße Frau mit bio-deutschem Vornamen – und das trotz gleicher Qualifikation, trotz gleicher Berufserfahrung, trotz gleicher Position! Und das in einem Land, das händeringend nach Fachkräften sucht. Wow.

Dabei besteht das Fundament unseres Landes jetzt schon zu einem Großteil aus Fachkräften mit einer internationalen Geschichte. In der Pflege haben aktuell 30 Prozent aller Mitarbeitenden migrantische Wurzeln, in den Reinigungsberufen sind es 55 Prozent, im Einzelhandel 27 Prozent, in der Medizin 21 Prozent und im Verkehr, der Polizei und der Logistik 37 Prozent.[134] Alles Branchen übrigens, die während der Coronapandemie frenetisch umjubelt und beklatscht wurden. »Menschen mit internationaler Familiengeschichte arbeiten jeden Tag hart daran, dass diese Gesellschaft funktionsfähig bleibt«,[135] fasste es der Rassismusforscher Karim Fereidooni von der Ruhr-Universität Bochum kürzlich zusammen. Wie kommt es dann, dass wir dieser tragenden Säule unserer Gesellschaft mehr als 30 Prozent weniger Lohn für ihre ebenso harte Arbeit zahlen wollen?

Klar, man kann die 18,3 Prozent Gender Pay Gap einerseits und die bis zu 20 Prozent Gender Migration Wage Gap andererseits statistisch gesehen nicht einfach so aufaddieren. Hier muss man entweder selbst zur Hobbystatistikerin werden, weil die Zahlenlage in Deutschland dafür peinlich dünn ist. Man kann sich aber behelfen, indem man zum Beispiel Zahlen und Artikel aus dem US-amerikanischen Raum sichtet:

Hier wird geschätzt, dass bei dem aktuell dort existierenden 20 Prozent Gender Pay Gap zwischen weißen Männern und weißen Frauen im Vergleich dazu Frauen of Color oder hispanische Frauen aufgrund von Gender und Migration Pay Gap im Schnitt sogar 35 bis 38 Prozent[136] weniger in der Stunde verdienen. Wendet man diese Zahlen auch nur ungefähr auf Deutschland an, wären wir hier bei Frauen of Color oder Frauen mit migrantischen Wurzeln offenbar auch irgendwo bei einer Lücke von über 30 Prozent weniger Lohn im Vergleich zu weißen, deutschen Männern.

Und diese Zahlen sind wirklich keine Lappalie, keine Randnotiz, die nur auf einen Bruchteil der Bevölkerung zutrifft. Nein. Hierzulande hat mittlerweile fast jede*r Dritte in der Bevölkerung migrantische Wurzeln. **Das bedeutet, dass diese 30 Prozent Lohnunterscheid hierzulande im Schnitt auf fast jede dritte Frau zutreffen müssen! Und folglich fast jede dritte Frau in Deutschland nicht nur von 18,3 Prozent, sondern locker von bis zu 30 Prozent Gender Pay Gap betroffen ist.**

Weight Wage Gap

Machen wir munter weiter mit den gruseligen Gender Gaps, die dem Gender Pay Gap freundlicherweise zuarbeiten.

Kennt ihr eigentlich die Weight Wage Penalty? **Verschiedene Untersuchungen belegen, dass vermeintlich »übergewichtige« Menschen weniger verdienen als normschön gewichtige Personen.**[137] So weit, so abgefuckt. Nun stellen neueste Studien fest, dass diese sogenannte »Weight Wage Penalty« offenbar nur für Frauen gilt: Dicke Männer bekommen einem aktuellen

Artikel des britischen Wirtschaftsmagazins *The Economist*[138] zufolge offenbar fast genauso viel Geld wie normschön gewichtige Männer. Dicke Frauen aber müssen in Ländern wie den USA, Großbritannien, Kanada oder Dänemark bis zu 10 Prozent an Gehalt einbüßen.

Das ist schon für weiße Frauen nicht zu ertragen, bei Frauen of Color summieren sich diese ganzen Diskriminierungsformen dann noch mal auf so menschenverachtende und rassistische Art und Weise zusammen, dass ich gar nicht weiß, auf welches Couchkissen ich zuerst einprügeln soll – die bereits erwähnte »Misogynoir« lässt nämlich grüßen:

Denn wusstet ihr, dass besagte Weight Penaltys, die sogenannte Diet-Culture und überhaupt unsere ganze anerzogene Diskriminierung dicken Menschen gegenüber auch einen rassistischen Ursprung hat? Dass der Körperkult ums Dünnsein der weißen europäischen Frau auch deswegen begann, um sich von den vermeintlich »dicken Schwarzen Frauen« abzugrenzen? Diese Parallelen zog erst vor wenigen Jahren die US-amerikanische Soziologin und Professorin Sabrina Strings in ihrem preisgekrönten Buch »Fearing the Black Body: The Racial Origins of Fat Phobia«.[139] Strings argumentiert darin, dass die Fettphobie des globalen Nordens rassistische Wurzeln hat, da Dicksein aus tiefstem Rassismus heraus primär mit Schwarzen Frauen und Sklavinnen in Verbindung gebracht wurde. Völlig unabhängig davon, dass ja nicht alle Schwarzen Menschen dick sind. Aber weil man sich als weiße Europäer*innen und Nord-Amerikaner*innen, die jahrhundertelang Völkermord an People of Color begingen, äußerlich über diese Sklav*innen stellen wollte, entstand die Kultur des Schlankseins auch deswegen – weil man sich von Schwarzen Frauen äußerlich »distanzieren« wollte.

Auch diesen beschämenden und zutiefst menschenverachtenden Punkten der rassistischen Kultur und Sozialisation von uns weißen Europäer*innen müssen wir uns stellen, wenn wir über den Gender Pay Gap sprechen. Denn der Gender Pay Gap diskriminiert weiße Frauen; der Gender Pay Gap diskriminiert noch mehr dicke weiße Frauen; der Gender Pay Gap diskriminiert noch mehr Frauen of Color; und der Gender Pay Gap diskriminiert noch mehr dicke Frauen of Color. High five Gender Pay Gap, Body Shaming, Rassismus und der ganze andere widerlich rassistisch-misogyne Scheiß.

Class Pay Gap

Sorry, aber wir sind leider noch lange nicht am Ende. Ich habe es euch ja gesagt, der Gender Pay Gap hat viele Kumpels, die sich aber zu gern vor den Blicken der Öffentlichkeit verstecken, um den großen Kumpel, den Gender Pay Gap, ganz unschuldig und klein dastehen zu lassen.

Kommen wir also zu seinem nächsten Buddy: Wisst ihr, was bei der Berechnung der Lohnlücke auch nicht mit abgefragt wird? Die soziale Herkunft der Menschen, und zwar ganz explizit, ob es sich bei deren Eltern um Akademiker*innen handelt oder nicht. Warum das relevant ist? Weil eine aktuelle Untersuchung vor Kurzem einen neuen Pay Gap offenbarte, nämlich den sogenannten Class Pay Gap.

In Großbritannien verdienen Menschen aus Akademikerfamilien nämlich 13 Prozent mehr als ihre gleich qualifizierten Kolleg*innen aus Nicht-Akademikerfamilien. Das sind dann 7680 Euro Unterschied im Jahr.[140] Ihr könnt euch denken, dass das Gefälle zwischen Männern und Frauen noch mal größer ist: <u>Töchter von Nicht-Akademikereltern verdienen sogar 10 804 Euro weniger als ihre gleich qualifizier-</u>

t e n männlichen Kollegen mit studierten Eltern.[141] Und Frauen of Color mit Nicht-Akademikereltern liegen noch mal ein paar Tausend Euro drunter. High five also auch hier zwischen Gender Pay Gap, Class Pay Gap und Migration Pay Gap.

Dass diese Zahlen übrigens aus Großbritannien stammen, spielt eigentlich keine Rolle. Sie lassen sich laut der Unternehmensberaterin und Klassismusexpertin Natalya Nepomnyashcha locker auf Deutschland übertragen, da wir hierzulande eine vergleichbare gesellschaftliche Struktur, Kultur und Wirtschaftsform haben.[142] Na ja, in einem Punkt können wir uns mit den Briten nicht vergleichen: Immerhin erheben sie solche Zahlen, hierzulande sucht man laut Nepomnyashcha nach deutschlandweiten Erhebungen zum Class Pay Gap aktuell leider vergebens.

Gender Tax Gap, die Erste

Kleines Zwischenfazit: Wenn man als Frau also ganz grundsätzlich aufgrund der ganzen Gender-Gap-Bros weniger Geld besitzt, wird man sich bei größeren Anschaffungen ja zwangsläufig mehr Geld von entsprechenden Instituten leihen müssen. Richtig? Und wir wissen ja schon, dass Frauen, die Kredite benötigen, sie Algorithmus sei »Dank« im Vergleich zu Männern seltener gewährt bekommen. Aber wusstet ihr, dass wenn Frauen Kredite gewährt bekommen, sie diese Gelder dann zu schlechteren, sprich teureren Konditionen erhalten als Männer?[143] Das hat das Vergleichsportal Verivox 2020 errechnet. Den günstigsten Zins bekamen in der Untersuchung mehr als zwei Drittel aller männlichen Antragsteller, bei den Frauen waren es aber lediglich die Hälfte.[144]

Na ja, ist halt so, könnte man jetzt meinen, *ein höheres Ge-*

halt entscheidet nun mal über die Kreditwürdigkeit. Wenn man eben weniger Geld zur Verfügung hat, muss man mehr bezahlen, das hat nichts mit Geschlecht zu tun. Joa, ist halt sehr praktisch fürs Patriarchat, dass es eben vorwiegend die Frauen sind, die durch die Gender-Gap-Bros schnurstracks in die Armutsfalle rutschen, um dann vom Bankensektor *auch dafür* wieder abgestraft zu werden.

Ach, und wenn wir schon bei Banken und Finanzen sind – wollen wir uns noch kurz das deutsche Steuersystem anschauen? Wusstet ihr nämlich, dass das nicht nur ein Bürokratiemonster, sondern auch extrem sexistisch ist, Frauen, Mütter und besonders Alleinerziehende benachteiligt und in Teilen sogar höher besteuert, obwohl sie *sowieso schon* weniger besitzen? **Oder wie lässt es sich sonst erklären, dass sich Wege zur Arbeit etwa von der Steuer absetzen lassen, Wege zur Kita oder Schule aber nicht?** Auch von steuerfreien Zuschlägen für etwa Nacht- oder Sonntagsschichten profitieren Männer im Schnitt sogar *doppelt* so oft wie Frauen,[145] weil Frauen und gerade Alleinerziehende ihre Kinder nachts, sonntags oder an Feiertagen nun mal schlecht allein lassen können. Und ja, das trifft sicher auch auf die alleinerziehenden Väter zu, aber wir dürfen nicht vergessen, dass in neun von zehn Trennungen die Kinder bei der Mutter und nicht beim Vater leben und folglich meist sie und nicht er solche Probleme hat.

»Zinsen auf den Kredit für die vermietete Eigentumswohnung mindern die Steuer«, echauffierte sich vor zwei Jahren in einem Gastbeitrag auch die grüne Familienministerin Lisa Paus. »Die Zinsen auf den Kredit, den die alleinerziehende Mutter für die Waschmaschine aufnehmen musste, aber nicht.«[146]

Der größte sexistische Steuerklopper für Frauen ist aber immer noch das Ehegattensplitting. Eine Steuervergünstigung für traditionelle Familien (auf die wir im Buch immer wieder eingehen werden), die seit 1958, also seit mehr als einem halben Jahrhundert, existiert und heterosexuelle Paare dafür belohnt, wenn Frauen ganz wenig bis gar nicht erwerbsarbeiten. Und Männer dafür belohnt, wenn sie ganz viel erwerbsarbeiten und ihre Frauen massiv finanziell von sich abhängig machen.

Gähn, ich weiß, ich kann das Thema auch schon nicht mehr hören. Nur wisst ihr, wie viel der Staat tatsächlich springen lässt, um Frauen in diese finanzielle Abhängigkeit zu locken? Bis zu 10 000 Euro pro Haushalt und Jahr, in manchen Fällen sogar mehr! Satte 20 Milliarden werden dafür jährlich vom Steuerzahler lockergemacht. Dafür ist das böse Erwachen nach einer Trennung für Frauen umso übler. Was das Ehegattensplitting bedeuten kann, wenn man plötzlich *nicht* mehr verheiratet ist? Die Autorin Anne Dittmann zitiert dazu in ihrem Buch »Solo, selbst & ständig« die Steuerberaterin und zweifache alleinerziehende Mutter Reina Becker. Sie beschreibt, wie Beckers Familie vor dem Tod ihres Mannes noch 35 Prozent Einkommensteuer auf ihr gemeinsames Haushaltseinkommen zahlen musste. Als Becker dann aber plötzlich alleinerziehend wurde, das Ehegattensplitting nicht mehr griff und das Gehalt des verstorbenen Mannes wegbrach, musste sie nicht etwa weniger, sondern plötzlich v i e l m e h r Geld abdrücken: nämlich 42 Prozent ihres Einkommens![147] Von dem sie als Alleinerziehende sowieso schon viel weniger hatte.

Sie waren doch aber immer noch eine Familie aus Mutter, Kind und Kind, könnte man jetzt meinen! Ja, das waren sie. Das deutsche Steuerrecht begünstigt aber nun mal nur »echte« Familien, nämlich mit Mutter u n d Vater. Wären sie so eine Familie, hätten sie 4000 Euro mehr pro Jahr in der Tasche! Die 60er-Jahre haben angerufen, sie wollen ihr Familienbild zurück.

Wie kommt diese unfassbare Ungerechtigkeit zustande?

Reina Becker hat darauf eine Antwort: »Faktisch schützt das Ehegattensplitting nicht die Familie, sondern nur die Ehe.« Wow.

Viele Länder machen es bereits besser. **Mehr noch: Wisst ihr, wer außer uns in Europa noch exakt so ein Ehegattensplitting anwendet? Richtig: Niemand! Kein Witz.** Laut Finanzaufklärungspäpstin Helma Sick wendet kein anderes europäisches Land außer Deutschland noch dieses antiquierte, Frauen in alte Rollenbilder und finanzielle Abhängigkeiten pressende steuerpolitische Werkzeug an.[148] Lediglich in Polen und Luxemburg gibt es ein teilweise ähnliches System.[149] Und: **Kaum ein anderer Staat der 38 OECD-Länder besteuert Alleinerziehende so hoch wie Deutschland: Die Durchschnittsbesteuerung der OECD-Länder für Einelternfamilien liegt nämlich bei 15,3 Prozent**,[150] hat Anne Dittmann recherchiert. Und Deutschland? Nimmt einfach mal das Doppelte, und zwar 31,5 Prozent!

Wir müssen uns an dieser Stelle ganz deutlich vor Augen führen, dass Deutschland seit vielen Jahren Müttern und Alleinerziehenden gegenüber eine extrem feindliche Steuerpolitik betreibt und sich der Gender Tax Gap (in Form des Ehegattensplittings) und der Gender Pay Gap dabei die Hand geben: Erst wird man als Ehefrau und Mutter durch die hohe steuerliche Verlockung dazu verführt, sich in finanzielle Abhängigkeit vom Mann zu begeben – was eine Trennung (gerade bei gewaltvollen Beziehungen) um einiges schwieriger macht –, um danach vom Staat steuerlich abgestraft zu werden, weil man sich doch getrennt hat.

Die Absurdität dieses Zusammenhangs zeigt sich besonders eindrucksvoll, wenn man sich die Erwerbszahlen von Alleinerziehenden anschaut: So gehen je nach Umfrage aktuell mehr als drei Viertel aller alleinerziehenden Mütter arbeiten,[151] und davon fast die Hälfte Vollzeit oder mit 28 bis 36 Stunden;[152] gleichzeitig sind alleinerziehende Mütter von allen Familienformen aber am häufigsten von Armut betroffen.[153] So viel also zu all den neoliberalen Günthers, die ähnlich wie Finanzminister Christian Lindner bei einer Bundespressekonferenz[154] behaupten, Alleinerziehende müssten »einfach« mehr arbeiten, um aus der Armut zu kommen. Was absurd ist, da Alleinerziehende ja offensichtlich sehr viel erwerbsarbeiten und trotzdem arm sind und arm bleiben. Christian, Günther und Co. sollten sich stattdessen dringend mit der eigenen patriarchalen Finanzpolitik – also dem strukturellen Problem dahinter – beschäftigen, statt die Schuld bei den individuellen Opfern dieses Systems zu suchen.

Gender Kinderkrankentage Gap

In eine ähnlich antiquierte Kerbe wie das Ehegattensplitting schlagen übrigens auch unsere Gesetze, die die sogenannten Kinderkrankentage regeln und den Gender Pay Gap noch weiter vergrößern. Wusstet ihr nämlich, dass die Gesetze zum Kinderkrankengeld Mütter zwingen, beim kranken Kind zu bleiben – Väter aber daran hindern, das zu tun?

Aktuell ist es so: Es gibt zwar den für sämtliche Sorgetragenden superwichtigen Paragrafen 616 BGB, der garantiert, dass man bei einem kranken Kind fünf Tage im Jahr zu Hause bleiben kann – und das bei vollem Gehalt, egal welcher Versicherungsstatus.[155] Aber erstens: Jede*r, der schon mal ein Kind in der Bazillenhochburg – aka Kita – eingewöhnt hat, muss bei der Begrenzung von fünf Kinderkranktagen pro Jahr wahrscheinlich hysterisch lachen. Zweitens kennt diesen Paragrafen leider eh kein Mensch, und drittens versuchen viele

Arbeitgeber*innen, die diesen Paragrafen sehr wohl kennen, diesen schon im Arbeitsvertrag auszuhebeln.

Was hingegen die meisten Eltern kennen, sind die klassischen Kinderkrankentage und das dazugehörige Kinderkrankengeld, das man beantragen kann, wenn das eigene Kind krank ist. Als angestellter Elternteil bekommt man dabei in den meisten Fällen nicht sein volles Gehalt erstattet, sondern je nach Bemessung nur 70 bis 90 Prozent des ausgefallenen Netto.[156] Das allein ist schon absurd: Du sitzt im Büro, im Lager, an der Kasse? Hier ist dein volles Gehalt. Du pflegst dein krankes Kind zu Hause, damit es in Kita und Schule niemanden ansteckt? Dann bekommst du weniger Geld, ha! Bist selber schuld, wenn du Kinder in die Welt setzt! Hier zeigt sich wieder besonders eindrucksvoll, dass Erwerbsarbeit offenbar mehr wert ist als Care-Arbeit.

Absurd ist übrigens auch, dass man als angestellte*r Arbeitnehmer*in auch abgestraft wird, wenn das eigene Kind im Urlaub krank geworden ist: Wird man selbst während des Urlaubs krank, kann man diese durch Krankheit nicht genutzten Urlaubstage nachholen. Wird aber das Kind während des Urlaubs krank, hat man Pech gehabt.[157] Diese Urlaubstage zählen dann trotzdem als genommen.

Ganz ehrlich: Das kann nur jemand entschieden haben, der noch nie mit einem fiebernden, alles im überteuerten Hotel vollspuckenden Kleinkind in den Urlaub gefahren ist. Zurück zu den Kinderkrankentagen und den zehn bis dreißig Prozent Lohneinbußen: Bei dieser finanziellen Abstrafung verliert ja derjenige mehr Haushaltseinkommen, der mehr verdient. Weil bis zu dreißig Prozent von einem 500-Euro-Tageslohn ja mehr ist als bis zu dreißig Prozent von einem 100-Euro-Tageslohn. Folglich ist es für eine Familie finanziell die b e s s e r e Variante, wenn immer der Elternteil beim kranken Kind bleibt, der *weniger* verdient. Dreimal dürft ihr raten, wer das in heterosexuellen Beziehungen in den allermeisten Fällen ist.

Noch ein Absurdum: Wer viel verdient – meist der Mann –, entscheidet sich ja oftmals für eine Privatversicherung. So weit, so nachvollziehbar. Und jetzt ratet doch mal, ob Privatversicherte eigentlich auch Anspruch auf eine Kinderkrankenlohnfortzahlung haben? Nein, haben sie nicht. Mehr noch: Sie haben (abgesehen vom oben genannten Paragrafen 616 BGB) gar keinen gesetzlichen Anspruch darauf, überhaupt die klassischen Kinderkrankentage zu nehmen! Warum auch? Schließlich sollte sich kein gut verdienender privatversicherter Ernährer mit so etwas Niederem wie Kinderkrankentagen herumplagen. Soll das mal schön die gesetzlich versicherte Teilzeitmutti machen, schließlich bringt er ja das Geld nach Hause und nicht sie.

Wie kann das alles sein? Das passiert, wenn ein System mit all seinen politischen Werkzeugen, Gesetzgebungsverfahren und wirtschaftlichen Prozessen seit Jahrhunderten von überwiegend mittelalten, heterosexuellen cis-Männern bestimmt wird und Frauen nicht an den Entscheidertischen sitzen. Folglich sie, ihre Bedürfnisse, Lebensumstände und Lebenswelten und somit auch die Bedürfnisse, Lebensumstände und Lebenswelten ihrer Kinder – wenn vorhanden – nicht mitbedacht werden. Und einem diese riesige Ungerechtigkeit erst dann auffällt, wenn die private Care-Arbeitskacke schon so richtig am Dampfen ist. Und wenn man mit einem Durchfall-Kind, Deadlines, einem verständnislosen Chef und einem Mann auf Dienstreise ganz andere Probleme hat als flammende Petitionen gegen die patriarchal durchseuchten Regelungen bei der Kinderkrankenlohnfortzahlung zu starten. Also bleibt alles so, wie es ist.

So ist es nicht verwunderlich, dass diese von Männern für

Männer gemachten Gesetze ihren Zweck erfüllen: Denn wer meldet sich aktuellen Studien zufolge hierzulande öfter krank, wenn die Kinder kränkeln, und setzt damit langfristig sein berufliches Vorankommen und seine finanzielle Unabhängigkeit aufs Spiel? Zu 70 Prozent die Mütter.[158] High five Gender Kinderkrankentage und Gender Pay Gap.

Wir fassen zusammen: Einerseits wollen angeblich mehr oder weniger alle Parteien (außer der AfD) mehr Väter in der Care-Arbeit sehen. Andererseits sind genau die politischen Werkzeuge, die so etwas wie Lohnersatz für Care-Arbeit regeln – also etwa Kinderkrankengeld –, so angelegt, dass es für die Familie »lukrativer« ist, wenn der Vielverdiener sie gar nicht erst beantragt. Und wir damit das Märchen weitertradieren, dass ein krankes Kind zur Mutter gehört und nicht zum Vater. Und die Mutter in Gender-Gap-Geiselhaft.

Weswegen Expert*innen wie Rechtsanwältin Sandra Runge bereits seit Langem fordern, das Kinderkrankengeld zu 100 Prozent auszugleichen. Wenn es die Politik wirklich ernst meint mit dem Mehr-Männer-in-Care-Arbeit, muss sie die Reformen solcher Werkzeuge endlich auf die politische Agenda setzen. Doch diese Forderungen finden aktuell auf keinem familienpolitischen Gipfel (Gipfel – schön wär's!) und auf keiner politischen Agenda statt.

Gender Tax Gap, die Zweite

Kommen wir zum Gender Tax Gap zurück, drehen hier noch eine letzte Runde und begeben uns zu einer anderen steuersexistischen Beobachtung: Vermögen, Finanzanlagen, Immobilien liegen in Deutschland zu einem überwiegenden Teil in männlicher Hand. Frauen hingegen verdienen ihr Geld fast ausschließlich »nur« mit Erwerbsarbeit. Was für ein komischer Zufall also, dass gerade Vermögen, Finanzanlagen und Immobilien von unserem Steuersystem so viel niedriger besteuert werden als das normale Erwerbseinkommen, oder?

»Es gibt kaum ein Land auf der Welt, das Arbeit stärker und Vermögen – inklusive Erbschaften und Schenkungen – geringer besteuert als Deutschland«, sagt nicht irgendwer, sondern der Präsident des Deutschen Instituts für Wirtschaftsforschung, Marcel Fratzscher. Er weist auf die Absurdität hin, dass Erwerbseinkommen hierzulande zwar mit 30 Prozent und mehr besteuert werden, Vermögen wie Immobilien bei Erbschaften etwa aber lediglich mit gerade mal drei Prozent.[159] Was für ein weiterer komischer Zufall ist es dann, dass Männer hierzulande auch deutlich öfter und deutlich mehr erben als Frauen – Tendenz steigend.[160] Warum? Weil Töchter, Enkelinnen und Co. bei Schenkungen einfach seltener bedacht werden als Söhne und Enkel, und selbst wenn sie dann doch etwas erben, sind die Immobilien weniger wert. In der Soziologie ist hier mittlerweile von einem »Gender Gift Gap« die Rede. **Und so müssen wir uns dringend der Tatsache stellen, dass niedrige Steuern auf Vermögen nicht nur eine Begünstigung von Reichen bedeuten, sondern meist auch einfach eine Begünstigung von Männern.** Wir sollten uns ernsthaft fragen, mit welcher Begründung wir an so einer Begünstigung weiter festhalten wollen. Und wie groß der Aufschrei wäre, wenn es andersherum plötzlich hieße: Achtung, Achtung – unser Steuersystem begünstigt massiv Frauen! Würden wir dann ruhig in unseren Wohnzimmern sitzen oder wären alle bereits auf die Barrikaden, in den Bundestag und auf die Zeitungstitelseiten geklettert? Wo bleibt dieser Aufschrei denn aber aktuell?

»Unser Steuersystem benachteiligt Lebensrealitäten, in denen sich vor allem Frauen befinden«, schrieb Lisa Paus vor zwei Jahren. »Und bevorteilt Lebensumstände, die vor allem für Männer gelten. Das Ergebnis ist: Das Steuersystem wirkt sexistisch.«[161] Schon vor zwei Jahren forderte sie daher ein feministisches gendergerechtes Steuersystem. Ob das wohl unter einem Christian Lindner als Bundesfinanzminister kommen wird? Ich jedenfalls würde mein Gender-Pay-gebeuteltes Gehalt nicht darauf verwetten.

Gender Pension und Gender Lifetime Earnings Gap

Ob wir jetzt mal langsam genug Gender-Pay-Gap-Kumpels kennengelernt haben? Leider nein. Wir werden später übrigens noch in einem gesonderten Kapitel auf den alleraller-besten Freund des Gender Pay Gaps, nämlich den Gender Care Gap eingehen, der – kleiner Spoiler – die Lohnlücke von Frauen noch mal deutlich steigen lässt. Jetzt seien aber als großes Finale der Gender Pension Gap (deutsch: Renten-Gap) gepaart mit dem Gender Lifetime Earnings Gap (deutsch: Lebenseinkommens-Gap) erwähnt, die am Ende des finanziell geplagten Lebens der Frau den Gnadenstoß verpassen: Denn weil viele Frauen (viel) weniger verdienen als ihre Partner, neigen gerade diese Paare dazu, dass *sie* reduziert und in Teilzeit arbeitet und nicht er, wodurch er seine Karriere und Verdienste über Jahre noch weiter ausbaut und der anfangs vielleicht noch recht kleine Gender Pay Gap von 18 Prozent sich zu einem hässlichen Gender Pension Gap von aktuell zwischen 32 Prozent[162] und unfassbaren 49 Prozent[163] aufsummiert. Was nichts anderes bedeutet, als dass Frauen im Schnitt etwa die Hälfte an Rente bekommen, verglichen mit Männern.

Dieser Gender Pension Gap geht dann schlussendlich in den ebenso hässlichen handfesten Gender Lifetime Earnings

Gap über, also was eine Frau im Vergleich zu ihrem Partner am Ende eines Lebens an Lebenseinkommen verdient haben wird. Ebendieser Gender Lifetime Earnings Gap – und jetzt kommt's – liegt im Schnitt in Deutschland aktuell nicht etwa bei den »bereinigten« 6 Prozent; er liegt auch nicht bei den »unbereinigten« 18,3 Prozent; oder bei den unbereinigten durch sämtliche diskriminierenden Kumpel-Gaps verursachten rund 30 Prozent; sondern bei der Generation von Frauen, die heute in den Dreißigern sind, bei sage und schreibe bis zu 45 Prozent! Habt ihr dann auch noch Kinder – und das wird jetzt sehr vielen wehtun –, werden die Zahlen noch gruseliger: **Seid ihr Mitte 30, lebt in Westdeutschland und habt Kinder, werdet ihr im Schnitt in eurem Leben etwa 580 000 Euro brutto verdient haben. Bei eurem männlichen Pendant, einem Mitte-30-jährigen Vater, werden es im Schnitt 1,5 Millionen Euro sein. Was für Mütter einen finalen Verlust im Lebenseinkommen von sage und schreibe 62 Prozent bedeutet.**[164]

Und so plädieren Wissenschaftler*innen immer mehr dafür, nicht mehr den Gender Pay Gap als Indikator für die Gleichstellung von Mann und Frau heranzuziehen, sondern den Gender Pension oder den Gender Lifetime Earnings Gap, die beide eben nicht bei 18 Prozent liegen, sondern je nach Berechnung aktuell bei etwa 45 bis 62 Prozent[165] und damit bei ungefähr der Hälfte dessen, was Männer bekommen werden.

Was bedeutet das alles? Wenn ihr also eine einzige Zahl aus diesem Kapitel – ach was, aus diesem Buch – mitnehmt, dann bitte diese: Wenn man wirklich versucht, so viele Lebensrealitäten von Frauen wie möglich und damit auch mögliche Mehrfachdiskriminierungen einzubeziehen, dann vergesst diesen ganzen 18-Prozent-Gender-Pay-Gap-Bullshit.

Frauen bekommen im Schnitt aktuell in Deutschland einfach mal *die Hälfte* an Lohn, verglichen mit Männern. Sie werden am Ende ihres Lebens dafür *die Hälfte* der Rente bekommen, verglichen mit Männern, und somit bis zu ihrem Tod *die Hälfte* an Lebenseinkommen erwirtschaftet haben, verglichen mit Männern. Sie sind zwar *die Hälfte* der Bevölkerung dieses Landes, bekommen aber nur *die Hälfte* dessen, was ihnen eigentlich zusteht.

Das ist unserer Gesellschaft die Erwerbsarbeit von Frauen wert. *Das* ist die wirkliche Lücke des Gender Pay Gaps. *Das* ist die Realität, in der wir heute leben.

Eine schreiende Ungerechtigkeit, die aber trotzdem für keinen Aufschrei sorgt. Hier also ein Vorschlag: Vielleicht sollten wir Frauen einfach auch nur noch die Hälfte für unsere Miete zahlen, die Hälfte für unsere nächste Urlaubsbuchung, für unsere Kleidung, für unsere Lebensmittel an der Kasse, für die Heizungsrechnung und auch nur noch die Hälfte an Steuern. Ein Frauenrabatt quasi als Ausgleich für die Hälfte an Lohn, die wir ja jetzt schon tagtäglich verlieren. Vielleicht würde dann ja der Aufschrei endlich kommen. Vielleicht würde die Debatte um die Behebung des Gender Pay Gaps dann endlich ernsthaft geführt werden. Bis es so weit ist, würden Frauen einfach nur noch die Hälfte für alles bezahlen. Ich fände das sehr effektiv. Wer ist dabei?

Die gruselige Belohnungs-Erwartungs-These

Während ihr jetzt womöglich gar nicht wisst, wohin mit eurer Wut über all die Zahlen, all die Gaps und die Gewissheit, dass die Aufzählung dieser Lücken noch lange nicht auserzählt ist, kommen wir zu einem weiteren kleinen Schocker. Schließlich habe ich mir mit diesem Buch auch vorgenommen, uns alle noch wütender zu machen als beim ersten: Denn die Wut über die gnadenlose Ungerechtigkeit der ganzen Gender Pay Gaps und ihrer Gender-Gap-Kumpel, die Fassungslosigkeit über die Tatsache, dass Frauen im Schnitt nicht nur weniger verdienen als Männer, sondern *deutlich* weniger verdienen als Männer – die Wut darüber wird leider nicht so stark verbreitet sein, wie ihr jetzt denkt. Nicht, dass es nicht wütend machen würde – das tut es –, das Problem ist leider nur, dass uns allen beigebracht wurde, dass das schon seine Gründe haben wird; dass das schon seine Richtigkeit hat, wenn Frauen und ihre Arbeit eben einfach weniger wert sind. Oder anders gesagt: dass Frauen es buchstäblich nicht anders verdient haben, weniger zu verdienen. Ja, auch für die gleiche Arbeit. Ja, auch dazu gibt es Studien. Ja, auch ich möchte an der Stelle nur noch in Endlosschleife auf meine Matratze einprügeln.

Während ihr jetzt vielleicht glaubt, dass das an den Haaren herbeigezogen sein muss, dass kein Mensch es heutzutage ernsthaft als *fair* empfinden kann, wenn eine Frau in dem gleichen Job weniger Geld bekommt – muss ich euch leider enttäuschen. Denn das ist die Realität. Genau darüber müssen wir reden, und wir müssen, müssen, MÜSSEN endlich anfangen, unsere patriarchal gebrainwashten Denkmuster aufzubrechen. Also, fangen wir hier und jetzt damit an.

Wir haben ja schon in den letzten Kapiteln etabliert, wie Mädchen und junge Frauen durch Schule, Kinderbücher, Serien und Hollywood ein viel geringeres Selbstwertgefühl anerzogen wird. Klar, man könnte es theoretisch wieder hinbiegen, indem man ihnen sagt: »Hey, in den Kinderbüchern, Podcasts und Serien sind Mädchen zwar unterrepräsentiert, aber das ist Bullshit, in der realen Welt haben Frauen längst genauso machtvolle Positionen in Wirtschaft, Politik usw. erobert, sucht euch einfach da eure Vorbilder aus!« Aber ihr könnt euch schon denken, warum das nicht funktioniert.

Dadurch, dass Frauen auch auf dem politischen Parkett, in den Chefetagen, auf Podien, in der Wissenschaft und als Expertinnen in den Medien komplett unterrepräsentiert sind, wachsen Mädchen auch heute noch in dem Glauben auf, dass das, was ihnen in den Kinderbüchern, Serien und Podcasts erzählt wurde, auch im Erwachsenenalter stimmen muss. Und so kommt es, dass Mädchen und junge Frauen zu Beginn ihres Erwerbslebens vielleicht noch Ungerechtigkeit empfinden, wenn sie bemerken, dass ihresgleichen weniger Macht, Geld und Sichtbarkeit erhalten. Aber irgendwann im Laufe der Zeit lernen, internalisieren und a k z e p t i e r e n sie tatsächlich, dass das schon seine Gründe haben wird – und Männer eventuell einfach irgendwie doch klüger, wichtiger und wertvoller sind.

Die Soziologin Franziska Schutzbach listet in ihrem Buch »Die Erschöpfung der Frauen«[166] unzählige Untersuchungen auf, die belegen, dass wir Männer tatsächlich auch heute noch ganz grundsätzlich als kompetenter, vertrauenswürdiger, rationaler,[167] verhandlungssicherer, führungsstärker und ganz einfach als klüger und besser erachten als Frauen. Das gilt leider für Männer und Frauen gleichermaßen: Männer halten Männer für klüger, und Frauen halten Männer für klüger.

Mehr noch, Schutzbach schreibt, dass Männer ein wesentlich höheres Selbstbild von sich als Gesellschaftsgruppe haben als Frauen von sich als Gruppe.

Und auch wenn sich das alles schon wieder nach Bauchgefühl anhört, nach längst überkommenen Klischees, wisst ihr, was an solchen Stellen in diesem Buch immer kommt: Studien, die sich nicht mit »Übertreib mal nicht«-Wortmeldungen wegwischen lassen. Die einen dafür je nach Tagesform an der Menschheit zweifeln lassen: **Laut einer UN-Studie hegen fast 90 Prozent der gesamten Weltbevölkerung Vorurteile gegenüber Frauen, wenn es um Führung, Jobs oder Geld geht.[168] 90 fucking Prozent! Nahezu die gesamte Welt, egal ob Männer *oder* Frauen, hat also mindestens ein Vorurteil gegenüber Frauen!** Was soll man dazu noch sagen?

Vor diesem Hintergrund also, vor dem Hintergrund, dass wir unseren Töchtern von klein auf zeigen, dass Mädchen und Frauen weniger sichtbar sind, weniger erfolgreich, weniger kompetent und weniger machtvoll; vor dem Hintergrund, dass die Medien uns in Nachrichten, Musik, Werbung und Unterhaltung dieselbe Geschichte erzählen; vor dem Hintergrund, dass gleich qualifizierte Frauen bei Bewerbungen um eine ganze Schulnote schlechter eingestuft werden als gleich qualifizierte Männer – vor diesem Hintergrund *können* wir folglich auch gar nicht anders, als es irgendwann als ein von Natur gegebenes Gesetz zu schlucken, zu glauben und zu akzeptieren – dass Frauen offenbar einfach weniger kompetent sind.

Und so ist es leider keine Überraschung, dass eine weitere Studie neulich gezeigt hat – und ich kann es selbst kaum fassen –, dass wir unterbewusst finden, dass Frauen ganz einfach weniger verdienen *sollten*. Und der Gender Pay Gap damit schon irgendwie gerechtfertigt und fair sei. Ja, ernsthaft.

Die Sozialforscherin Katrin Auspurg ließ mit ihrem Team

mehr als 1600 Menschen die Gehälter fiktiver Arbeitnehmer*innen bewerten. Das Ergebnis: Die Proband*innen empfanden das Gehalt bei Frauen eher zu hoch als bei Männern – und das bei gleicher Tätigkeit und Qualifikation. **Mehr noch, die Forscher*innen konnten berechnen, dass sowohl Männer als auch Frauen es tatsächlich »fair« finden – ich komme in diesem Zusammenhang über dieses Wort einfach nicht hinweg –, wenn Männer bei gleicher Qualifikation a c h t Prozent mehr verdienen als Frauen. Das, so die Soziolog*innen, gilt in unseren Köpfen als gesellschaftlich akzeptiert.**[169]

Mit anderen Worten: Wir finden es in Ordnung, dass Männer mehr verdienen, weil – ja, warum eigentlich? –, weil sie halt Männer sind. DAS ist die Realität, in der wir immer noch leben! DAS ist die Realität, in der wir uns um Jobs bewerben, Gehaltsverhandlungen führen und unsere Töchter großziehen.

Einer der Gründe für diesen Schlamassel ist übrigens die sogenannte *Reward Expectation Theory*. Die Theorie beruht auf unserem Schubladendenken und zeigt auf, dass wir bestimmte Belohnungen (Rewards) wie höhere Gehälter, Boni, Privilegien und Co. bei bestimmten Menschen (aka Männern) eher verorten und erwarten als bei anderen Menschen (aka Frauen, Migrant*innen, People of Color etc.).[170] Und wir folglich, wenn mittelalte, heterosexuelle cis-Männer ein höheres Gehalt bekommen, das einfach als »normal« empfinden. Diese Ungleichbehandlung steckt so tief in uns, ist so dermaßen internalisiert, so die Forscher*innen, dass wir sie tatsächlich als »fair« empfinden.[171]

Ich weiß nicht, ob ihr noch weiterlesen könnt oder das Buch längst aus dem Fenster geworfen habt. Vielleicht solltet ihr das nun tatsächlich tun, denn es wird noch »besser«: Performen Frauen entgegen unseren Erwartungen trotzdem besonders gut, ist das für unser Schubladendenken so verwirrend, dass wir, statt sie zu feiern, bei diesen klugen Frauen plötzlich viel strenger urteilen und viel strengere Maßstäbe ansetzen beziehungsweise ihren Erfolg unterbewusst miesmachen wollen,[172] damit sich unsere internalisierte Belohnungserwartung (»Das ist doch eine Frau, sie kann unmöglich besser performen als ein Mann!«) irgendwie doch erfüllt.

Mit anderen Worten: Wer schon mal das Gefühl hatte, eine Frau wurde bei politischen Debatten, Interviews oder Vorstellungsgesprächen viel härter beurteilt als ein Mann; wer schon mal das Gefühl hatte, ein Mann wurde für etwas vergleichbar Kleines gefeiert; wer beobachten konnte, dass eine Frau ein kompetentes Argument hervorbrachte, aber ignoriert wurde, und als ein Mann denselben Punkt machte (»He-peating«), er dafür gefeiert wurde – dann war in all diesen Fällen dieses Gefühl keine diffuse, klischeehafte Beobachtung, sondern unser aller Hirn, das sich der *Reward Expectations Theory* gebeugt hat. Unser Gehirn, das seit Jahrzehnten und Jahrhunderten so sehr darauf gepolt wurde, dass ein Mann und nur ein Mann kompetent sein kann, und das folglich völlig verwirrt ist, wenn eine Frau plötzlich Kompetenzen aufzeigt, dass es prompt viel strengere Ansprüche an eben diese Frau stellt, um sie doch irgendwie scheitern zu sehen.

Wow.

Aber weil das hier nicht das deprimierendste Kapitel der Welt werden soll, haben die Sozialforscher*innen immerhin ein paar Lösungsvorschläge für uns, die fast schon langweilig sind, weil wir sie leider alle schon zu gut kennen: Uns allen fehlt der gewöhnliche Anblick von Frauen in Führung, die auch ganz selbstverständlich in sämtlichen kleineren und größeren Unternehmen, Parteien, Medienhäusern usw. an der Spitze stehen. Älter und jünger, mit verschiedenen Hautfarben, sozialen und ethnischen Hintergründen, aus Ost- und Westdeutschland, mit und ohne Kinder, mit und ohne Behinderung, mit unterschiedlichen Körperformen und, und, und. Das alles geht nun mal nur mit: Quoten. Quoten, die Frauen in verschiedensten Führungspositionen normalisieren und bei uns allen die internalisierte Belohnungserwartungsthese zumindest ein Stück weit aufbrechen würden.

Autorin und Schauspielerin Heidi Kabel sagte dazu mal den klugen Satz: »Die Emanzipation ist erst dann vollendet, wenn auch einmal eine total unfähige Frau in eine verantwortliche Position aufgerückt ist.« Genial!, dachte ich, als ich diesen Satz las. Ein Satz, mit dem wir die Fassaden unserer Innenstädte tapezieren sollten. Von diesem Zustand sind wir nämlich noch weit entfernt. Aktuell ist ja selbst eine kompetente, erfolgreiche Frau in einer Führungsrolle für unser Gehirn immer noch sehr irritierend und nicht »normal«.

Ein zweiter Lösungsansatz der Forscher*innen überrascht aber: Den Wissenschaftler*innen zufolge bringt es gar nicht so viel, wenn Unternehmen ihre Gehälter transparenter machen, damit die Lohnlücke beispielsweise für alle endlich sichtbar wird. Warum sollte es aber nicht gut sein, wenn Frauen transparent über ihre Gehälter reden? Weil es den Forscher*innen zufolge zwar einerseits die Aufmerksamkeit auf dieses Thema lenkt, gleichzeitig aber auch die sogenannte *self fulfilling prophecy* greifen könnte: Denn wenn Frauen schwarz auf weiß immer wieder sehen, dass sie schlechter bezahlt werden, könnten wir das Narrativ, dass Frauen nun mal einfach weniger wert sind, damit noch mehr manifestieren. Puh!

Am Ende ist es so: Je früher wir verstehen, dass es immer noch unsere unterbewusste »Normalität« ist, dass Männer nun mal mehr verdienen s o l l t e n , und je früher wir akzeptieren, dass wir alle unterbewusst tatsächlich immer noch so denken, desto früher können wir aktiv gegen diese patriarchalen Denkmuster in unseren Köpfen ankämpfen und sie Schicht für Schicht entfernen. Oder wollt ihr weiterhin mit so einem Weltbild durch die Welt spazieren? Also, ich nicht.

Die noch gruseligere Entwertungsthese

Kommen wir jetzt zu einer weiteren These, über die ich neulich gestolpert bin und bei der ich schon wieder nicht genug Handflächen und Stirnpartien hatte, um das eine gegen das andere zu klatschen. Es geht um das allgemein bekannte und gern auf Familienfeiern und in den Kommentarspalten von Online-Artikeln zu Gender Pay Gap und Co. formulierte Argument, dass niemand Frauen zwingen würde, in schlechter bezahlte Berufe zu gehen. Kennt ihr?

Erst mal: Von welchen Branchen sprechen wir überhaupt, wenn es heißt »Frauen sind ja selbst schuld, wenn sie in diese schlecht bezahlten Branchen gehen«? Damit sind oftmals Berufe gemeint wie Friseurin, Pflegerin, Erzieherin, Grundschullehrerin, Gastromitarbeiterin, Hebamme, Kassiererin, Putzfrau, Sozialarbeiterin, Sekretärin, medizinische Fachangestellte usw. Fällt euch dabei etwas auf? Das sind alles Dienstleistungsberufe, die man mehr oder weniger der Care-Arbeit zuordnen würde. Kinder auf die Welt begleiten, Kinder unterrichten, Kinder pflegen, Alte pflegen, Körper pflegen, kochen, putzen, organisieren, einräumen, ausräumen, aufräumen.

Da ist es schon fast lustig – wenn es nicht so traurig wäre –, dass wir durch Gender Marketing, Schulbücher, Kinderserien, Hörspiele, pinke Spielzeugabteilungen und -Kataloge Mädchen in pinken Glitzerbuchstaben von klein auf dazu ermuntern, g e n a u d i e s e Berufe als passend für sich zu erkennen. Wir trichtern ihnen quasi mit der Muttermilch ein, dass sie sich doch so gut kümmern, dass ihnen Pflege und Erziehung und Kümmern ja quasi in die Wiege gelegt wurden; dass es den Mutterinstinkt gibt, dieses angebliche Gen fürs Windeln- und

Bettpfannenwechseln. Und wenn sie sich dann nach all der Gehirnwäsche irgendwann entscheiden, dieses Kümmern beruflich zu machen, heißt es andererseits: »Hat dich ja keiner zu gezwungen, schon gar nicht, wenn der Kümmerjob so schlecht bezahlt ist.« Statt sich zu fragen, *warum* diese Berufe überhaupt so schlecht bezahlt sind – wenn sie doch so wichtig sind.

Denn es ist ja gar nicht so, dass Frauen sich bewusst Branchen aussuchen, in denen schlechter bezahlt wird. Warum auch? Niemand denkt doch: »Juhu, endlich verdiene ich weniger Geld als andere!« Was kaum jemand weiß – es ist vielmehr genau andersherum: Studien zeigen, dass *sobald* Frauen in eine bestimmte Branche strömen, das Ansehen und die Gehälter dieser Branche *automatisch* zu sinken beginnen. Oder anders formuliert: Unsere Gesellschaft möchte für die Arbeit von Frauen einfach weniger Geld bezahlen.

Was schon wieder nach Verschwörungstheorie klingt, ist nicht nur wissenschaftlich belegt, sondern hat sogar einen wissenschaftlichen Namen: Die Rede ist von der sogenannten Entwertungsthese.[173] Sie besagt – und allein das zu lesen ist schon kaum zu ertragen –, dass ein Berufszweig durch die vielen Frauen darin *entwertet* wird. Keine Pointe.

Lasst uns mal zur Veranschaulichung gemeinsam an ein paar Beispielberufsgruppen zurückdenken, die vor 50 bis 100 Jahren männlich geprägt waren: Der glattgeleckte, bis in die Haarspitzen zurechtgemachte Typ im Frack, mit Fliege, Weste und Manschettenknöpfen, der Drinks und Speisen servierte. Er war nicht »nur« ein Kellner, sondern wurde sogar Herr Ober genannt. Eine Frau Oberin? Hat es nie gegeben (also, zumindest außerhalb der Kirche). Was es hingegen gegeben hat, ist eine Entwertung dieses Berufs in den vergangenen Jahrzehnten, in dem heute zu 64 Prozent Frauen[174] arbeiten und in dem die Gehälter kontinuierlich gesunken sind.

Denken wir an alte US-amerikanische Filme zurück. Ein Barbier war ein angesehener Beruf, man hatte einen Shop, hatte sich sein eigenes Business aufgebaut, die Leute standen Schlange. Heute ist es die Friseurin, die steht. Und zwar Zehn-Stunden-Schichten, mit einem Gehalt, von dem man kaum leben kann, und einem Frauenanteil – oh, welch ein Wunder – von nahezu 80 Prozent[175] in diesen sogenannten nicht medizinischen Körperpflegediensten.

Na ja, könnte halt auch ein Zufall sein, könnte man jetzt meinen, *es ist ja nicht so, dass Verdienste automatisch steigen, sobald mehr Männer in bestimmte Berufe strömen, oder?* Doch, genau das! Beginnen Männer einen Beruf zu dominieren, steigen die Gehälter auf wundersame Weise, auch das kann man über Jahrzehnte beobachten. Das Programmieren war früher zum Beispiel ein schlecht bezahlter Bürojob für Frauen,[176] man ging davon aus, dass Software eher Frauensache und Hardware eher Männersache war. Im Laufe der Zeit wurde der Beruf immer komplexer und angesehener, Programmieren zu dem Wirtschaftszweig, es steckte auf einmal unfassbar viel Geld drin, und – oh Überraschung – die Frauen wurden aus dem Beruf verdrängt.

Was das alles bedeutet? Studien haben zeigen können, was da genau passiert: **Frauen gehen also nicht zielgerichtet in Berufe, die schlechter bezahlt sind. Sondern, sobald mehr als 60 Prozent einer Branche aus Frauen bestehen, beginnen die Gehälter in dieser Branche ganz automatisch zu sinken.**[177] Im englischen Raum ist bereits von einer »Wage Penalty«[178] die Rede, also einer Lohnbestrafung für all diejenigen, die in einem Frauenjob arbeiten. Ich finde Lohnbestrafung als Begriff auch viel erschütternder als beispielsweise einen Gender Pay Gap oder eine Lohnlücke. Eine »Lücke« klingt so harmlos, so steril, so als ob niemand etwas dafür könne, als wäre sie vom

Himmel gefallen. Eine »Bestrafung« aber schreit nach Tätern und Opfern und nach der Frage, warum jemand zu Unrecht bestraft wird.

Ja, na und?, könnte man jetzt meinen, *die Gehälter sinken ja dann für die gesamte Branche – davon sind Männer genauso betroffen wie Frauen.* Gegenfrage: Macht es das Problem der sinkenden Gehälter irgendwie besser? Es gehen doch gerade deswegen Männer aus diesen Branchen raus, wodurch wiederum mehr Platz für Frauen bleibt, wodurch die Gehälter noch weiter sinken. Und außerdem – das stimmt noch nicht mal! Studien zeigen, **die Gehälter in typisch weiblichen Branchen sinken gar nicht für Frauen und Männer gleichermaßen, sondern nur für die Frauen.[179] Männer bleiben bei ihrem Lohnniveau, da sinkt nämlich gar nichts. Ohne Witz!**

Während ihr jetzt vielleicht ähnlich wie ich nur noch den Kopf schütteln könnt, machen wir uns an die Analyse. Woran liegt das alles, wie kommt diese ungerechte Entwertungsthese zustande? Dazu gibt es verschiedene Theorien, und leider ist eine gruseliger als die andere.[180] In den meisten Frauenberufen entstehen nun mal keine im kapitalistischen Sinne wertvollen und skalierbaren Produkte, sondern »nur« glückliche Kinder, Alte und so. Ein extrem trauriger, extrem zu kurz gedachter, aber leider sehr nachvollziehbarer Grund.

Außerdem hatten wir es ja gerade – Belohnungserwartungsthese: Wir alle schätzen unterbewusst männliche Arbeit einfach als wichtiger und wertvoller ein als weibliche. Wir denken also, dass männliche Arbeit mehr wert ist und folglich Frauen es nicht anders verdient haben, als ein niedrigeres Gehalt für ihre Arbeit zu bekommen.

Neben diesen eher psychologischen Gründen gibt es noch ein paar strukturelle Gründe für die Entwertungsthese, und dafür würde ich euch vorab ein paar Beruhigungspillen empfehlen. Frauenberufe werden auch deswegen schlechter bezahlt als männliche, weil typische Frauenberufe bereits historisch mit voller Absicht und von vornherein ohne große Aufstiegschancen aufgebaut wurden, ohne Karriereleitern, ohne Möglichkeiten, Ansehen, Auslandserfahrungen, Geld oder Boni abzusahnen.[181] Warum? Na, weil man davon ausging, dass Frauen doch sowieso nur kurz arbeiten und, sobald das erste Kind da ist, gar nicht mehr arbeiten wollen. Da mussten die typischen Frauenjobs auch keine Karrieremöglichkeiten bereithalten. Dann brauchten sie auch keine Lobby oder einflussreiche Gewerkschaften. Wozu? War doch hier wirtschaftlich eh nicht viel zu holen.

Ein paar gruselige Beispiele gefällig? Heute sind Ausbildungsberufe in der frühkindlichen Erziehung etwa oder der Altenpflege tariflich geregelt und werden auch von den großen deutschen Gewerkschaften vertreten. Aber wusstet ihr, dass diese Berufswege ursprünglich ohne Aufstiegsmöglichkeiten und – ganz wichtig – ohne tarifliche Bindung und Gewerkschaft konzipiert wurden, und das vorwiegend und mit voller Absicht nur für eine weibliche Zielgruppe? Während die finanziell lukrativeren dualen Ausbildungsberufe aus Betrieb und Berufsschule von Anfang an eher für Männer konzipiert wurden? »Die Lehre, die duale Ausbildung (…) sollte prinzipiell nur für männliche Jugendliche gelten, während zugleich ein vollzeitschulisches Bildungssystem für Mädchen entwickelt wurde«,[182] schrieb die Soziologin und Professorin Helga Krüger, die explizit zu Geschlechterpolitik in der Ausbildungsstruktur forschte. Wir reden hier also von Berufen wie Erzieher*in, Krankenpfleger*in, Kosmetiker*in usw. Und jetzt kommt der Hammer, was laut Helga Krüger in der zweiten Hälfte des 20. Jahrhunderts zu ebendiesen weiblichen Berufen festgelegt wurde: Die Abschlüsse dieser Ausbildungswege wurden in ihrem Marktwert nicht tarifrechtlich geregelt und auch nicht als Baustein für berufliche Karrierewege angesehen.[183] Heißt im Klartext: Abschlüsse »weiblicher« Ausbildungsberufe sollten weniger wert sein, es sollte kaum oder keine Tarifverträge für sie geben, und auch Aufstiegsmöglichkeiten waren für sie nicht vorgesehen.

Tarife und Gewerkschaften für Erzieher*innen- oder Pflegeberufe? Wozu? Das Ganze war doch eh nur als familienvorbereitende Zwischenstation für Frauen vorgesehen, die langfristig nicht im Beruf bleiben, keine nachhaltigen Aufstiegschancen und höhere Löhne wollten und folglich keine Gewerkschaften brauchten, um diese für sie langfristig auszufechten.

Typisch männliche handwerkliche Berufe auf der anderen Seite wurden von vornherein mit Gewerkschaften konzipiert, sodass regelmäßige Gehaltsanpassungen stattfinden m u s s t e n . Traditionelle Männerberufe im Verkehrs- und Baugewerbe beispielsweise, so beschreibt es die Bundeszentrale für politische Bildung, waren sehr viel besser durch Vereinbarungen zwischen Gewerkschaften und Arbeitgebern geschützt als die Berufszweige mit personenbezogenen Dienstleistungen wie etwa Kinderpflegerin oder Krankenschwester, sowohl bei der Entlohnung als auch beim Kündigungsschutz.[184]

Ich möchte das noch mal deutlich unterstreichen: Während sich ganz Deutschland also seit Jahren und nicht zuletzt seit der Coronakrise öffentlich in Artikeln und Talkshows das Hirn zermartert, wieso, oh wieso, Frauenberufe eigentlich so schlecht bezahlt sind, ist die Antwort wirklich kein Hokuspokus. Das ist nicht zufällig so passiert oder vom Himmel gefallen. Nein. Es wurde ganz bewusst, konkret und zielgerichtet so entschieden. Weibliche Ausbildungsberufe s o l l t e n weniger wert sein, die Beschäftigten s o l l t e n weniger Geld bekommen, sie *sollten* tariflich kaum oder gar nicht geschützt werden und schließlich: Sie *sollten* keinerlei Aufstiegschancen bekommen.

Mehr noch! **Während viele Ausbildungen von Tag eins der Ausbildung entlohnt werden, nicht üppig, sicher, aber immerhin – bekommen angehende Erzieher*innen – also, die, die wir händeringend suchen und die sich die Politik nicht backen kann – je nach Bundesland und Anbieter entweder gar kein Geld für ihre Ausbildung, oder sie müssen – der Oberhammer – für ihre Ausbildung sogar noch bezahlen!** Auch heute noch!

Dieses Problem ist offenbar so groß, dass selbst die damalige Familienministerin Franziska Giffey 2018 forderte, das Schulgeld für die Erzieher*innenausbildung bitte deutschlandweit abzuschaffen und endlich alle Auszubildenden zu vergüten.[185] Passiert ist nicht genug, denn vier Jahre später forderte Familienministerin Lisa Paus genau das Gleiche.[186]

Wie absurd ist das bitte?! Uns werden bis 2030 landesweit 230 000 Erzieher*innen fehlen, und die neuen, die nachkommen, werden für diesen Beruf nicht nur unterirdisch bezahlt, nein, ein Teil von ihnen bekommt für ihre Ausbildung noch nicht mal Gehalt oder muss diese sogar selbst bezahlen! Sich verschulden! Kredite aufnehmen! WAS GENAU IST DENN IN UNSEREM LAND BITTE NICHT IN ORDNUNG? WER GENAU HAT SICH DAS DENN BITTE AUSGEDACHT?

Atmen.

»Das ist ein Relikt aus Nachkriegszeiten«, lautet eine der Antworten aus einem ZEIT-Artikel im März 2023: Eltern »höherer Töchter« betrachteten die Kindergärtnerinnen-Lehre früher gern als Vorbereitung auf die Hausfrauenrolle und investierten gern Geld in ihre Töchter und ihre »Ausbildung« zur guten Hausfrau und Mutter.[187]

Vor 60 Jahren war die Ausbildung zur Erzieherin also eine

Art privat bezahltes Mom-of-the-Year-Bootcamp für Erbinnen, und diese Idee ist einer der Gründe, warum auch heute noch Fachschulen für die Erzieherinnenausbildung Schulgeld erheben?! Und auch kein gesetzlicher Anspruch für ein Ausbildungsgehalt besteht?! Können wir alle bitte ganz kurz kollektiv etwas anzünden gehen?!

Weswegen sich Expert*innen, Gewerkschaftler*innen und Wissenschaftler*innen seit Jahren den Mund fusselig reden, dass die Erzieher*innenausbildung entlohnt gehört – allein dass man diese Forderung stellen muss. Das Problem ist nur auch hier offenbar das liebe Geld: 200 000 Euro[188] würde die Ausbildung eines*r einzelnen Erzieher*in den Staat kosten. Dieser Betrag multipliziert mit 230 000 fehlenden Stellen macht eine Summe mit vielen Nullen. Und so geben sich auch hier Patriarchat und Kapitalismus ein High five. Denn: Weil sich gut betreute Kinder leider kapitalistisch betrachtet nicht skalieren lassen und erst in so 20 bis 30 Jahren für das Bruttoinlandsprodukt relevant werden, wenn sie selbst Geld verdienen und Steuern zahlen, ist die Forderung, Erzieher*innen jetzt schon zu bezahlen, bei der auf schnelle Ziele orientierten Politik eher nachrangig.

»Es wäre uns ja schon geholfen, wenn Erzieherinnen wenigstens das ÖPNV-Ticket bezahlt werden würde«, schrieben mir Frauen, nachdem ich den ZEIT-Artikel auf Social Media gepostet hatte. »Oder vergünstigten Wohnraum. Oder Lebensmittelzuschüsse. Oder würden wenigstens Erzieher*innen bei der Kitaplatzvergabe bundesweit bevorzugt.« Denn – Surprise – auch Erzieher*innen und übrigens auch Pflegekräfte und andere systemrelevanten Fachkräfte haben Kinder. Und so können sie die Fachkräftemangellöcher nicht stopfen, weil auch i h r e e i g e n e n K i n d e r nicht betreut sind. »Hier bei uns in der Stadt haben mehrere Erzieherinnen keinen Kitaplatz für ihre Kinder bekommen, können also nicht arbeiten gehen und fehlen in den Kitas«, schrieb mir dazu eine Followerin und konstatierte: »Kann man sich nicht ausdenken.«

Nein, das kann man wirklich nicht.

Während ich an dieser Stelle eigentlich nur noch meinen Laptop anzünden möchte, kommt jetzt der letzte, eigentlich fast schon logische Grund, warum Frauen in Frauenjobs eine Lohnbestrafung erfahren. Es liegt auch »einfach« an der Tatsache, dass, wenn Frauen in eine Branche strömen, sie da mit ihren sowieso schon niedrigeren Gehältern reingehen, mit ihren Teilzeiten, ihren Kinderkrankentagen, ihren Degradierungen nach Elternzeiten und ihren unerfüllten Beförderungs- und Gehaltswünschen. Sprich: mit ihrem ganzen Gender-Pay-Gap-Ballast – und so schließt sich der Kreis –, der sich mit der Entwertungsthese fröhlich abklatscht. Oder wie es die Direktorin des Instituts für Arbeit und Qualifikation der Universität Duisburg-Essen, Ute Klammer, treffend formulierte: »Frauenberufe sind auch deshalb schlechter bezahlt, weil es Frauenberufe sind.«[189]

Und bevor jetzt der berühmt-berüchtigte Günther um die Ecke kommt und wieder etwas erzählt von *»Na ja, aber ist doch klar, dass da die Gehälter sinken, wenn Frauen in Teilzeit gehen, zu lange in Elternzeit sind und ihre Gehälter nicht wie Männer verhandeln«* – möchte ich erst mal kurz schreien. Dann möchte ich auf »Wir sind doch alle längst gleichberechtigt!« verweisen, mein erstes Buch, in dem ich dezidiert aufzeige, warum es Frauen eben nichts bringt, ihre Gehälter »wie Männer« zu verhandeln oder kürzer in Elternzeit zu gehen. Und dann möchte ich Günther gerne fragen, wann er endlich damit aufhören wird, die Lösung für strukturelle Probleme von Frauendiskriminierung bei Frauen zu suchen statt im System! Wie viele Studien, Beweise und absurd klingende Gender Gaps er denn eigentlich noch braucht, um zu verstehen, dass das Problem kein individuelles ist? Oder ob Günther es einfach nicht verstehen möchte? Weil es natürlich viel bequemer ist, statt sich mit der eigenen jahrtausendealten Bevorzugung auseinanderzusetzen, eine drohende Bevorzugung von Frauen herbeizureden. Und gegen Quoten zu wettern, weil es doch angeblich nach Qualität gehen sollte und nicht nach Geschlecht.

Richtig, Günther, sollte es. Du bist ganz nah dran.

Während er jetzt also eine Runde scharf nachdenken sollte und ich ein- und ausatmen, will ich einen abschließenden Gedanken in den Raum werfen: Nach all den Entwertungsthesen wünsche ich mir nämlich eine *Aufwertungsthese* allen Frauen und weiblich gelesenen Personen gegenüber. Eine neue Denkweise quasi, in der wir uns alle üben sollten: Nachdem unsere Hirne sich also so sehr daran gewöhnt haben, Frauen, ihre Kompetenzen, Expertise und ihr generelles Auftreten und Raumeinnehmen abzuwerten, sollten wir unser Hirn ab jetzt jeden Tag mehr und mehr umprogrammieren und einfach sämtliche Frauen in unserem Umfeld *aufwerten*. Sofort, wenn wir ihnen begegnen. Statt also zu denken: »Mist, eine Neue im Team, die wird mir bestimmt den Rang ablaufen« – zu denken: »Yes, eine Neue im Team, die ist bestimmt toll und wird zu meiner Verbündeten!« Oder statt zu denken: »Wie nervig, die Kollegin aus der Mutterzeit kommt zurück, sie wird bestimmt oft krank sein« (was statistisch übrigens noch nicht mal stimmt, dazu später mehr) – jetzt denken: »Mega, eine Mutter im Team, die fokussiert und supereffizient ihre Projekte abarbeiten wird.«

Klar wird das nicht immer stimmen. Klar gibt es auch inkompetente oder einfach ätzende Kolleginnen. Aber die gibt es unter Männern doch auch – was uns aber nicht daran gehindert hat, die letzten 5000 Jahre Männer trotzdem erst mal mit aufwertenden Kompetenzvorschusslorbeeren auszustatten. Vielleicht ist es also an der Zeit, diese Vorschusslorbeeren weiterzugeben und – ja, einfach aus Prinzip – jede Frau, die uns begegnet, mit Vorschusslorbeeren aufzuwerten. Und zwar nicht, um sie zu bevorzugen, sondern um der längst existierenden Bevorzugung des männlichen Geschlechts endlich etwas entgegenzusetzen. Es ist wirklich an der Zeit.

Wieso Mentorinnenprogramme auch keine Hilfe sind

Bleiben wir noch einen Augenblick im Jobkontext, gehen aber in eine etwas andere Richtung. Wir kennen diese Sprüche im Grunde alle: Wer netzwerkt oder an Mentor*innenprogrammen teilnimmt, erfährt von Jobs, Chancen, Projekten, wo Geld fließt und wo was zu holen ist. Und all das machen Frauen viel zu wenig und viel zu selten. Daran sind sie aber auch ein bisschen selbst schuld, müssen sie halt abends öfter raus mit den männlichen Kollegen, mit dem Chef ein Glas heben, auf Events Hände schütteln, Small Talk üben und so weiter und so fort.

Schon fangen wir an zu nicken, kommt uns das doch sehr bekannt vor, liest man immer wieder darüber, dass Frauen viel zu wenig netzwerken. Doch statt nachhaltig zu eruieren, warum das eigentlich so ist, werden den betroffenen Frauen lieber ganz easy ein paar Tipps gegeben, wie sie das Netzwerken ganz schnell erlernen könnten. Das Problem wird also wieder mal auf die Frauen abgewälzt. Und auch wenn viele der Tipps sicher ihre Daseinsberechtigung haben, funktioniert es doch nicht, ohne das große Ganze zu betrachten.

Schauen wir uns das große Ganze mal an und machen einen kleinen historischen Ausflug: Männer netzwerken seit ungefähr schon immer. Das Verbrüdern – bezeichnendes Wort übrigens – und das öffentliche Vernetzen begannen ungefähr mit der Sesshaftigkeit der Menschen, als Besitz und Haus und Hof wichtig wurden. Um all dies gegen Plünderer zu verteidigen, fingen Männer also an, sich zu verbrüdern, organisierten sich, formulierten Gesetze und trafen sich im öffentlichen Raum.

Die Politikwissenschaftlerin und CEO des Center of Female Foreign Policy, Kristina Lunz, brachte es in einer Rede auf den Punkt, die sie passenderweise auf einem Frauennetzwerktreffen vor ein paar Jahren hielt, und erklärte: Der Aufbau unserer modernen Gesellschaft beruht im Grunde auf Gefügen von durch und durch männlich dominierten Netzwerkstrukturen: Die großen Gelehrten, Denker und Meinungsmacher von damals waren zu 99,9 Prozent männlich. Politiker, Mediziner, Philosophen, Dichter, Kleriker, Wissenschaftler, Großgrundbesitzer, Anwälte, Professoren und all die anderen hingen im Grunde schon vor Tausenden von Jahren zusammen ab, sinnierten über Gott und die Welt, über Macht und wer wie viel davon bekommen oder nicht bekommen sollte. Frauen hingegen waren seit der Sesshaftigkeit der Menschen ins Private, an Haushalt und Kinder gebunden und durften – je nach Epoche – über viele Jahrhunderte nicht gemeinsam mit Männern im öffentlichen Raum an den Gesprächen teilnehmen, geschweige denn sich organisieren oder netzwerken.[190]

Und so entstanden aus diesen männlichen Netzwerken von damals schon erste Gremien, Wissenschaftsakademien, Institutionen, juristische Systeme, Universitäten, politische Gefüge, ja ganze Staaten, die auch heute noch existieren. Die auch heute noch überwiegend in weißer männlicher Hand sind.

Ich will die Leistung der alten weißen Männer von damals natürlich nicht herunterspielen. Aus diesen Netzwerken ist einiges an wegweisenden Errungenschaften für Mann und Moderne entstanden. Ganz häufig übrigens wären die nie errungen worden ohne die klugen Gedanken von zahlreichen Co-Gedankenmacherinnen, die nicht selten die eigentlichen Erfinderinnen, Künstlerinnen oder Impulsgeberinnen waren, aber dann doch lieber aus den Geschichtsbüchern radiert wurden. Aber das Thema hatten wir ja schon.

Statt mit den Frauen wurden also jahrhundertelang über ihre Köpfe hinweg haufenweise Gebote, Gesetze und Normen erdacht und erlassen, die das öffentliche Einflussnehmen und Organisieren von Frauen entweder als Hexenzirkel abstempelten oder gänzlich verboten. Spätestens aber wenn die Frau verheiratet wurde und ins Haus des Ehegatten ziehen musste, wurden ihre Netzwerke zerschlagen. Denn dann musste sie Haus und Hof verlassen, ihre Familie, ihre Freundinnen und andere bereits geknüpfte Verbindungen kappen und in *sein* Haus und auf *seinen* Hof ziehen, netzwerk-, familien- und freundinnenlos. Das war also – bis auf ein paar wenige Ausnahmen – das traurige und sehr kurzlebige Schicksal fast aller Frauennetzwerke im globalen Norden der letzten Jahrtausende.

Es ist also absurd, nun zu erwarten, dass Frauen mit den seit Jahrtausenden gewachsenen Männernetzwerken dank ein paar billiger »Müsst ihr halt besser netzwerken«-Tipps gleichziehen können.

Das Problem der jahrtausendelang fehlenden Netzwerkstrukturen für Frauen hat also nicht nur zur Folge, dass sie weniger bis gar nicht organisiert sind, es bedeutet nicht nur, dass ihnen wichtige nachhaltig gewachsene Lobbygruppen und Gewerkschaften fehlen, die sich auf Frauenarbeit oder Frauenbranchen spezialisieren, es bedeutet für Frauen heute auch ganz konkret: weniger Geld. Denn fehlende Netzwerke heißt auch eklatante Nachteile beim weiblichen Gründen und der Verteilung von frischem Kapital. Wie genau meine ich das?

In einem Forbes-Artikel[191] spricht die Wall-Street-Expertin Sandra Navidi von sogenannten »Super Hubs« – das sind extrem gut vernetzte Menschen, die berufliche, aber vor allem auch private Beziehungen und Freundschaften zueinander pflegen. Diese globalen Netzwerke und vor allem die privaten

Beziehungen zueinander verleihen ihnen finanziell, wirtschaftlich und politisch sozusagen »Supermacht«. Mit ihren Entscheidungen bewegen sie täglich Billionen auf den Finanzmärkten und haben somit direkten Einfluss auf Industrien, Arbeitsplätze, Wechselkurse, Rohstoffe oder die Preise unserer Lebensmittel. Navidi und Forscher*innen der US-amerikanischen Missouri-Universität identifizierten weltweit 147 solcher Supernetzwerke,[192] darunter die größten Vermögensverwalter der Welt – und an diesen 147 Super Hubs sind – natürlich, wie könnte es auch anders sein – nur eine Handvoll Frauen beteiligt.

Was das zur Folge hat? Ein Frauenmangel auf dieser Ebene, die Milliarden und Abermilliarden täglich bewegt, so Navidi, bedeutet, »dass Frauen in der Regel bis heute nicht in dem Maße an die Netzwerke, die Macht und die Informationskanäle angeschlossen sind wie Männer«.[192] Unser kleiner Geschichtsexkurs lässt grüßen. Denn: Sind solche finanziellen Supermächte fast komplett in männlicher Hand, kann man sich in etwa vorstellen, anhand welcher Kriterien täglich Billionen (!) Euro weltweit in Parteien, Unternehmen, Forschungsfelder, Branchen und Projekte gesteckt werden – und in welche eben nicht. Oder anders formuliert: Ein weißer Thomas gibt Geld an einen weißen Thomas gibt Geld an einen weißen Thomas.

So ist es kein Wunder, dass auch hierzulande weiblich geführte Start-ups etwa nur einen Bruchteil des Geldes bekommen im Vergleich zu dem, was männlich geführte Start-ups an Finanzspritzen einheimsen: Der sogenannte »Gender Investment Gap« oder auch »Kapital-Gender-Gap« offenbart seit Jahren, dass weiblich geführte Start-ups im Schnitt neunmal weniger Geld erhalten als männliche Teams.[194] Frauen of Color kriegen dann noch mal weniger Geld als weiße Frauen – nämlich 20-mal weniger verglichen mit dem Durchschnitt.[195]

Sprich: Weil Frauen und insbesondere Frauen of Color in Netzwerken unterrepräsentiert sind, ist auch das zwischen diesen Frauen zirkulierende Geld unterrepräsentiert. Hinzu kommt: Weil Frauen oft die Netzwerke fehlen, gründen sie doppelt so oft allein statt in einem Gründungsteam – und das, obwohl man für erfolgreiche Gründungen Expertise von außen aus verschiedenen branchenübergreifenden Bereichen braucht. Das führt dann dazu, dass ihnen zusätzliche Ressourcen, Expertisen und Kontakte fehlen und sie somit nicht nur weniger Geld bekommen, sondern auch nur langsam wachsen können.[196]

Wir fassen zusammen: Seit Jahrtausenden fehlende weibliche Netzwerkstrukturen sorgen also dafür, dass auch heute noch Frauen doppelt so oft allein statt im Team gründen, weswegen ihre Erfolgsaussichten geschmälert werden, während zur selben Zeit Milliarden und Abermilliarden weltweit in ausschließlich männlicher Hand liegen; gleichzeitig haben Frauen, wie wir bereits an unzähligen Stellen gehört haben, viel weniger Zeit in einem 24-Stunden-Tag, um sich überhaupt in das zeitfressende und zumindest am Anfang prekär bezahlte Abenteuer »Gründung« zu stürzen; während sie zusätzlich, wie wir wissen, aufgrund von Entwertungsthesen, Unconscious Gender Bias und den ganzen anderen frauenverachtenden Voreingenommenheiten von den Investor*innen und Geschäftspartner*innen sowieso als weniger erfolgreich, weniger kompetent und weniger führungssicher eingestuft werden.

Cool.

Warum ist es wichtig, sich dessen bewusst zu werden? Klar, das Wissen um diese Ungerechtigkeiten wird uns nicht plötzlich an die Entscheidertische der Super Hubs dieser Welt katapultieren. Es wird uns aber zumindest die Schuld von den Schultern nehmen, dass Frauen angeblich zu blöd oder nicht motiviert genug sind, um richtig zu netzwerken. Frauen sind nicht »zu blöd«, sie wurden nur blöderweise seit Jahrhunderten und Jahrtausenden von ebendiesen Netzwerkstrukturen ausgeschlossen und ausgebremst.

Nun will ich nach den jahrtausendealten Frauen-Netzwerkpleiten auf eine positive Entwicklung hinweisen. Die allerdings nur kurz währen wird, bevor sie dann doch eine misogyne Wendung hinlegen wird. Aber ein Nervenzusammenbruch nach dem anderen.

Zuerst also das Positive: Um den immer wieder erwähnten Thomas-Effekt zu beheben und endlich mehr Frauen in die Chef*innenetagen zu bringen, haben sich in den vergangenen Jahren erfreulicherweise zahlreiche unternehmensinterne wie private Mentorinnenprogramme für Frauen etabliert. Klingt nach einer guten Sache, oder? Theoretisch ja. Denn während der Markt mit solchen Angeboten geradezu geflutet wird, bleiben die Thomasse, Stefans und Christians in den Chef*innenetagen irgendwie trotzdem größtenteils unter sich.

Warum ist das so? Bringen die Programme am Ende doch nichts? Dieser Frage hat sich eine US-Untersuchung angenommen und kam – wie könnte es in diesem Buch auch anders sein – zu einem desaströsen Ergebnis. **Denn während Frauen mittlerweile tatsächlich sogar mehr und häufiger an Mentor*innenprogrammen teilnehmen als Männer, gehen sie dabei aber seltener mit einer Beförderung aus ebendiesen Programmen heraus:** Laut Untersuchung konnten Männer zwei Jahre nach ihren Förderprogrammen mit 15 Prozent mehr Beförderungen glänzen als ihre weiblichen Kolleginnen.[197]

Warum? Erstens: einfache Mathematik. Weil es ja viel weniger Frauen in Führungsjobs gibt, gibt es folglich viel weniger von ihnen in den Mentor*innenprogrammen. Sprich: Es sind dort nicht genug wirklich einflussreiche Frauen mit hoch dotierten Positionen, mit hohem Budget, großen Projekten, Teams und Personaleinfluss vertreten. Und so kam in der Untersuchung etwa heraus, dass Frauen in diesen Programmen seltener als Männer von echten CEOs oder einer Führungsperson aus der ersten Managementreihe gefördert wurden.[198] Dass die Mentorin sogar gar keine Managementposition innehatte, kam bei Frauen in diesen Programmen auch fast doppelt so oft vor wie bei ihren männlichen Kollegen.

Kommen wir nun zum zweiten und womöglich wichtigsten Grund, warum Frauen seltener mit Beförderungen aus solchen Programmen hinausspazieren: Es spielt eine große Rolle, was überhaupt unter dem Begriff »Mentoring« ganz genau verstanden wird.

Die »Harvard Business Review« hat das in einer Untersuchung sehr klar aufgedröselt: Es gibt nämlich einen großen Unterschied zwischen einem »Mentorship« und einem sogenannten »Sponsorship«. Während das eine darin bestehen soll, Tipps zu geben und Jahresziele zu formulieren, sicheres Auftreten zu üben und Ähnliches, soll Sponsorship bedeuten, dass die Mentorin ihre Mentee ganz konkret für ausgeschriebene Projekte, Jobs oder Panels vorschlägt, ihren Namen in wichtigen Besprechungen ganz konkret nennt oder sie zu wichtigen Terminen und Calls hinzuholt. Dreimal dürft ihr raten, wie wohl die meisten Männer »Mentoring« für sich verstehen und wie die meisten Frauen: Frauen bekommen zwar mehr Unterstützung und Coaching, aber bei Weitem nicht so viele Beförderungen wie Männer, heißt es in dem Bericht. Und: Es sind meist nur Männer, die sich hier richtig »gesponsert«, also konkret gefördert fühlten.[199] Puh ...

Das heißt, unser Problem der unterrepräsentierten Frauen wird nicht allein dadurch behoben, dass wir immer mehr Mentorinnenprogramme aufsetzen. Das sind zwar grundsätzlich gute Schritte, empowernd und Mut machend. Aber ich glaube, dass Frauen keinen Mut mehr brauchen. Sie brauchen viel eher konkrete Möglichkeiten, ihrem Mut auch Taten folgen zu lassen.

»Hört auf, Frauen zu fördern, und fangt endlich an, sie zu befördern!« Diesen Satz las ich in einem Artikel der Co-Chefin der Allbright Stiftung, Wiebke Ankersen.[200] Sie trifft damit den Nagel auf den Kopf.

Wäre das nicht ein schönes Ende für dieses Kapitel? Sollen wir kurz so tun, als wäre es das? Denn selbst wenn es sich bei einer Mentorin wirklich um eine einflussreiche Managerin handelt und selbst wenn sie verstanden hat, dass es nicht nur um Fördern sondern konkretes Befördern geht, und diese Mentorin das dann tatsächlich auch tut, kommt ein allerletztes genickbrechendes Problem ins Spiel: Eben weil die Mentorin selbst eine Frau ist, wird ihre Empfehlung für eine Personalbesetzung leider weniger Gewicht haben, als wenn ein männlicher Mentor eine Personalempfehlung ausspricht. Ist diese Mentorin sogar die einzige Frau im Management, greifen bei ihr zusätzlich noch die bereits erwähnte gruselige »Only Experience« und die noch gruseligere Belohnungserwartungsthese, bei der diese Mentorin ihre Personalbesetzungen einem noch kritischeren und noch höheren Maßstab aussetzen lassen muss als ihr männlicher Kollege. Wodurch die Wahrscheinlichkeit, dass der weibliche Schützling empfohlen von der einzigen Mentorin es tatsächlich in den besagten Chefsessel schafft, dann doch ziemlich gering ist.

Und so kann ich mit diesem ganzen – ich muss es so deutlich sagen – abgefuckten Hintergrundwissen fast schon verstehen, warum so viele Frauen im höheren Management lieber doch nur Männer auf neue Posten setzen. Wahrscheinlich tun sie es gar nicht, weil sie angeblich keine anderen Frauen neben sich akzeptieren wollen. Sie tun es womöglich einfach nur aus dem verzweifelten Wunsch heraus, wenigstens an dieser einen Stelle mit dem altbekannten Thomas punkten zu können und nicht noch eine »ungewöhnliche« und »risikoreiche« Entscheidung zu treffen. Denn es gilt in unser aller Köpfen leider immer noch als »ungewöhnlich« und »risikoreich«, eine Frau in einen Chefsessel zu heben. Erst recht, wenn diese Entscheidung von einer anderen Frau kommt.

Ihr könnt das Buch jetzt zuklappen und auf ein Bett einprügeln gehen. Ich weiß, ich werde es tun.

Gender Stadtplanungs-Gap

Kommen wir zu einem völlig anderen Thema, und da habe ich eine Frage an euch: Lest ihr dieses Buch eigentlich gerade an einem öffentlichen Ort? In einem Café etwa? In einer Bibliothek, auf einem Spielplatz oder irgendwo im öffentlichen Raum? Und müsst ihr eventuell gerade auf Toilette? Was das alles für Fragen sind? Keine Sorge, ich habe einen Punkt, auf den ich hinauswill. Ich will mit euch in diesem Kapitel nämlich einen kleinen imaginären Stadtspaziergang durch eure jeweilige Hood machen und mal hier, mal da an Orten, Gebäuden, Parks, Ampeln oder eben öffentlichen Toiletten stehen bleiben. Dort werden wir uns Details ansehen, an denen wir zwar täglich vorbeilaufen, die aber gerade Frauen und weiblich gelesene Personen in der einen oder anderen Art stören, ausbremsen oder ihnen im schlimmsten Fall sogar lebensgefährlich werden können. All diese Stationen, an denen wir auf den folgenden Seiten gemeinsam vorbeilaufen werden, waren irgendwann Teil von Entscheidungsprozessen darüber, wie unsere Stadt, unsere Gebäude und öffentlichen Räume so auszusehen haben. Und all diese Stationen werden exemplarisch offenbaren, wie wenig Frauen und ihre Lebenswelten bei diesen Entscheidungsprozessen mitgedacht wurden. Damit herzlich willkommen bei den Gender Gaps der feministischen Stadtplanung, die als Thema zugegebenermaßen sehr theoretisch und schwer greifbar daherkommen. Doch keine Sorge, bei mir wird es gleich sehr praxisnah.

Was uns wieder zurück zum Klo führt. Wenn ihr das nächste Mal also auf eine öffentliche Toilette geht, würde ich euch bitten, auf Folgendes zu achten: Ist da ein Haken an der Tür in eurer Toilettenkabine? Nein? Dann spielten bei der Konstruktion des Gebäudes, in dem ihr pinkeln geht, feministische Aspekte wohl keine große Rolle.

Seit wann ist denn ein Haken an der Innentür einer Toilettenkabine ein Zeichen für feministische Stadtplanung und Architektur, könnte man jetzt fragen. Das will ich euch gern erklären: Wenn Männer pinkeln und sich auf öffentlichen Toiletten verständlicherweise nicht hinsetzen möchten, brauchen sie nur die Hose aufzumachen und legen los. Eine Jacke ausziehen, einen langen Mantel oder eine Handtasche aufhängen müssen sie nicht. Sprich, ein Haken ist nicht nötig. Frauen aber können erfahrungsgemäß nicht im Stehen pinkeln, sie müssen sich hinsetzen, was ohne Haken gerade im Winter damit einhergeht, mehrere Schichten Rock, Mantel, Strickjacke, Schal, Handtasche und Co. unter die Achseln und Ellbogen zu klemmen, um in der schwebenden Hocke schwitzend weder sich selbst, noch die Mantel-Strickjacken-Rock-Schal-Schichten vollzupinkeln und gleichzeitig diese Mantel-Strickjacken-Rock-Schal-Schichten nicht aus Versehen in das Innere der Kloschüssel gleiten zu lassen.

Ja gut, könnte man meinen, *können Männer ja nichts dafür, dass Frauen so unpraktische Klamotten tragen, sollen sie sich halt dementsprechend anziehen, wenn sie wissen, dass sie eine öffentliche Toilette aufsuchen werden.* Danke, Günther, ich wusste nicht, dass es besser ist, wenn Frauen sich der Diskriminierung mit entsprechender Garderobe anpassen, statt dass wir die strukturelle Diskriminierung dahinter angehen. Wo nur, oh wo haben wir diese Argumentation schon mal gehört? Ach ja, wenn frau bei der Anzeige zu einer sexuellen Belästigung oder sexualisierter Gewalt erst mal gefragt wird, was sie denn anhatte. Weil auch hier nicht etwa die strukturelle Gewalt von Männern an Frauen die Schuld trägt, sondern offenbar auch die Garderobe der Frau. Danke, Günther, auch an dieser Stelle für gar nichts.

Aber o.k., lassen wir uns kurz auf dieses Argument ein: Ja, theoretisch müssten Frauen keine unpraktischen Handtaschen benutzen, für die sie besagte Toilettenhaken bräuchten. Nur, was ist bei den meisten Frauen alles in ihren Handtaschen drin? Unter anderem Menstruationsprodukte. Was noch? Feuchttücher für den Moment n a c h der Nutzung der Menstruationsprodukte für den Fall – und das passiert nur zu oft –, dass auf öffentlichen Toiletten mal wieder die Seife leer ist.

Auch so ein Punkt, der mich regelmäßig rasend macht: Schon klar, einen Penis beim Pinkeln anzufassen und sich danach nicht die Hände waschen zu können ist auch nicht ideal. Eine Frau aber, deren Finger nach dem Wechseln ihrer Menstruationsprodukte aussehen, als hätte sie gerade eine Operation am offenen Herzen vollzogen, möchte ihre Hände nicht nur aus hygienischen Gründen säubern, sondern auch für ihr Umfeld. Weil das öffentliche Zurschaustellen von Menstruationsblut auch heute noch ein Tabubruch ist.

Und es sind ja nicht nur Menstruationsfinger: Schon mal probiert, ein sich windendes und drehendes Kind, das bis zum Hals hinten hoch alles voller Kacke hat, auf einem öffentlichen Klo zu wickeln? Könnt ihr euch in etwa vorstellen, wie die Finger der wickelnden Person und – wenn es ganz schlimm kommt – auch die Finger des besagten Babys danach aussehen? UND DANN WEDER HAKEN NOCH SEIFE AUF DEM KLO, ABER SCHÖN DIE AUGEN ROLLEN, WARUM FRAUEN ÜBERALL IHRE RIESIGEN HANDTASCHEN MITSCHLEPPEN MÜSSEN?!

Ich merke schon, ich muss sanfter auf meine Laptoptastatur hämmern, sonst fallen mir bald die ersten Buchstabentasten heraus.

Ihr merkt schon, worauf ich hinauswill: Frauen brauchen auf Toiletten Haken. Denn sie tragen Handtaschen nicht deswegen mit sich herum, weil sich darin ihre Sammlung an Glitzer-Lipglossen und den dazu passenden Glitzerpumps zum Wechseln befinden. Sondern weil sie darin Menstruationsprodukte herumtragen und Windeln, Wickelunterlagen, Feuchttücher, Nachmittagssnacks, Sonnencremes, Wechselkleidung, Mützen, Matschhosen, Trinkflaschen und so weiter und so fort. Mit anderen Worten: Ein Architekturbüro, das Toiletten ohne Haken baut, hat weder Frauen mitbedacht noch die Tatsache, dass mehr als 80 Prozent von ihnen – wenn Kinder vorhanden sind – die Care-Arbeit für ihre Kinder übernehmen. Nachmittagsausflüge inklusive, in denen das Kind natürlich zehn Minuten nachdem man aus dem Haus ist, sofort auf Toilette muss. Ein fehlender Haken bedeutet also nicht nur, dass die eigenen Kleider-Röcke-Mantelschichten unter den Achseln gebändigt werden müssen; es bedeutet nicht nur, dass die vollbepackte Hand-Wickeltasche unter den Achseln gebändigt werden muss; es bedeutet, dass auch die ausgezogene Matschjacke, Matschhose und Kinderrucksack gebändigt werden müssen und *zusätzlich* zu diesem ganzen Wahnsinn auch das dazugehörende Kind. Was natürlich just in diesem Moment alles in dieser öffentlichen Toilette anfassen möchte, was ums Verrecken nicht angefasst werden darf. Und das alles wäre so viel einfacher, wenn irgendein Günther bei der Konzeption von öffentlichen Toiletten einfach mal einen Haken für 5,99 Euro in den Kabinen eingeplant hätte. Deswegen, liebe Freund*innen, ist ein fehlender Haken auf einer öffentlichen Toilette *sehr wohl* ein Akt von antifeministischer Architektur.

Kein Wunder also, dass Frauen auf öffentlichen Toiletten immer so viel länger brauchen als Männer. Was mich zu einem zweiten Punkt bringt:

Wir alle kennen doch das Phänomen, dass in Kinos, Theatern und an anderen Veranstaltungsorten vor den Frauentoiletten ständig gigantische Schlangen sind, vor den Männerklos aber nicht. Und nein, das liegt nicht daran, dass Frauen immer gemeinsam aufs Klo gehen müssen, zu viel quatschen, sich ständig den Lippenstift auffrischen müssen oder irgendeinem anderen sexistischen Scheiß. Sondern an der Tatsache, dass Frauen für die Toilettenbenutzung bis zu 2,3-mal so lange brauchen wie Männer.[201] Das liegt daran, dass erstens Frauen anatomisch bedingt häufiger urinieren müssen, sie zweitens – wir hatten es gerade – mehr Zeit brauchen, um sich zu entkleiden, vor allem wenn der verdammte Haken fehlt, drittens Frauen menstruieren und nehmen Produkte heraus, wickeln sie behutsam in Klopapier ein, holen mit vollgeschmierten Händen ein neues Produkt heraus, packen es aus und führen es ein, ziehen sich mit vollgeschmierten Händen an, ohne sich selbst einzusauen – das alles erfordert nun mal mehr Zeit als: Penis raus, pinkeln, Penis rein. Und viertens sind es nun mal zu einem Großteil Frauen, die entweder von älteren Menschen oder von behinderten Menschen oder von minderjährigen Menschen auf Toilette begleitet werden. Und somit der erörterte Kampf zwischen Matschhose, Matschjacke und einem erkundungswilligen Kind auf der Suche nach der nächsten Klobürste in einer Ein-mal-ein-Meter-Kabine nicht nur Nerven, sondern auch Zeit raubt. D e s w e g e n brauchen Frauen auf Toiletten 2,3-mal länger als Männer.

In anderen Ländern ist man da übrigens schon weiter. In Japan beispielsweise gibt es öffentliche Toiletten, auf denen kleine Kindersitze an die Wand montiert sind, in die man die kleinen entdeckungsfreudigen Klobürstengrabscher einfach reinsetzen und in Ruhe pinkeln gehen kann. Es ist so simpel.

Die Quintessenz müsste also eigentlich sein: Lasst uns um Himmels willen diesen armen Frauen und Müttern doppelt so viele Kabinen hinstellen wie den Männern, damit sie, wenn sie schon mehr Zeit darin verbringen müssen, wenigstens nicht noch ewig mit quengelndem Kind oder ebenso quengelnder pflegebedürftiger Schwiegermama davor anstehen müssen. Was stattdessen aber passiert, ist das komplette Gegenteil. Nämlich, dass Frauen sogar weniger Pinkelmöglichkeiten auf gleicher Fläche zur Verfügung haben als Männer! *Kann doch nicht sein*, sagt ihr jetzt. Doch, kann es: Denn Männer haben in ihren Klos nicht nur Kabinen, sondern auch Pissoirs. Was bedeutet, dass dort auf gleicher Fläche mehr Männer gleichzeitig pinkeln können. Während Frauen, die eigentlich mehr Kabinen bräuchten, stattdessen mit weniger Pinkelmöglichkeiten auskommen müssen.[202] Wow.

Es würden übrigens sicherlich viele Mütter weniger Zeit in öffentlichen Toilettenschlangen verbringen, wenn ihre heterosexuellen Partner sich ebenfalls verpflichtet fühlen würden, ihre eigenen Kinder zu wickeln. Tatsächlich macht aber auch diesen Vätern die antifeministische Stadtplanung einen Strich durch die Rechnung, weil Wickeltische – wenn sie überhaupt vorhanden sind – in den allermeisten Fällen auf den Frauenklos sind. Warum? Weil wir immer noch in einer Welt leben, in der öffentliches Babywickeln bei der Mutter, nicht aber beim Vater verortet wird. Was helfen würde? Ein Gesetz zum Beispiel, das sämtliche öffentlichen Gebäude dazu verpflichtet, auf Männerklos Wickeltische zu installieren. Verrückt? Kein Politiker würde sich für so etwas einsetzen? Doch. Barack Obama zum Beispiel. Der in den USA bereits 2016 als US-Präsident den – Achtung, mega Name – BABIES Act unterzeichnete.[203] BABIES – **B**athrooms **A**ccessi**b**le **I**n **E**very **S**ituation Act. Der soll gewährleisten, dass in jedem öffentlichen Gebäude in den

USA Wickeltische zur Verfügung stehen – und zwar für alle Geschlechter gleichermaßen.

Und bei uns? Gab es eine maue Petition zu dem Thema und immerhin Initiativen wie 2018 in Köln, als die damalige SPD-Fraktion tatsächlich entschied, alle öffentlich zugänglichen Herrenklos der Kölner Innenstadt mit Wickeltischen ausstatten zu lassen.[204]

Wenn eure lokale Lieblingspartei also das nächste Mal etwas von feministischer Stadtplanung auf ihre Flyer schreibt, fragt sie doch gern, welche Aspekte ihr dabei besonders wichtig sind und ob sie nicht auch gedenkt, flächendeckend mehr Kabinen und Haken auf Frauen- und mehr Wickeltische auf Männerklos zu installieren – das könnte das Leben für sehr viele von uns sehr viel einfacher machen.

Wir setzen unseren imaginären Stadtspaziergang fort und laufen vom öffentlichen Klo Richtung Bahnhof. Habt ihr euch schon mal die Frage gestellt, wo Frauen eigentlich an einem Bahnhof ihre Kinder stillen können? Man stelle sich folgende Situation vor: Es sind Minusgrade, die Bahn hat mal wieder Verspätung, allerdings hat das Baby weder für das eine noch für das andere Verständnis. Wohin also? Entweder man geht in die öffentlichen Bahnklos und setzt sich da auf eine zugeklappte Kloschüssel, während links und rechts neben einem das kleine oder wahlweise große Geschäft verrichtet, gespült und mit den Türen geknallt wird. Niemals würde man von einem Erwachsenen verlangen, auf einer Toilette sein Mittagessen einzunehmen, aber bei einem Baby kann man das ja ruhig machen.

Oder man geht in ein Café, bei denen viele von uns leider aus schmerzlicher Erfahrung wissen, dass je nach Gegend die Besitzer*innen nicht unbedingt Bock auf Mütter haben, die zwar ihre Brust auspacken, aber nicht so sehr ihr Portemonnaie. Oder aber man macht seine Brust auf offenem Bahnsteig bei Minusgraden und herumfliegenden Tauben zwischen Koffern, angenervten Bahnreisenden und Vogelkacke frei. Guten Appetit!

Und so fragte ich mich lange Zeit, warum es an Bahnhöfen eigentlich nicht längst eine Art Safe Space gibt für Mütter, die mit ihren Brüsten nicht unbedingt in der Öffentlichkeit blank ziehen wollen, oder überhaupt für Frauen, die bei einem abends verspäteten Zug nicht unbedingt allein auf einem Bahnsteig herumlungern möchten. Und dann dämmerte es mir: Solche Orte gibt es bereits! Sie nennen sich DB-Lounges. Nur sind sie nicht primär für Frauen, sondern witzigerweise eher für Männer ausgelegt, die per se weder ihre Brüste entblößen noch große Sorge vor sexuellen Übergriffen auf Bahnhöfen haben müssen.

Ja ja, schon klar, grundsätzlich kann die DB-Lounge natürlich auch von Frauen und ihren Babys aufgesucht werden, sie ist als solche aber primär sicher nicht dafür gemacht. Zumal der Zugang zu solchen Lounges mit bestimmten Privilegien einhergeht, die – wie wir an vielen Stellen schon erarbeitet haben – Männern eher zur Verfügung stehen als Frauen: Geld für Bahncards, Geld für Reisen, Möglichkeiten, höhere Positionen zu erhalten, in denen viel auf Geschäftsreisen gegangen wird, und so weiter und so fort. Logisch, dass die Lounges in den großen Bahnhöfen also überwiegend von Männern bevölkert sind. Was tatsächlich absurd ist, weil ja gerade in den dunklen Wintermonaten, gerade bei eher leeren Bahnhöfen, gerade zu später Stunde solche Safe Spaces für Frauen fehlen. Frauenwarteplätze quasi, als sicheres Pendant zu Frauenparkplätzen. Aber hierzulande leider Fehlanzeige.

Na ja, so ist halt die Welt, könnte man jetzt meinen. Falsch, so ist halt Deutschland, möchte ich antworten. Denn als ich mich zu dem Thema auf Social Media äußerte, schrieben mir unzählige Frauen, dass es solche öffentlichen Stillräume in der Stadtplanung anderer Länder längst gibt! **In Schweden gibt es an Flughäfen, Bahnhöfen und in Einkaufszentren öffentliche Stillräume, mit abschließbaren Kabinen, Stillsesseln, Wickelräumen und Spielzeug fürs Bespaßen der Geschwisterkinder. In den Niederlanden am Flughafen Amsterdam gibt es Eltern-Baby-Lounges mit Kojen zum Stillen, gedimmtem Licht, Gitterbett und sogar einer Babybadewanne.** Eine Frau schickte mir ein Foto eines Stillraumes aus Norwegen, mit bunten Wänden, gemütlichen Lampen und der Aufschrift »VIB« vorne an der Glasfront – »Very Important Babies«. Es gibt solche Räume in Japan, in Brasilien, in Spanien, und auch in Australien gibt es in Shopping Malls Parenting Rooms mit Spielecke, Abpumpraum und sogar einer Mikrowelle! Na, möchtet ihr auch gerade heulen, weil es so kinderfreundliche Strukturen in anderen Ländern gibt? Und bei uns? Kann Mutti zum Stillen ja aufs Bahnhofsklo gehen.

Setzen wir unseren imaginären Spaziergang fort und kommen zu ein paar anderen schönen Beispielen von öffentlichen Räumen, Gebäuden und Städten, die nicht für Frauen geplant wurden. Die feministische Architektin Karin Hartmann hat in ihrem Buch »Schwarzer Rolli, Hornbrille« viele solcher Beispiele gesammelt. Wisst ihr, woran ihr noch gut erkennen könnt, wo im öffentlichen Raum bei der Stadtplanung Frauen nicht mitbedacht werden? Wenn ihr in Begleitung eines Kindes beim Überqueren der Straße schon auf der Hälfte der Kreuzung merkt, wie das grüne Ampelmännchen – warum gibt es eigentlich keine Ampelfrauchen? – auf das rote umspringt, ihr folglich das Kind unter den Arm klemmen und die restliche Kreuzung in großen Schritten schnell passieren müsst. Denn worüber die meisten von uns sich vielleicht noch nie Gedanken gemacht haben: Fußgängerampelphasen orientieren sich meist am Schritttempo einer mittelalten, gesunden und energetisch laufenden Einzelperson. Und da es zum Großteil Frauen sind, die Care-Arbeit für Kinder leisten und mit ihnen unterwegs sind; und da es zum Großteil Frauen sind, die ältere Angehörige pflegen und mit ihnen behutsam Straßen überqueren, ist die Person, an deren Schritttempo sich viele Ampelphasen in unserem Land orientieren – ein Mann.[205] Diese Ampelzeitfenster werden nicht an einer Mutter gemessen, die Kinder an beiden Händen hat, die natürlich genau in dem Moment den schönsten Glitzerstein ihres Lebens entdecken und unter Einsatz ihres Lebens schreiend und tretend unbedingt auf dieser Kreuzung aufheben wollen. Die Ampelphasen werden auch nicht daran bemessen, dass eine Frau mit ihrer Mama samt Rollator die Straße überqueren muss. Sprich, wenn ihr sehen wollt, wie inklusiv und insbesondere frauen- und familienfreundlich euer Stadtteil und damit eure Stadt- oder Viertelpolitik so ist, achtet mal auf die Ampelphasen in eurer Umgebung. Gerade in der Nähe von Schulen, Kitas und Altenheimen.

Nachdem wir die Kreuzung mit Ampel überquert haben, lasst uns Richtung Parkanlagen laufen. Da bitte ich euch, darauf zu achten, wie viele Sitzbänke bei euch in der Gegend stehen. Denn wer setzt sich meist nicht auf Bänke? Mittelalte, körperlich nicht beeinträchtigte, zu ihren Büros rasende Männer. Wer setzt sich hingegen oft auf Bänke? Kleinkinder mit ihren Begleitpersonen – meist Frauen. Alte mit ihren Begleitpersonen – meist Frauen. Oder Menschen mit körperlichen oder gesundheitlichen Beeinträchtigungen und ihre sie pflegenden Begleitpersonen – und auch hier: meist Frauen. Wie viele Bänke also in eurer Umgebung vorkommen, lässt sehr viel darauf schließen, wie feministisch und inklusiv die Stadtplaner*innen gedacht haben. Oder eben auch nicht.

Nächste Station: Habt ihr zufällig eine Uni in der Nähe eures Wohnortes? Eine Ludwig-Maximilians-Uni etwa? Oder eine Otto-Friedrich-Universität? Die Helmut-Schmidt-Uni oder eine Friedrich-Alexander-Universität? Ich glaube, ihr wisst, worauf ich hinauswill. **Es gibt etwas mehr als 100 staatliche Universitäten in Deutschland. Der Großteil ist entweder nach den Ortschaften benannt, an denen diese Hochschule steht, oder nach: Männern. Wie viele von diesen Unis in Deutschland sind aber nach einer Frau benannt? Richtig: keine einzige.** Keine einzige staatliche Universität in unserem Land ist nach einer Frau benannt![206] Ich kann gar nicht beziffern, wie viele Mindblow-Emojis an dieser Stelle angebracht wären.

Wenig überraschend, sieht es bei den Straßennamen ähnlich aus. Die Autorin Michaela Leitner hat das in ihrem Buch »Fem Facts. Von Sexismen, Gender Gaps und anderen Absurditäten« recherchiert[207] und dokumentiert, **dass in Hamburg 2019 rund 85 Prozent aller nach Personen benannten Straßen nach Männern benannt waren; in München waren es 2020 knapp 89 Prozent; und in Magdeburg waren es im Jahr 2021 sage und schreibe 97 Prozent aller nach Personen benannten Straßen**. Weswegen die Ratsfrauen der Stadt Magdeburg vorschlugen, dass man ab jetzt ja einfach so lange Straßen nach Frauen benennen könnte, bis man bei einem Verhältnis von Fifty-Fifty angekommen sei. »Dieser Schritt ging den Ratsmännern dann doch zu weit«, konstatierte die Autorin, »das hätte bedeutet, dass mindestens die nächsten 100 Jahre keine männlichen Namenspaten mehr zum Zug kommen würden – und das wäre nun wirklich sehr unfair.«[208]

Keine Pointe.

Machen wir noch kurz weiter mit unserer gedanklichen Tour durchs Stadtviertel: Wie sind die Parks in eurer Umgebung so angelegt? Gibt es genug Schatten spendende Bäume und Sträucher? Denn auch hier: Welche vulnerablen Gruppen brauchen zuallererst Schatten und Kühle, gerade wenn die Klimakrise unsere Temperaturen mal wieder auf 40 Grad steigen lässt? Kinder, Menschen mit Behinderungen und Alte. Und wer ist nachmittags meist mit Kindern, Alten oder mit pflegebedürftigen Menschen mit Behinderung unterwegs? Ihr wisst es ja selbst.

Apropos Park: Wie sind die Büsche in euren Parkanlagen so designt? Gibt es auf Wiesen überall Sichtkontakt, oder gibt es zwischendurch meterhohe Hecken? Hinter denen Kinder zu oft verloren gehen? Oder hinter denen sich keine Frau bei Anbruch der Dunkelheit trauen würde entlangzujoggen, weil kein Schwein sehen kann, wer oder was dahinter so passiert? Wie sind eure Bahnübergänge gestaltet oder eure Zugänge zu Busstationen oder Regionalzügen? Führt der einzige Weg hin zum Gleis durch eine Unterführung, die zehn Meter lang ist und schall- und blickdicht zubetoniert? Grundsätzlich sollten wir natürlich weniger Debatten darüber führen, wie wir unsere Stadtplanung sicherer für Frauen machen, sondern darüber, warum Männer Frauen angreifen, anfassen, vergewaltigen oder töten. Schließlich haben Frauen keine Angst vor dunklen Hecken, zubetonierten Unterführungen und dunklen Gassen, sie haben Angst vor den gewalttätigen Männern dahinter und darin. Dennoch müssen auch solche Aspekte der Stadtplanung mitbedacht werden. Werden sie aber noch viel zu selten.

Warum sind unsere Städte also so gebaut, wie sie gebaut sind? Ich mag es ja selbst kaum noch sagen und bin deswegen froh, wenn es andere Frauen für mich tun: Auch Städte weltweit sind von Männern für Männer konstruiert, schreibt Professorin, Stadtforscherin und Buchautorin Leslie Kern in ihrem Buch »Feminist City«.[209] Männliche Stadtplaner und Architekten mussten sich über zubetonierte Unterführungen und hohe Hecken keine Gedanken machen, weil hierzulande die Opfer von sexuellen Übergriffen und Gewaltverbrechen zu 92,4 Prozent eben Frauen und keine Männer sind.[210] Männliche Stadtplaner mussten sich auch wenig Gedanken um genügend Sitzbänke, lange Ampelphasen und schattenspendende Spielplätze samt öffentlichen Toiletten machen, weil auch heute noch rund 70 Prozent aller Mütter Teilzeit arbeiten und damit ihre Nachmittage an ebendiesen Orten verbringen, aber nur weniger als zehn Prozent aller Väter.

»Die Erfahrungen von Frauen im Stadtleben und ihre speziellen Bedürfnisse waren immer nur ein Nachgedanke, weil die meisten Stadtplaner und Politiker Männer waren und sind und sie nicht die gleichen Erfahrungen wie Frauen haben«,[211] stellt Leslie Kern fest. Was im Klartext so viel heißt wie: Als unsere Städte und Innenstädte in der Nachkriegszeit entstanden, waren sie auf den Mann und sein schnelles und reibungsloses Vorankommen in einem Auto zu seinem Arbeitsplatz fokussiert. »Der Mann ist alleiniger Versorger, er geht morgens aus dem Haus, bewegt sich im öffentlichen Raum, verdient das Geld (...). Sein Wohlbefinden, sein schnelles und bequemes Vorwärtskommen, sowohl im Straßenverkehr als auch im Leben, ist der Mittelpunkt jeder entstehenden Struktur«, beschreibt diese Entwicklung die Journalistin Rebekka Endler in ihrem Grundlagenwerk »Das Patriarchat der Dinge. Warum die Welt Frauen nicht passt«. »Währenddessen schmeißt die traditionelle Wirtschaftswunderfrau den Haushalt und kümmert sich um die Kinder – was bedeutet, dass sie den Großteil ihrer Zeit in den eigenen vier Wänden verbringt. Dass auch die Hausfrau mal vor die Tür muss, um beispielsweise einkaufen zu gehen, war egal, denn ihr Wohlbefinden im öffentlichen Raum spielte wirtschaftlich keine Rolle.«[212]

Das führte wiederum dazu, dass unsere Städte so aufgebaut waren, dass sie Geschäfts-, Wohn-, Markt- oder Dienstleisterviertel voneinander trennten, was gerade für Frauen schon vor Jahrzehnten dazu führte, dass sie täglich weite Wege zurücklegen mussten. Und: Je mehr Frauen in der zweiten Hälfte des 20. Jahrhunderts in die Erwerbstätigkeit strömten, desto länger und komplizierter wurden diese Wege, weil ja jetzt auch noch das Industrieviertel als zusätzliche Anlaufstelle im täglichen Umherirren einer Frau durch die Stadt hinzukam.

Man wusste schon damals (und das hat sich bis heute nicht verändert), dass es eher Männer sind, die das Auto für die Arbeit benutzen und folglich den Frauen die öffentlichen Verkehrsmittel für sich, ihre Wickeltaschen, Kinderwagen, Einkaufstüten und schreienden Kindern blieben.

Wenn also Städte lange Zeit von Männern für Männer geplant wurden, ist es kein Wunder, dass öffentliche Gelder damals wie heute immer noch eher dafür eingesetzt werden, den Straßen- und Autobahnausbau zu fördern, und nicht so sehr den Ausbau der öffentlichen Verkehrsmittel.[213] Dass Busrouten, Straßenbahnlinien und Regionalbahnnetze so desaströs ausgebaut sind, wie sie sind, ist also nicht nur die Folge einer antiökologischen, sondern auch einer antifeministischen Mobilitätspolitik mindestens der vergangenen 70 Jahre. Oder anders formuliert: Care-Arbeit wurde bei der Stadtplanung in der deutschen Nachkriegszeit einfach nicht mitbedacht. Warum auch, geschieht sie doch auch heute noch gänzlich unsichtbar.

»Wer täglich an mehreren Orten in der Stadt Dinge erledigen muss, entwickelt andere Mobilitätskonzepte als ein*e Pendler*in«,[214] schreibt Karin Hartmann und ergänzt: »Die Annahme, Planende können sich in jede Lebensrealität gleich hineindenken, ist eine Überschätzung und gleichzeitig eine Überforderung.«[215]

Bäm, dachte ich, als ich diesen Satz las. Und würde ihn noch ergänzen: Die Annahme, man könne sich als einzelne Gruppe in jede Lebensrealität hineindenken, führt nicht nur zu einer Überschätzung und Überforderung, sondern auch zu einem Übersehen der Bedürfnisse aller anderen Lebensrealitäten. Und ist damit eine direkte Absage an sämtliche »Frauen sind doch mitgemeint«-Verfechter. Nein, sind sie in sehr vielen Bereichen unseres Lebens eben nicht.

Nun möchte ich nach all den Gender-Stadtplanungs-Gaps – und davon gibt es übrigens noch viel mehr – trotzdem ein bisschen Hoffnung verbreiten: Immerhin gibt es hier und da erste zaghafte Schritte, Arbeitsgruppen, öffentliche Gleichstellungsbüros und Architektur- und Stadtplanungsinitiativen, die das Thema feministische und inklusive Stadtplanung in den Vordergrund stellen. Autorin Karin Hartmann zählt beispielsweise verschiedene europäische Städte und Stadtviertel auf, die einerseits als Dauergäste in den Statistiken der beliebtesten Städte weltweit auftauchen und deren Stadtbild gleichzeitig von Architektinnen maßgeblich geprägt, beschützt oder transformiert worden ist. Wien etwa oder Barcelona, das immer autofreier wird, oder die autofreien Flächen im New Yorker Stadtteil Manhattan. Auch in Paris ist die Bürgermeisterin Anne Hidalgo seit Jahren dabei, das Konzept der sogenannten 15-Minuten-Stadt umzusetzen. Ein Konzept, dass alles, was Bürger*innen zum Leben brauchen – Schule, Kindergarten, Büro, Einkauf, Friseur, Ärztin, Apotheke, Altenheim –, eben nicht mehr stundenlang voneinander entfernt sein soll, sondern tatsächlich innerhalb von 15 Minuten zu erreichen. Wege sollen verkürzt, Öffis ausgebaut, Flächen doppelt genutzt werden und versiegelte Parkplätze Grünflächen und

Spielplätzen weichen. Benachteiligung des Autos? Vielleicht. Oder endlich ein Werkzeug, der Bevorzugung des Autos über die vergangenen 70 Jahre hinweg etwas entgegenzusetzen.

Bis zu einhundert verschiedene Städte[216] weltweit setzen aktuell die 15- oder auch 20-Minuten-Konzepte für sich um: Schanghai, Paris, Barcelona, Initiativen aus Großbritannien, Portland in den USA, Kopenhagen. Auch Berlin und Hamburg versuchen erste Konzepte zumindest der autofreien Innenstadtteile für sich umzusetzen.

Denn es geht nicht nur um ein paar grüne Innenstadtteile. Es geht um mehr: Diese Rennerei, jeden Tag, Umwege und Wartezeiten, die das Leben in unseren Städten dominieren, die kosten in den allermeisten Fällen Frauen ganz konkret Zeit. Zeit, von der wir wissen, dass sie die nicht haben, und Zeit, die sie sonst in sich, in Freizeit, in Erwerbsstunden, in Vermögensaufbau oder in ein Buch stecken könnten, in dem sie sich darüber aufklären lassen, wie eine seit vielen Jahrzehnten von Männern für Männer konstruierte Stadt Frauen Sicherheit, Zeit und Geld stiehlt.

Gender Health Gap und seine vielen Kumpels

Nach den imaginären Spaziergängen durch unser aller Innenstädte kommen wir nun in viel gruseligere und komplett lebensgefährliche Gewässer – nicht aber für Männer, sondern mal wieder nur für Frauen. Schnallt euch also an. Wobei, es ist egal, ob ihr euch anschnallt, für euch sind Autofahrten eh gefährlicher, weil eure Sitze für Männer- und nicht für Frauenkörper gebaut wurden und ihr somit bei einem Unfall sowieso eine mehr als 40 Prozent höhere Gefahr lauft,[217] lebensbedrohlich verletzt zu werden. Warum? Weil die Crashtestdummys, mit denen die Sicherheit eures Autos getestet wurde, die Beschaffenheit eines mittelalten, männlichen, europäischen Körpers hatten. Und das, obwohl Knochen- und Muskelstrukturen bei Frauen andere sind, ihr Nackenaufbau, ihre Halswirbel, Hüfte und Becken. Ihre Verletzungsgefahr also eine andere ist als bei Männern. Gibt es denn gar keine weiblichen Crashtestdummys? Joa, gab es. Aber das sind einfach kleinere heruntergerechnete Männer-Crashtestdummys, die in Größe und Gewicht eher der Physiologie eines zwölfjährigen Mädchens gleichen und nicht einer erwachsenen Frau. 2022 kamen dann endlich mal echte erwachsene Frauen-Dummys auf den Markt, die aber weder von Politik noch Industrie angenommen werden. Wieso? Weil das Zulassungsverfahren in der EU explizit vorschreibt, die Sicherheitsgurte von Autos am männlichen Durchschnitts-Dummy zu testen.[218] Sicherheit geht schließlich vor – also die von Männern.

Jetzt sagen vielleicht einige: *Laaaangweilig, Alex. Das mit den Crashtestdummys ist wirklich ein alter Hut.* Stimmt. Gleichzeitig ist es schon absurd, wie sich eine Gesellschaft offensichtlich daran gewöhnen kann, dass für die Hälfte der Bevölkerung jede einzelne Autofahrt ins Büro, zur Kita oder in den Urlaub so viel lebensgefährlicher ist.

Spannender ist aber tatsächlich das, was danach passiert. Nach einem möglichen Unfall oder nach einer Erkrankung. Wenn man als Frau also Bedarf an ärztlicher Versorgung hat und der sogenannte Gender Health Gap (oder auch Gender Data Gap) so richtig kickt.

Weil es für Frauen im deutschen Gesundheitswesen an dermaßen vielen Stellen lebensbedrohlich ist, erhebe ich hier keinen Anspruch auf Vollständigkeit und kann nur exemplarisch auf ein paar wirklich, wirklich, WIRKLICH absurde Beispiele von frauenfeindlicher Medizin eingehen. Alle Aspekte von frauenfeindlicher Medizin passen auch einfach gar nicht in dieses Buch, was eine wirklich traurige Feststellung für ein ach so modernes Industrieland wie Deutschland ist.

Also, ja, schnallt euch ruhig an. Nützen wird es euch wie gesagt leider wenig.

Der sogenannte Gender Health Gap umfasst die Problematik ganz gut. Unter den Begriff fallen verschiedenste Lücken, die jeweils zwischen einer medizinischen Behandlung für einen Mann und einer medizinischen Behandlung für eine Frau klaffen. Dabei geht es zum Beispiel darum, dass der Schmerz von Frauen weniger ernst genommen wird als der Schmerz von Männern; dass Erkrankungen und Notrufe von Frauen weniger ernst genommen werden als Erkrankungen und Notrufe von Männern; dass Frauen länger auf korrekte Diagnosen und korrekte Behandlungen warten müssen; dass Medikamente und Therapien an Männern getestet und folglich für männliche Körper dosiert werden; dass es bei Frauen viel häufiger zu Nebenwirkungen oder Falschdosierungen kommt; dass folglich die Behandlung von Frauen, wenn sie denn überhaupt stattfindet, weniger erfolgversprechend ist und so weiter und so schrecklich fort.

Wobei auch hier die Frauendiskriminierung mal wieder nur die Spitze des Eisbergs ist und mehrfach marginalisierte Menschen wie People of Color und Menschen aus der LGBTQIA+-Community noch viel gefährlicher leben, aber dazu gleich mehr. Kommen wir also zum Gender Health Gap und seinen vielen Kumpels und beginnen unsere Reise durch die moderne Medizin, die eher mittelalterlich anmutet – aber eben nur für Frauen:

Gender Pain Gap

Der Gender Pain Gap beschreibt die Tatsache, dass der Schmerz von Frauen einfach ganz grundsätzlich als weniger schmerzvoll und folglich weniger ernst zu nehmend betrachtet wird als der von Männern. Sprich: Der Schmerz von Frauen ist einfach nicht so schlimm. Und ja, ich meine es genauso, wie ich es sage. Beziehungsweise nein, nicht ich sage das – sondern die Wissenschaft: In einer Studie der University of Miami[219] sollten sich Laien Videos von Patientinnen und Patienten angucken, die Schulterschmerzen hatten, und auf Basis des Gesichtsausdrucks im Video einschätzen, wie groß der Schmerz der Person wohl war. Die Patient*innen selbst hatten ihren Schmerz, bevor sie aufgenommen wurden, auf einer Skala bewertet. Das Ergebnis: **Haben sowohl Patient als auch Patientin ihren Schmerz vorab als g l e i c h s t a r k angegeben und zeigten ihre schmerzverzerrten Gesichter im Video, wurde der Schmerz der weiblichen Patientin im Video von den Proband*innen konsequent niedriger eingestuft**. Während – Achtung – der Schmerz des männlichen Patienten von den Zuschauer*innen nicht nur höher eingestuft wurde als der der Frau, sondern sogar höher, als der eigentliche Patient ihn für sich selbst eingestuft hatte.[220]

Das Vorstellung, dass Frauen »schmerzresistenter« sein sollen, ist genauso alt wie patriarchal und findet sich sogar schon in der Bibel wieder. »Auch dahinter steht die Bevormundung durch eine patriarchal geprägte Medizin und zusätzlich die Vorstellung, die man schon in der Bibel findet«, schreibt die Medizinjournalistin Antje Kunstmann. »Der weibliche Körper sei dafür gemacht, Schmerzen zu ertragen, nämlich die einer Entbindung. Wenn Frauen im Sprechzimmer ihre Symptome schildern, so hat ihr Gegenüber nicht selten jahrhundertealte Ansichten verinnerlicht.«[221] Schönen Dank auch, Kirche, für gar nichts.

So ist es kein Wunder, dass in einem zweiten Experiment der Videoschmerz-Studie herauskam, dass die Zuschauer*innen beim männlichen schmerzverzerrten Gesicht eines Patienten schneller und häufiger Schmerzmittel verschreiben wollten. Beim schmerzverzerrten Gesicht der Patientin gingen sie aber eher davon aus, dass ihr weniger Schmerzmittel und vielmehr eine Therapie helfen würde.[222]

Dieses Phänomen, dass Frauen weniger Schmerzmittel verschrieben bekommen, belegen Studien immer und immer wieder. So zeigte die Analyse eines Professorinnenduos der University of Maryland, dass Frauen im Vergleich zu Männern auch deswegen seltener konkrete Schmerzmittel verschrieben bekommen, weil man bei ihnen eher davon ausgeht, dass ihnen Beruhigungsmittel helfen würden. Sprich: Medizinische Mitarbeitende verwechseln bei Frauen Schmerz mit Angst oder Panik.[223] Selbst bei Mädchen und Jungen wurden solche Unterschiede festgestellt! Die beiden US-Professorinnen Diane Hoffmann und Anita Tarzian nennen in ihrem Paper »The Girl Who Cried Pain: A Bias Against Women in the Treatment of

Pain« Untersuchungen, denen zufolge nach einer Operation Mädchen im Vergleich zu Jungen seltener Schmerzmittel verschrieben bekommen haben. Bei den Jungen wurden bei Verschreibung öfter hoch dosierte Schmerzmittel wie Kodein eingesetzt, während Mädchen öfter schwächere Mittel wie Paracetamol verschrieben bekamen.[224]

Diese Beobachtung zieht sich offenbar bis ins Erwachsenenalter von Männern und Frauen. Oder ganz platt gesagt: Ein Mann muss doch Höllenschmerzen erleiden, gebt ihm endlich etwas gegen die Schmerzen! Eine Frau? Soll mal aufhören zu jammern, schließlich hat sie schon Kinder auf die Welt gebracht, da kann der Schmerz ja wohl nicht so stark sein. Soll sie lieber mal ein paar Beruhigungspillen schlucken und über eine Therapie nachdenken.

Überspitzt? Kann nicht sein? Wir sind schon längst weiter? Leider nein: Verschiedene Studien in verschiedenen Ländern belegen auch heute noch immer wieder, dass Ärzt*innen dazu neigen, die Symptome eines Mannes eher als körperlich zu interpretieren und die einer Frau eher als psychosomatisch.[225] **Was übrigens umgekehrt dazu führt, dass mentale Probleme bei Männern seltener erkannt werden und ihnen Schmerzmittel verschrieben werden, wenn eine Therapie viel angebrachter wäre.** Dazu kommen wir später noch.

Gender Trust Gap

Einen der Gründe für diesen Schlamassel beschreibt die US-Journalistin und Autorin Maya Dusenbery in ihrem 2019 erschienen Buch »Doing Harm: The Truth About How Bad Medicine and Lazy Science Leave Women Dismissed, Misdiagnosed, and Sick«.[226] Es ist der sogenannte Trust Gap: Frauen haben in unserer Gesellschaft per se ein Vertrauensproblem. Man glaubt ihnen einfach nicht, wenn sie ihre eigenen Schmerzen beschreiben. Oder ihre Symptome. Oder – wenn wir schon dabei sind – dass sie bedrängt werden, genötigt, diskriminiert. *Denkt sie sich bestimmt nur aus, die Belästigung, war doch bestimmt nett gemeint, und außerdem, selbst schuld mit dem Outfit.*

Ich drifte ab, schon klar. Aber es ist schon erstaunlich, wie oft Frauen einfach nicht zugehört und nicht vertraut wird. Wenn sie sich beschweren, Raum einnehmen, über ihre eigenen Schwangerschaften entscheiden wollen, Anzeige erstatten, Klage einreichen, wütend werden – unsere gelernte Reaktion ist, sie anzuzweifeln, sie als hysterisch abzustempeln, als jemanden, der nur *fame* will, Karriere oder Geld, als eine Frau, die ihre Tage hat, bei der die Hormone offensichtlich verrücktspielen oder die einfach mal wieder ordentlich durchgenommen werden müsste – damit sie sich endlich entspannt. Kotz-Emoji.

Schließlich leben wir immer noch in einer Welt, in der – wir hatten diese Zahl in einem der Kapitel zuvor – laut einer UN-Studie fast 90 Prozent der gesamten Weltbevölkerung Vorurteile gegenüber Frauen hegen.[227] Natürlich bedeuten diese Vorbehalte auch, dass wir Frauen nicht vertrauen. Dass wir ihren Aussagen nicht vertrauen. Und dass wir der Beschreibung ihrer eigenen Symptome und Schmerzerlebnisse nicht vertrauen.

Diese Probleme treten übrigens nicht nur dann auf, wenn es Frauen um ihr eigenes Überleben geht – auch beim eigenen *Ableben* wird ihnen nicht genug Vertrauen und Souveränität geschenkt: Selbst wenn Frauen sich dazu entschließen, im Rahmen von schwerer Krankheit freiwillig aus dem Leben zu scheiden, soll ihnen dieser Wunsch häufiger verwehrt werden als bei Männern. US-amerikanische Forscherinnen weisen darauf hin, dass der Wunsch von Frauen nach begleiteter Sterbehilfe öfter abgelehnt wird als der von Männern. Während diese Forderung vor Gericht von krebskranken älteren, weißen, männlichen Patienten als »männlich« und »rational« bewertet wird, wurde dieselbe Entscheidung bei Frauen häufiger als »irrational«, »emotional« und »unreif« angesehen und somit abgelehnt.[228]

Ich will das nur mal ganz kurz zusammenfassen: Sind Frauen also lebensgefährlich verletzt oder erkrankt, glaubt man ihnen seltener, sie bekommen eine schlechtere Behandlung, aufgrund derer sie häufiger und gegen ihren Willen sterben könnten. Wollen Frauen hingegen sterben, glaubt man ihnen auch nicht und lässt sie dafür gegen ihren Willen am Leben.

Wow.

Ach komm, Alex, könnte man jetzt meinen, *es ist ja jetzt wirklich nicht so, dass unser Gesundheitssystem darauf aus ist, Frauen absichtlich viel schlechter zu behandeln, sie länger Schmerzen erleiden zu lassen und ihnen eine schlechtere Gesundheitsversorgung zu ermöglichen.* Richtig, absichtlich macht das (hoffentlich) niemand. Es ist auch hier mal wieder das System, das patriarchale Denken, die patriarchalen Strukturen, die uns dazu treiben, Männer zu bevorzugen und Frauen zu benachteiligen. Und so kommen wir zu einem weiteren Kumpel des Gender Health Gaps, den man hier nicht unbedingt erwarten würde, der aber auf unfassbare Weise aufzeigt, wie perfide das Patriarchat arbeitet und wie einfach alles zusammenhängt:

Toxische Männlichkeit

Den Begriff werdet ihr sicher schon gehört haben, er beschreibt dieses gefährliche, aber immer noch weitverbreitete Bild von »dem« Mann: Ein Mann, der übernatürlich stark sein muss, der sich durchsetzt, komme, was wolle, erst Womanizer und dann der Ernährer der Familie, der Eroberer, der immer Bock auf Sex hat, der natürlich heterosexuell ist und cis sowieso, der Fußball liebt, mit der goldenen Grillzange geboren wurde, der ein »Nein« nicht akzeptiert, keine Zweifel kennt, keine Sorgen, kein Scheitern, keine Tränen, keine Angst, keine Schwäche, keine Schmerzen und so weiter und so fort. Was das alles mit dem Gender Health Gap zu tun hat? Das will ich gern erklären. Deswegen gucken wir uns mal zwei dieser Männer-Zuschreibungen an, die unmittelbar Einfluss darauf haben, warum Frauen eine schlechtere Diagnostik und Therapie über sich ergehen lassen müssen.

Beginnen wir mit dem Männlichkeitsbild als Ernährer der Familie. In einer Studie aus den USA der 1970er-Jahre wurde dokumentiert, dass Pflegemitarbeitende in Krankenhäusern auch deswegen dazu neigen, Männerschmerzen ernster zu nehmen und schneller und effizienter zu behandeln, weil es sich bei dem Mann um »den Ernährer« der Familie handelt und sein Ausfall dramatischere Folgen hätte, als würde »nur« eine Mutter ausfallen.[229] Aha, offensichtlich hat man schon damals der Bedeutung des Mannes, seinem Job, seinem Geld und seinem Status mehr Relevanz beigemessen und ihn somit schneller »behandelt« und ernster genommen als »nur« die Hausfrau und Mutti des Hauses. Mehr noch, durch das gängige und aufopfernde Bild einer Mutter stellten die Forscher*innen in den 70ern die Theorie auf, dass Frauen wahrscheinlich auch deswegen ihre Schmerzen angeblich besser verkraften könnten, weil sie ja eh wüssten, dass sie funktionieren m ü s s e n .

Also frei nach dem Motto: *Ohne IHN hat die Familie kein Essen? Er braucht sofort die beste Behandlung der Welt! Ach so, ohne SIE hat die Familie aber auch kein Essen? Ach, das schafft sie schon, sie weiß doch eh, dass sie funktionieren muss.*

Man muss dazusagen, dass diese Theorie – dass der Mann und Ernährer in den Augen des Pflegepersonals für die Familie als »wichtiger« erachtet und deswegen schneller behandelt wurde – nie belegt wurde. Und dennoch: Wenn wir heute immer noch in einem Land leben, in dem mehr als drei Viertel aller Hetero-Paare das klassische Ein-Ernährer-Modell leben und die Frauen lediglich etwas »dazuverdienen«; wenn wir in einem Land leben, in dem mehr als 60 Prozent aller verheirateten Frauen zwischen 30 und 50 aktuell weniger als 1000 Euro netto verdienen und damit hochgradig finanziell abhängig von ihren meist männlichen Partnern sind; wenn zu jedem verdammten Muttertag millionenfach toxische Karten verbreitet werden, die propagieren, dass Mütter nie krank werden *dürfen*, und *gleichzeitig* aber Care-Arbeit im Vergleich zu »echter« Arbeit als unsichtbar und als unwirtschaftliches »Gedöns« abgetan wird; und wenn wir gleichzeitig wissen, wie sehr gesellschaftliche Rollenbilder unterbewusst von Generation zu Generation weitergegeben werden – da finde ich die Frage schon legitim, ob wir tief in uns drin dem Schmerz eines »hart arbeitenden Familienvaters« nicht *doch* mehr Relevanz und mehr Dringlichkeit beimessen als einer »latent überforderten, jammernden Teilzeitmutti«.

Kommen wir zum zweiten Thema aus der toxischen Männlichkeitshölle, das Frauen in der Notaufnahme womöglich ebenfalls die Glaubwürdigkeit stiehlt: nämlich dem »Ein echter Kerl kennt keinen Schmerz«-Schwachsinn. Wir müssen nicht drüber reden, dass diese Aussage weder logisch noch medizinisch sinnvoll ist. Worüber wir aber reden müssen, ist die Tatsache, dass viele, zu viele Männer auch heute noch nach dieser Prämisse leben und wir aus Studien wissen, dass Männer zu selten und zu spät zur Ärzt*in gehen,[230] weil: echte Männer eben keinen Schmerz kennen. Augenroll.

Womit wir zur Frage zurückkommen, warum Frauen beim Schmerzempfinden weniger geglaubt wird und warum ihnen seltener Schmerzmittel verschrieben werden. Einer der Gründe ist nämlich genau dieses Männlichkeitsbild!

So argumentieren die beiden Jura-Professorinnen Diane Hoffmann und Anita Tarzian der University of Maryland, dass Frauen auch deswegen seltener ernst genommen werden, weil Männer so selten zu Ärzt*innen gehen. Wie das zusammenhängt? **Weil man weiß, dass Männer ihre Schmerzen eher verbergen, eher durch Alkohol oder Drogen zu betäuben versuchen und quasi erst dann in einem Krankenhaus auftauchen, wenn sie schon halb tot sind, tendiert das medizinische Personal gerade deswegen dazu, Männerschmerzen als relevanter, akuter und dringender einzustufen und ihnen eher zu glauben.**[231] Und damit willkommen im: Ach! Du! Scheiße!

Habe ich das richtig verstanden? Dafür, dass Jungs auch heute noch von klein auf dieses unsägliche »Indigene kennen keinen Schmerz« eingeredet wird, sie schon von klein auf lernen, Schmerzen zu ignorieren, werden ihre Schwestern und Freundinnen Jahre später genau dafür medizinisch abgestraft? Weil dann der Schmerz der Männer offenbar so viel stärker, so viel schlimmer und so viel gefährlicher sein muss als der vergleichbare Schmerz der Frau?! Weswegen sie also weniger ernst genommen wird und eine seichtere medikamentöse Behandlung bekommt – wenn überhaupt – als er?! Und das, obwohl sie im Vergleich zu ihm gelernt hat, auf die Signale ihres Körper zu achten?! DAFÜR WIRD ALSO SIE UND NICHT ER ABGESTRAFT?!!!

Ganz ehrlich: Wenn ihr das nächste Mal einen Vater hört, wie er seinem Sohn diese toxische Kackscheiße erzählt, könnt ihr ihm mit diesem Buch bitte eins überbraten. Natürlich nur verbal, versteht sich. Aber hey, selbst bei einem echten Angriff würde der Mann im Krankenhaus schneller, besser und effizienter behandelt werden als eine Frau. What a wonderful world. Wenn man ein Mann ist.

Gender Data Gap

Kommen wir nun zum wichtigsten Kumpel des Gender Health Gaps – nämlich dem Gender Data Gap. Diese Wissenslücke macht sichtbar, wie eklatant Medizin und Wissenschaft schon immer das korrekte Studium von Frauenkörpern und das korrekte Benennen von Frauenkörperteilen vernachlässigt haben, wie Frauen, ihre Zyklen und Hormone in klinischen Studien ausgelassen wurden und wie die korrekte Behandlung von frauenbezogenen Krankheiten und die Wirkung von medizinischen Entdeckungen, Eingriffen und Therapien auf Frauenkörper übergangen wurden.

Warum hat sich das alles so entwickelt? Es gibt viele verschiedene Gründe. Den prominentesten könnt ihr wahrscheinlich nicht mehr hören – es ist das Patriarchat: »[D]ie Medizin war von Beginn an und die meiste Zeit ihrer Geschichte über nicht nur von Männern, sondern auch für Männer gemacht«, fasst es Medizinjournalistin Antje Kunstmann zusammen. »Frauenkörper galten als kleinere (und gleichzeitig minderwertige) Version des männlichen Standards, wenn auch mit anderen Geschlechtsorganen.« Schon in der Antike ließ Aristoteles etwa verlauten, der weibliche Körper sei einfach eine Version des männlichen, nur halt eine beschnittene Version – also qualitativ weniger wert.[232]

Cool.

Klar, das ist zwar schon lange her, doch der Glaube an die sogenannte »Bikini-Medizin«, wie Antje Kunstmann sie nennt, also dass die Unterschiede zwischen Männern und Frauen nur da stattfinden, wo der Bikini sitzt – also an Brust und Unterleib –, existieren und benachteiligen Frauen bis heute.[233] Heißt, das Patriarchat hat über viele Jahrhunderte dafür gesorgt, dass der Männerkörper, nicht aber der Frauenkörper im Fokus der Medizin stand und immer noch steht.

So sind auch heute noch Frauen in klinischen Studien total unterrepräsentiert. Weil es mit Frauenkörpern in solchen Studien eben immer etwas komplizierter ist und damit teurer: Hat die Probandin gerade ihre Tage? Ist sie aktuell in den Wechseljahren, in welcher Zyklusphase steckt sie gerade, und wird sie da noch drinstecken, wenn wir ihr statt des getesteten Medikaments das Placebo geben? Ist sie womöglich schwanger und weiß es vielleicht noch gar nicht? Und so weiter und so fort. Dass gerade ein Zyklus mit all seinen hormonellen Begebenheiten aber anders mit Medikamenten und Therapien korrelieren oder kollidieren könnte – egal. Weil ist ja total blöd zu messen und zu vergleichen sowieso. Selbst schuld, wenn diese Frauenkörper auch so kompliziert sind. Komm, wir schmeißen sie lieber ganz aus der Studie und fokussieren uns auf den viel leichter zu behandelnden und damit viel günstiger zu untersuchenden Männerkörper. Wird schon auch auf Frauenkörper passen später, irgendwie.

Ich übertreibe, schon klar. Oder eben leider auch nicht. **Denn Untersuchungen zeigen, dass schon in der Grundlagenforschung der Medizin die Erforschung der Einflüsse auf den weiblichen Körper systematisch unterdrückt wird: Selbst heute noch werden bei Tierversuchen überwiegend männliche Tiere verwendet. Mäuse etwa.** Sie haben keinen Monatszyklus und somit keine Hormonschwankungen, wodurch das Forschen an ihnen angeblich einfacher sein soll.[234] Was übrigens totaler Schwachsinn ist, wie die Journalistin Rebekka Endler in ihrem

Buch »Das Patriarchat der Dinge. Warum die Welt Frauen nicht passt« erklärt.[235] Sie zitiert darin die Neurobiologin Rebecca Shansky, der bei ihren Forschungen auch immer wieder geraten wurde, auf weibliche Mäuse zu verzichten oder ihnen am besten die Eierstöcke zu entfernen, »dann sind Sie das leidige Problem mit den weiblichen Hormonen los«. Als Shansky daraufhin aber weibliches und männliches Mäuseverhalten miteinander verglich, stellte sie fest, dass auch männliche Mäuse sehr wohl Hormonschwankungen hatten, bedingt durch Rangordnungskämpfe – Grüße an toxische Männlichkeit gehen raus –, und somit einige Mäuseriche etwa fünfmal höhere Testosteronwerte hatten als üblich. Komisch, bei denen hatte niemand empfohlen, sie aufgrund ihres nervigen Männlichkeitsgehabes zwangszusterilisieren.

Nun ist das natürlich alles nicht schwarz-weiß. Ich will an der Stelle fairerweise auch ergänzen, dass auch der Contergan-Skandal dazu führte, dass Frauen von klinischen Studien zunehmend ausgeschlossen wurden: Als es in den 1960er-Jahren zu körperlichen Behinderungen von Babys im Mutterleib kam, weil Mütter das angeblich für Schwangere unbedenkliche Beruhigungsmittel Contergan genommen hatten.

Solch dramatische Folgen für Frauen und ihre Babys in Zukunft vermeiden zu wollen, ist absolut nachvollziehbar. Als Antwort darauf Frauen kurzerhand einfach fast komplett aus klinischen Studien auszuschließen[236], aber nicht. Es ist auch nicht nachvollziehbar, dass stattdessen lieber in Kauf genommen wird, **dass Frauen doppelt so oft teils schwere Nebenwirkungen von Medikamenten erleiden als Männer!**[237] Und es ist auch nicht nachvollziehbar, dass Frauenkörper irgendwelchen Therapien ausgesetzt werden, die im Zweifelsfall nie an einer Frau erprobt wurden und als Folge möglicherweise diesen Frauenkörpern schaden.

Ein weiterer Grund für den Gender Data Gap in der Medizin ist die chronische Unterfinanzierung von bestimmten Forschungsbereichen in den Industrienationen des globalen Nordens. Es gibt eine Benachteiligung in Bezug auf frauenbezogene Forschung, stellt niemand Geringeres fest als ein Professor der Yale University mit dem Namen – Achtung – Günter Wagner. Ich muss mein Günther-Bashing wohl überdenken, denn der Mann forscht tatsächlich zur Evolution der Menstruation und konstatierte im Jahr 2022: »In den National Institutes of Health [*der* wichtigsten US-Behörde für biomedizinische Forschung] gibt es für jedes einzelne Organsystem ein eigenes Forschungsinstitut. Außer für den weiblichen Fortpflanzungstrakt. Das ist ziemlich skandalös.«[238]

Ja komm, Alex, könnte man jetzt meinen. *Die Amis sind da vielleicht besonders prüde, was die Erforschung der weiblichen Anatomie angeht.* Joa, würde ich antworten, wir Deutschen bekleckern uns da auch nicht unbedingt mit Ruhm. Dazu ein kleiner völlig absurder Fun Fact, den ich in dem Buch »Feministiken« von Inga Blundell und Yvonne Hissel[239] gelesen habe: **Wisst ihr, dass die gynäkologische Forschung auch in Deutschland größtenteils von Männern betrieben wird? Und dass die höchste Auszeichnung, die Gynäkolog*innen bekommen können, nach einem Typen benannt ist? Die Carl-Kaufmann-Medaille. Und wusstet ihr, dass diese Medaille, die in Deutschland seit immerhin 1986 vergeben wird, bis zum Jahr 2022 nicht ein einziges Mal an eine Frau verliehen wurde?**[240] Mehr noch: Wusstet ihr, dass die Deutsche Gesellschaft für Gynäkologie und Geburtshilfe, die diese Medaille verleiht, bald 150 Jahre existiert, aber bis 2018 ausschließlich Männer in den Chefsesseln dieser Gesellschaft saßen? Nur Männer! In einer Gesellschaft, die ausschließlich weibliche Geschlechtsorgane als Sujet hat?!

Ich meine, wie geht denn das? Wie kann das sein, dass das nicht alle schräg finden, unfreiwillig komisch und einfach: falsch? Das ist doch in etwa so, als würde es eine Deutsche Gesellschaft für männliche Reproduktionsorgane geben, seit 150 Jahren würde diese Gesellschaft ausschließlich und ausnahmslos von Frauen geführt werden, eine Gesellschaft, die einen Preis für Deutschlands beste Forscher*innen der männlichen Reproduktionsorgane verleiht, der dann seit fast einem halben Jahrhundert nur an Frauen verliehen werden würde! Klingt absurd? Finde ich auch. Warum, frage ich euch, ist es andersherum aber nicht absurd, sondern seit fast 150 Jahren offenbar völlig normal?!

Immerhin ist nun (zum zweiten Mal überhaupt) eine Frau Präsidentin der Deutschen Gesellschaft für Gynäkologie und Geburtshilfe geworden, Barbara Schmalfeldt. Und immerhin ist auch die Carl-Kaufmann-Medaille im Jahr 2022 dann *erstmalig* an eine Frau verliehen worden, an Liselotte Mettler – die sich die Auszeichnung aber mit einem (verstorbenen) männlichen Kollegen teilen musste.

Gender Diagnose Gap

Schauen wir uns mal die konkreten Folgen dieser medizinischen Gender-Wissenslücken an und widmen uns dem Thema des Gender Diagnose Gaps, also dass Frauen viel länger auf die richtige Diagnose warten müssen als Männer – falls sie überhaupt richtig diagnostiziert werden. Beginnen wir mit einem Klassiker, möchte man fast sagen, und zwar mit einer Krankheit, von deren symptomatischen Unterschieden zwischen Mann und Frau die eine oder der andere vielleicht schon etwas gehört haben könnte. Bestimmte Krankheiten rufen ja bei Frauen andere Symptome hervor als bei Männern. Und so gibt es immer mehr Artikel und Forschung darüber, wie unterschiedlich ein Herzinfarkt etwa bei Männern und wie anders dieser dann bei Frauen verläuft. Die typischen stechenden Schmerzen etwa und das Erstarren des linken Arms, die bei Herzinfarkten auch besonders gern und dramatisch in Serien und US-Blockbustern dargestellt werden – sind falsch. Zumindest bei Frauen. Sie haben die Schmerzen im linken Arm bei einem Herzinfarkt gar nicht so oft. Bei ihnen sind eher Übelkeit, Verdauungsprobleme, Bauchschmerzen oder Müdigkeit zu beobachten. Und obwohl dieses Wissen mehr und mehr vorhanden ist, werden Frauen heute immer noch seltener korrekt mit einem Herzinfarkt diagnostiziert,[241] deswegen später in die Notaufnahme gebracht, dort zögerlicher behandelt oder sogar wieder nach Hause geschickt. Weswegen der Herzinfarkt zwar als Männerkrankheit gilt, Frauen aber häufiger daran sterben.[242] Gilt für Herzerkrankungen generell übrigens auch.[243] Auch EKGs sind nicht etwa geschlechtsneutral, sie wurden laut einer Studie von 2008 bei Frauen sogar von Kardiolog*innen zu 84 Prozent (!) falsch angebracht, was zu irreparablen und lebensgefährlichen Fehldiagnosen führen kann.[244] Es gibt Herzmedikamente, die das Leben von Patienten verlängern, das von Patientinnen aber verkürzen.[245] Es gibt Krebstherapien, die das Sterberisiko von Patienten um 50 Prozent senken, das von Patientinnen aber so gut wie gar nicht.[246] Die Wahrscheinlichkeit, dass Frauen an einem Schlaganfall sterben, ist neun Prozent höher als bei Männern.[247] Diabetes, Parkinson, Gicht – bei Frauen werden Krankheiten einfach grundsätzlich später erkannt und schlechter behandelt.[248]

Das sind keine Einzelfälle. Eine erst 2019 veröffentlichte Studie der Universität Kopenhagen hat über 21 Jahre medizinische Daten von sieben Millionen Menschen analysiert und kam zu dem Ergebnis, dass mehr als 700 (!) Krankheiten bei Männern schneller diagnostiziert wurden als bei Frauen. Und mit *später* sind nicht etwa Tage, Wochen und noch nicht mal Monate gemeint – sondern Jahre.[249] Bei Krebs etwa waren es 2,5 Jahre später, bei Diabetes 4,5 Jahre.

Na ja, Alex, könnte man jetzt meinen, *das sind vielleicht auch Extremfälle, die die Statistik nach oben reißen. Im Schnitt, wenn man alle Krankheiten betrachtet, kann es sich ja nicht überall um Jahre handeln, oder?* Doch! Medizinjournalistin Antje Kunstmann hat genau diese durchschnittliche Zahl recherchiert, nämlich dass eine Frau auch im Schnitt nicht ein, nicht zwei, nicht drei, sondern vier Jahre länger auf die Diagnose von ein und derselben Krankheit warten musste als ein männlicher Patient.[250] Vier Jahre! Das bedeutet vier Jahre länger recherchieren und in Praxen und Krankenhäusern rumsitzen. Wie war das noch mit dem Gender Leisure Gap, dass Frauen per se schon viel weniger freie Zeit zur Verfügung haben als Männer? Wie praktisch also, dass auch hier das Patriarchat sein Bestes tut, um den Frauen – wenn sie Pech haben buchstäblich – die letzte ihnen verbleibende Zeit zu rauben, um sie vier Jahre länger an Praxisstühle zu fesseln. Von den gesundheitlichen Gefahren mal ganz abgesehen.

Kommen wir zu dem Spezialgebiet »typischer« Frauenzustände oder -krankheiten, und wie die so diagnostiziert oder eben nicht diagnostiziert werden: Ich weiß noch genau, wie ich vor zehn Jahren, in meiner ersten Schwangerschaft, begann, mich mit diesen Broschüren von der Frauenärztin, mit den ganzen »Was passiert jetzt eigentlich mit meinem Körper«-Fragen auseinanderzusetzen. Und wie überrascht bis geschockt ich darüber war, was die Wissenschaft alles noch nicht weiß, in Bezug auf Schwangerschaft und Geburt. Es hieß da zum Beispiel, dass es noch völlig unklar war, wie es eigentlich zu Wehen kommt, und dass sich wohl die Hormonhaushalte von Mutter und Baby an einem Tag X irgendwie angleichen und dann die Wehen loslegen. Aber wie die sich angleichen, warum und wie sie miteinander »kommunizieren«, konnte die Wissenschaft – Stand 2013 – nicht beantworten.

Auch nicht, wie es sein kann, dass sich die Fruchtblase von selbst reinigt, was sie ja muss, wenn mein Baby sie neun Monate lang als Essensschüssel, Schlafzimmer und Toilette in einem benutzt. Wie das aber funktioniert – konnten die Broschüren mir auch nicht verraten.

Aber hey, ich war bloß neugierig, für mich hing damit keine medizinische Notlage zusammen. Wisst ihr aber, was die Wissenschaft uns heute auch noch nicht erklären kann? Warum Schwangere und Wöchnerinnen weltweit wegen plötzlich auftretender, lebensbedrohlicher Herzschwäche in der Notaufnahme landen, ihr Herz wie wild schlägt und sie Atemnot und geschwollene Halsvenen kriegen. Diese sogenannte *peripartale Kardiomyopathie*[251] tritt jährlich tatsächlich bei vielen Tausenden Schwangeren auf. Aber warum? Dazu tappt die Wissenschaft ziemlich im Dunkeln. Aktueller Stand ist – völlig crazy –, dass sich in den Organen der Mütter – also auch in deren Herzen – offenbar winzig kleine Stammzellen ihrer Babys einnisten. Wir also in unseren Mägen, Nieren oder Herzen Stammzellen unserer Kinder in uns tragen, die unser eigener Körper aber als Fremdkörper einstuft und sich manchmal dagegen wehrt. Deswegen die krassen Herzaussetzer. US-Journalistin Abigail Tucker, die Autorin des Buches »Was es bedeutet, Mutter zu werden«, beschreibt das so: »Wissenschaftler*innen finden fetale Stammzellen an den unfassbarsten Stellen, genau wie ich irgendjemandes Schienbeinschoner hinter dem Fernseher finde oder eine Kindertiara im Wäschekorb. Unsere Kinder besetzen unsere Lungen, Nieren und Schilddrüsen, unsere Milz und unsere Haut. Ihre Zellen machen es sich in unserem Knochenmark und in unseren Brüsten gemütlich. Und oft bleiben sie für immer.«[252] Habt ihr jemals von diesem abgefahrenen Zustand gehört?

Tucker zitiert Forschende, die berichten, in verstorbenen älteren Damen etwa wanderlustige Stammzellen ihrer mittelalten Sohnemänner gefunden zu haben. Diese Stammzellen bleiben selbst dann in uns, wenn das Baby nie geboren wurde – bei einem Schwangerschaftsabbruch etwa oder einer Fehlgeburt.

Ich meine: Wie lebensgefährlich ist das offenbar für Tausende Schwangere jedes Jahr! Wieso weiß davon aber kein Mensch?! Ich habe zwei Kinder zur Welt gebracht, fast mein kompletter Freundinnenkreis hat Kinder zur Welt gebracht und noch nie, n o c h n i e hat uns irgendwer davon erzählt, dass mich offenbar nicht nur meine Kinder an den Rand eines Herzinfarktes bringen können, sondern ihre Stammzellen eventuell gleich mit!

Eine weitere typische weibliche Wissenslücke in der Medizin: Endometriose. Eine sehr schmerzhafte und zu einer möglichen Unfruchtbarkeit führende Erkrankung der Gebärmutterschleimhaut, die zwar bei bis zu jeder siebten Frau[253] vorkommt, aber unter Wissenschaftler*innen lange Zeit dermaßen unbekannt war, dass es bis vor Kurzem noch im Schnitt zehn Jahre dauerte, um endlich eine ordentliche Diagnose zu bekommen.[254] Immerhin ist seit einiger Zeit das Wort Endometriose zu einem Buzzword geworden, es gibt Artikel darüber, prominente Frauen wie Lena Dunham oder Whoopi Goldberg gehen öffentlich mit ihrer Diagnose um, und selbst Gesundheitsminister Karl Lauterbach ließ neulich verlauten, dass man die Krankheit nicht unterschätzen und als einfache Menstruationsbeschwerde abtun sollte.[255]

Ein Grund zur Freude? Leider nicht. Eine Strategie zur Erforschung und weitere Gelder zur Bekämpfung der Volkskrankheit, als die sie mittlerweile von Mediziner*innen erfasst wird, haben aktuell aber weder Bundesgesundheitsministerium noch Bundesforschungsministerium auf dem Plan.

Immerhin gibt es immer mehr Endometriosezentren in Krankenhäusern oder Endometriosesprechstunden in gynäkologischen Praxen.[256] 2023 sollte sogar ein Speicheltest auf den Markt kommen, der die Erkrankung innerhalb von 25 Tagen nachweisen soll.[257] 25 Tage vs. Zehn-Jahre-Diagnose-Odyssee – das wäre schon eine Sensation. Aber leider nur für die privilegierten Frauen unter uns. Denn der 700 Euro teure Speicheltest, der für jede siebte Frau in Deutschland eine Erlösung sein könnte, wird – Überraschung – von den Krankenkassen nicht bezahlt.

Kleiner Exkurs an dieser Stelle: Wisst ihr, was übrigens auch nicht von den Krankenkassen bezahlt wird? Ich bin aus allen Wolken gefallen, als ich das gelesen habe. (Wobei man als Frau an diesem Punkt im Buch wahrscheinlich schon lange nicht mehr auf irgendwelchen Wolken schwebt und sich stattdessen längst auf dem harten Boden der patriarchalen Tatsachen radikalisiert hat.) Schwangerschaftsabbrüche! Schwangerschaftsabbrüche kosten bis zu 500 Euro (stationär sogar mehr) und werden – wenn sie denn nicht aus »medizinischen Gründen notwendig« sind, nicht von der Krankenkasse bezahlt.

Ihr könnt euch in etwa vorstellen, was hier »notwendig« bedeutet und was nicht. Nicht notwendig ist ein Abbruch offenbar, wenn eine erwachsene, selbstbestimmte Frau sich weder mental noch körperlich, noch finanziell dazu in der Lage sieht, einem anderen menschlichen Wesen die Erlaubnis zu geben, innerhalb ihres Körpers zu wohnen, und es hinterher in einem schmerzvollen Prozedere aus ihren intimsten Körperöffnungen zu pressen. Dann muss sie dafür 500 Euro blechen. Aber hey, wen wundert das in einem Land, in dem die Abtreibung als solche immer noch offiziell einen Straftatbestand darstellt.

Können wir uns die Absurdität dieser Regelung noch mal ganz deutlich vor Augen führen? Ich meine: Wie viele Vergewaltigungsdelikte gibt es in Deutschland jährlich? Wie viele von ihnen finden im familiären und / oder Bekanntenkreis statt, sodass diverse Faktoren eine Anzeige eher unwahrscheinlich machen, aber eine Schwangerschaft die Folge ist? In wie vielen dieser Fälle wird der Mann sich wohl hinterher verpflichtet fühlen, für die Hälfte dieser Abtreibungskosten aufzukommen? Wie können die gesetzlichen Krankenkassen da keine Schwangerschaftsabbrüche bezahlen? Als wäre das ein Luxuseingriff! Wie ein Augenlidlifting oder eine Penisvergrößerung!

Atmen.

Was sind weitere typisch weibliche Erkrankungen, die von Medizin und Pharmakologie teilweise oder gänzlich ignoriert werden? Ach ja, **an PMS leiden 90 Prozent aller Frauen, also quasi alle. An Impotenz leiden aber nur 20 Prozent der Männer. Trotzdem gibt es fünfmal mehr Studien zu Potenzstörungen als zu PMS**. Das recherchierten die Autorinnen Inga Blundell und Yvonne Hissel für ihr Buch »Feministiken« und konstatierten: »Aber was sind schon monatlich wiederkehrende Schmerzen, Depressionen und starkes Bluten gegen Erektionsstörungen?«[258]

Jetzt krieg dich mal wieder ein, Alex, könnte man jetzt sagen, *Endometriose, PMS – alles schön und gut. Aber das sind ja jetzt auch keine lebensbedrohlichen Sachen, es ist ja nicht so, als würden Frauen tatsächlich häufiger auf Operationstischen sterben oder so.*

Doch! Genau das! Wir kommen zu meinem absoluten »Highlight« bei der Recherche zum Gender Health Gap: Frauen haben eine 32 Prozent höhere Wahrscheinlichkeit, bei einer Operation zu sterben, wenn sie von einem männlichen Arzt operiert werden! Diese Schlagzeile des *Guardian*[259] zitierte eine bahnbrechende kanadische Studie[260] von 2021, die weltweit Wellen schlug. Laut dem Bericht war die Studie die erste ihrer Art, die über einen Zeitraum von zwölf Jahren eine gigantische Anzahl an Operationen auswertete und dabei – Achtung – explizit nach dem Geschlecht der Ärzt*innen und der Patient*innen unterschied. Es wurden mehr als 1,3 Millionen Patient*innenfälle zwischen 2007 und 2019 in der zweitgrößten kanadischen Provinz Ontario untersucht, an denen rund 3000 Chirurg*innen beteiligt waren. **Und es kam tatsächlich heraus, dass Frauen, die von einem Chirurgen operiert wurden, erstens einem 15 Prozent höheren Risiko ausgesetzt waren, dass die Operation Komplikationen oder eine erneute Klinikeinweisung nach sich ziehen würde, als wenn sie von einer Chirurgin behandelt worden wären. Und zweitens, dass Frauen, die von Männern operiert wurden, ein 32 Prozent höheres Risiko hatten, an dieser Operation zu sterben.**

Mehr noch: Bei männlichen Patienten gab es solche Schwankungen nicht. Sprich: Ob Männer von Chirurginnen oder Chirurgen operiert wurden, war egal. Wurden Männer von Frauen operiert, waren ihre Heilungschancen sogar etwas besser. Wurden aber Frauen operiert, war es für sie lebensgefährlicher, sich von einem Mann unters Messer legen zu lassen.

Ich habe dazu einfach keine Worte mehr.

Doch bevor Hans-Jürgen – sorry, Günther, du bist raus – vorschlägt, Frauen sollten sich halt einfach von einer Chirurgin operieren lassen, wenn sie so viel Angst vor einem männlichen Skalpellhalter haben – ganz toller Vorschlag, Hans-Jürgen, nur gibt es überhaupt nicht genug Chirurginnen, die all die Frauen operieren könnten: Denn nur 23 Prozent[261] aller Chirurg*innen in den deutschen Operationssälen sind weiblich. So viel also dazu.

Sicherlich lässt sich die kanadische Studie nicht eins zu eins auf Deutschland übertragen. Gleichzeitig ist aber in sehr vielen der bereits zitierten Untersuchungen immer wieder die Rede vom unterbewussten Bias Frauen gegenüber; von unterbewusstem Schubladendenken, dass Frauen angeblich schmerzresistenter wären; von unterbewussten Glaubenssätzen, dass Frauenschmerzen eher psychologischer Natur sind; und einfach von fehlenden Informationen über die weibliche Anatomie, über die hormonellen Auswirkungen auf Therapien und Medikamente und von der dünnen Datenlage in Bezug auf Frauen in medizinischen Studien. Es ist also davon auszugehen, dass diese kanadischen Zahlen auf viele andere Industrieländer aus dem globalen Norden sehr wohl übertragbar sind. Wodurch dieser Teil des Gender Health Gaps damit ganz offiziell das Leben für Frauen lebensgefährlicher macht, und zwar um 32 Prozent. Für weiße Frauen wohlgemerkt. Denn schaut man sich Datensätze zu Frauen und Mädchen of Color an, werden die Zahlen noch gruseliger und noch lebensgefährlicher. Wir kommen im nächsten Abschnitt noch dazu.

Also: Wir könnten jetzt ewig so weitermachen und Krankheit für Krankheit sezieren, uns Krebs anschauen, Diabetes, Schlaganfälle, und würden sehen, dass Mädchen und Frauen bei etwa 700 von ihnen das Nachsehen haben. (Und ja, Männer haben von den Lücken in der Gendermedizin auch Nachteile, dazu kommen wir auch noch.) Was ich mich aber an diesem Punkt frage: Wenn es doch so viele Gender Data Gaps gibt, wenn uns in der medizinischen Forschung so viele frauenbasierte Datensätze fehlen, müsste dann nicht die komplette medizinische Forschung umgewälzt und neu und mit dem Fokus auf Gendermedizin in jedem einzelnen medizinischen Seminar und jeder einzelnen medizinischen Vorlesung ausgerichtet werden? Müsste es, ja. Wollen wir uns kurz die Realität dazu anschauen?

Nur zwei Lehrstühle gibt es zu gendersensibler Medizin in Deutschland aktuell.[262] **Zwei. Der allererste wurde gerade mal 2021 eröffnet.**[263] Laut aktuellen Umfragen des Deutschen Ärzt*innenbundes bieten zwar bis zu 76 Prozent aller medizinischen Fakultäten und Ausbildungsstätten im Rahmen von medizinischen Studiengängen oder Ausbildungen Geschlechter- und Diversitätsaspekte in Lehrveranstaltungen an. Aber nur vereinzelt und am Rande. Es ist davon auszugehen, »dass dieses unterste curriculare Integrationsniveau nicht ausreicht, um Auszubildenden und Studierenden Handlungskompetenzen zu vermitteln, die ihnen ermöglichen, die Geschlechterunterschiede zu erkennen und diese im Praxisalltag so zu verwenden, dass eine adäquate Handlung daraus folgt«, heißt es in der offiziellen Mitteilung zur Studie.[264] Cool.

Fragt man danach, welche Fakultäten, ob Studium oder Ausbildung, geschlechterspezifische Aspekte denn langfristig in ihren Veranstaltungen integrieren, ob diese Themen fest im Curriculum eingebaut sind und in Prüfungen explizit abgefragt werden, wird das bei den Ausbildungen zu Physiotherapieberufen zu 81 Prozent verneint;[265] bei Ausbildungsstätten zu Gesundheits- und Pflegeberufen zu 86 Prozent.[266] Und – Achtung – in der Humanmedizin, also in den medizinischen Studiengängen der zukünftigen Ärzt*innen – zu sogar 93 Prozent verneint.[267] Heißt: **Nur sieben Prozent aller medizinischen Fakultäten in Deutschland bringen es also aktuell fertig, die Ärzt*innen von morgen langfristig, nachhaltig und in verschiedenen Lehrveranstaltungen darauf aufmerksam** zu machen, dass sie eine Frau auf dem Operationstisch eventuell eher umbringen werden als einen Mann.

Joa. Ich weiß ja nicht, wie es euch geht, aber ich habe nun noch weniger Bock, jemals in einer Notaufnahme zu landen, als sowieso schon. Aber hey, liebe Frauen, was wollt ihr denn noch alles?!

Racial Data Gap

Ob wir nicht langsam genug Kumpels des Gender Health Gaps kennengelernt haben, fragt ihr? Leider nein. Wir fassen kurz zusammen: Sowohl im Hochschulstudium als auch in der medizinischen Ausbildung finden sich auch heute noch hochgradige gendermedizinische Wissenslücken, die die Ärzt*innen von morgen noch immer prägen. Wisst ihr, was sich in den Lehrmaterialien in medizinischen Ausbildungen aber auch immer wieder findet, womit wir eine neue gruselige Runde des *Misogynoir* einläuten? Rassistische Darstellungen und fremdenfeindliche Klischees. »Das Studium der Medizin fokussiert sich auf Krankheitsbilder, die bei Populationen aus Mitteleuropa, Nordamerika, gelegentlich Südamerika und Asien im Rahmen der Forschung der letzten Jahrhunderte beobachtet wurden«, schreibt Solmaz Golsabahi-Broclawski, Fachärztin und ärztliche Leiterin vom Medizinischen Institut für transkulturelle Kompetenz in Bielefeld. Dabei beziehen sich die meisten Beobachtungen in Lehrbüchern etwa auf – wie könnte es auch anders sein – den durchschnittlichen, männlichen, weißen Körper.[268] Was uns schnurstracks zum Racial Data Gap[269] in der Medizin führt, einer Daten- und Wissenslücke, die alle nicht weißen Körper vernachlässigt, verkennt oder gänzlich vergisst. Und so werden etwa Symptomatiken und Bilder von

Krankheiten in medizinischen Büchern und Lehrinhalten schon allein der Vielfalt im klinischen Alltag nicht gerecht. Mit dramatischen Folgen.

»Auch in Deutschland stellt etwa das Feld der Notfallmedizin ein besonders prägnantes Beispiel für die Risiken dar, die aus solcher Unkenntnis entstehen können«, schreibt Golsabahi-Broclawski weiter. Es geht um Fehldiagnosen aufgrund von Wissenslücken, wie etwa Ausschläge auf nicht weißer Haut aussehen, wie Blutergüsse auf nicht weißer Haut aussehen oder auch die vermeintlich einfache Suche nach Venen oder das Legen eines Zugangs auf nicht weißer Haut. Fehlt dieses Wissen bei Unfallmediziner*innen oder Sanitäter*innen vor Ort, können dabei entscheidende Sekunden verloren gehen, Fehldiagnosen oder sogar folgenschwere Fehlentscheidungen entstehen, so Fachärztin Golsabahi-Broclawski. Und auch hier, wie könnte es anders sein, trifft es Frauen noch mal schlimmer.

Was das auch konkret bedeuten kann, hat die Autorin Emilia Roig in ihrem Buch »Why we matter. Das Ende der Unterdrückung«[270] thematisiert. Ein paar Beispiele gefällig? Seit Jahrzehnten weiß man aus US-amerikanischen Daten etwa, dass Schwarze Menschen und People of Color seltener Schmerzmittel verschrieben bekommen. Und zwar bei Migräne, Rückenschmerzen, orthopädischen Frakturen und selbst bei verschiedenen Krebsleiden. Langzeitstudien haben über viele Jahre hinweg festgestellt, dass in Notaufnahmen weiße Patient*innen in 31 Prozent aller Fälle Schmerzmittel bekamen, Schwarze Menschen oder People of Color aber nur in 23 Prozent aller Fälle.[271] Selbst das schiere Vorhandensein von Schmerzmitteln war in Apotheken in Wohnvierteln mit einer meist weißen Bevölkerung 52-mal höher als in Wohnvierteln mit einer meist nicht weißen Einwohnerschaft, hat Emilia Roig recherchiert.

WTF?!

In den USA erleben Schwarze Frauen eine 243 Prozent höhere Wahrscheinlichkeit, beim Gebären zu sterben, als weiße Frauen.[272] Wir hatten ja vorhin das Thema, dass Frauen bei Schmerzbeschreibungen und Symptomen weniger ernst genommen werden. Tja, ratet doch mal, wer bei diesem Nicht-ernst-genommen-Werden noch tiefer auf der medizinischen Beliebtheitsskala aus der Hölle steht: Schwarze Frauen. Ihre Schmerzen werden noch weniger ernst genommen als die von weißen Frauen.

Einer der Gründe dafür ist für mich als weiße Person so grotesk, dass ich es einfach nicht fassen kann, aber gerade weil Wissenschaft, Medien, Medizin und Politik davor die Augen nur zu oft verschließen, sollten gerade weiße Feministinnen es wissen, sich damit beschäftigen und sich hier laut und wütend positionieren: Der Grund, warum Schwarze Menschen und gerade Schwarze Frauen in diesen medizinischen Statistiken so weit unten rangieren, ist, dass Studien zufolge unter medizinischem Personal (!) die Meinung vorherrscht, dass Schwarze Menschen weniger Schmerzen empfinden würden als weiße.[273] Weniger Schmerzen!!! Warum zur Hölle sollte das wahr sein? Wie völlig verdreht, absurd, fremdenfeindlich und zutiefst menschenverachtend ist diese rassistische Annahme?!

Könnt ihr noch? Ich habe da nämlich noch eine verstörende Umfrage parat, die zeigt, dass gerade Schwarze Mädchen in der öffentlichen Wahrnehmung eine sogenannte Adultifizierung erfahren. Heißt, dass sie von der Gesellschaft als älter und »reifer« wahrgenommen werden, als sie eigentlich sind, im Vergleich mit gleichaltrigen weißen Mädchen – und das schon ab einem Kita-Alter von gerade mal fünf Jahren! Sie werden also als älter und unabhängiger eingestuft als weiße Mädchen, es wird ihnen zugeschrieben, dass sie mehr über Erwachsenenthemen wüssten und auch mehr über Sex. Weswegen die Proband*innen in der Umfrage angaben, dass Schwarze Mädchen auch weniger Kümmern, weniger Schutz, weniger Unterstützung und weniger Trost bräuchten als gleichaltrige weiße Mädchen – sind sie doch angeblich so viel älter und »reifer«.[274] Da ist sie wieder, die *Misogynoir*, die zeigt, wie sich Frauenhass und Rassismus auf ekelhafte Weise in Bezug auf Mädchen und Frauen miteinander vereinen.

Kein Wunder also, dass Schwarze Mädchen in einer Praxis oder in einem Krankenhaus schlechter behandelt werden und die Schmerzen dieser Mädchen eher abgetan werden, wenn solche Denkweisen aufgrund unser aller rassistischen Sozialisation in uns so tief verankert sind!

Ja Moment, Alex, könnte man jetzt meinen, *wir teilen deine Wut über diesen medizinischen Rassismus natürlich total, aber das sind ja US-amerikanische Studien, dort herrscht doch ein viel größeres Rassismusproblem als bei uns.* Leider nein, wie Emilia Roig in ihrem Buch festhält: Es gibt in Deutschland zwar nicht genügend statistische Daten über Ethnizität und Hautfarbe, »um die gleichen Studien wie in den USA durchzuführen, aber die (…) Ergebnisse können insofern auf Länder wie Deutschland (…) übertragen werden, als auch hier systemischer Rassismus und Diskriminierung vorherrschen.«[275]

Und so sind es oftmals die Betroffenen selbst, die hierzulande endlich die Datenlücken schließen. Wie etwa der Zusammenschluss aus Soziolog*innen und Wissenschaftler*innen of Color, die im sogenannten Afrozensus 2020 erstmals konkretere Daten zu den mehr als eine Million in Deutschland lebenden Schwarzen Menschen erhoben haben. Das Ergebnis: Bezogen auf Diskriminierung im Bereich Medizin und Pflege kam heraus, dass auch hierzulande 50 Prozent der hier lebenden Schwarzen cis-Männer in Praxen, Krankenhäusern und

Co. schon einmal diskriminiert wurden. Sei es durch unzureichende Behandlungen, Nicht-ernst-Nehmen von Symptomen oder durch menschenverachtende Sprüche wie »Das ist in Ihrem Kulturkreis halt so«.[276] **Bei den Schwarzen cis-Frauen lag dieser Wert mit 67 Prozent noch höher. Und von den Schwarzen trans*, inter* und nicht binären Menschen haben sogar 82 Prozent häufig Diskriminierung in Praxen und Co. erfahren. Und damit nahezu jede*r von ihnen.**

Der Teufelskreis, der durch diese Mehrfachdiskriminierungen entsteht? Ist man immer wieder von rassistischen, trans- oder queerfeindlichen Erfahrungen betroffen, führt das wiederum vermehrt zu Depressionen, Burn-out (bei queeren Menschen übrigens dreimal häufiger als beim Rest der Bevölkerung[277]), Herzkrankheiten (auch hier bei queeren Menschen doppelt so häufig im Vergleich zum Rest der Bevölkerung[278]), chronischem Stress und mentalen Gesundheitsproblemen, die aber – und so schließt sich der Kreis – aufgrund von ebendiesen Ismen seltener erforscht, seltener erkannt und weniger ernst genommen werden, was dann zu noch mehr Traumata und noch mehr Stress führt.

Begibt man sich aufgrund dessen irgendwann in Therapie – vorausgesetzt, man bekommt einen Platz –, geht der rassistisch-medizinische Teufelskreis auch hier weiter, wie Emilia Roig beschreibt: Denn weil auch die meisten weißen, heterosexuellen und nicht behinderten Therapeut*innen hier Wissens- und Empathielücken aufweisen, fehlt auch ihnen oft das Verständnis für solch unterdrückungsbezogene Traumata. Die Folge für Schwarze und People of Color: »Vielen geht es nach dem Gang zum*r Therapeut*in schlechter als vorher.«[279]

Damit bin ich mit der Aufzählung der vielen Kumpel des Gender Health Gaps fast am Ende. Es ist doch so: Unser Feminismus ist nichts wert, wenn wir ihn nicht endlich intersektional denken und verstehen und einsehen, dass wir alle rassistisch sozialisiert sind. Und so müssen sich auch weiße Lehrer*innen, Erzieher*innen, Pfleger*innen, Therapeut*innen, Journalist*innen, Polizeibeamt*innen, Jurist*innen, Personaler*innen und viele andere Berufsgruppen bewusst machen, dass vielleicht auch sie Schwarze Kinder, insbesondere Mädchen, als »schmerzresistenter« eingeschätzt haben als weiße Kinder, dass sie Schwarze Kinder, insbesondere Mädchen, unterbewusst seltener und kürzer getröstet haben, sie seltener ernst genommen haben, sie als Jugendliche seltener für Praktika oder Jobs vorgeschlagen haben, ihnen schlechtere Noten gegeben, sie bei Studienplatzvergaben und Jobs trotz gleicher Qualifikation schlechter bewertet haben, sie bei Polizeikontrollen, Sorgerechtsstreitigkeiten, Wohnungsvergabeverfahren oder Kriminaldelikten rassistisch benachteiligt haben und so weiter und so fort. Fangen wir also nicht endlich an, uns mit unseren eigenen Rassismen in Deutschland und unserem Weißsein kritisch auseinanderzusetzen und dagegen anzuarbeiten, werden wir das Patriarchat des mittelalten, weißen, heterosexuellen cis-Mannes nicht abschaffen – sondern lediglich für verbesserte Umstände der mittelalten, weißen, heterosexuellen cis-Frau sorgen. All die anderen Menschen aber werden hierzulande weiterhin diskriminiert und von der Gleichstellung ausgeschlossen bleiben. Und das ist kein Feminismus, den irgendwer unterstützen sollte.

Was also konkret tun? Gerade Menschen, die solche Diskriminierungserfahrungen nicht gemacht haben und wahrscheinlich niemals machen werden, sollten sich dieser Mechanismen bewusst sein und darüber reden – mit ihren Freund*innen, Bekannten, Kolleg*innen und Verwandten. Die Chance ist groß, dass auch unter ihnen Menschen aus der Verwaltung sind, aus der Pflege, aus dem Schul- oder Gesundheitssystem oder, oder, oder, die Rassismen und Sexismen weitertradieren, ohne sich je darüber Gedanken zu machen und sich dessen bewusst zu sein. Wir alle sind rassistisch sozialisiert, auch ich. Wir alle sind frauenfeindlich sozialisiert, auch ich. Wir alle sind ableistisch, klassistisch, transfeindlich und homophob sozialisiert, auch ich. Wir werden immer wieder Fehler machen, müssen aber dranbleiben, dazulernen und gegen unsere eigenen Ismen anarbeiten. Denn wir alle sind Teil des Systems und können an vielen kleinen Rädchen drehen, selbst wenn wir nicht in den entsprechenden Gremien oder an den wichtigen Entscheidertischen in Politik und Wirtschaft sitzen.

Die großen Räder drehen sich aber natürlich weiterhin in Politik und Wirtschaft, indem etwa nicht nur Quoten für Frauen, sondern intersektionale Quoten für alle marginalisierten Gruppen der Gesellschaft in den Entscheidungsetagen von Politik, Medien, Vorständen, Kultusministerien, Universitäten, Aufsichtsräten und Co. eingeführt werden sollten. Indem merklich schmerzhafte Strafzahlungen die Folge sein sollten, wenn diese Quoten nicht erfüllt werden. Und indem wir Politiker*innen wählen, die die Sichtbarmachung von systemischem Rassismus in Verwaltungen, Kliniken, Schulen, Medien oder in der Polizei nicht etwa behindern – Grüße an Horst Seehofer gehen raus –, sondern einfordern sollten.

Gender Depression Gap. Oder: »Aber was ist mit den Männern?«

Einen allerletzten Punkt – und wir kommen zum ganzen Gender-Health-Debakel zurück – möchte ich noch machen, ich hatte ihn vorhin schon angekündigt. Man könnte ja jetzt meinen: *Ja o. k., Alex, wir haben es verstanden: Frauen haben ein paar Nachteile, wenn sie sich in medizinische Behandlung begeben, Schwarze Frauen und Frauen of Color erst recht – aber was ist denn eigentlich mit den Männern? Sie sind schließlich suizidgefährdeter, begehen dann auch viel öfter Selbstmord, und bei Männern werden beispielsweise Depressionen viel seltener bis gar nicht erkannt!*

Ja, es stimmt, unter Drogensüchtigen sind mehr Männer. An Suizid sterben mehr Männer, und auch bei der Diagnose von Depressionen besteht eindeutig ein gendermedizinischer Gap, nämlich, dass Diagnosen von Depression gerade bei Männern zu selten und zu spät gestellt werden.

Und ja, natürlich muss auch dieser Teil der Gendermedizin angegangen werden. Da sind wir hier doch alle einer Meinung – dass Männer bei Depressionen so selten und so oft falsch diagnostiziert werden, ist ein Skandal! Aber, Hans-Jürgen, dreh doch mal eine Runde weiter und frag dich bitte, w a r u m das überhaupt so ist? W a r u m offenbar auch so viele Männer mit verschleppten und unbehandelten psychischen Erkrankungen durch die Gegend laufen, w a r u m sie unter anderem infolgedessen vermehrt zu Drogen, Alkohol, Gewalt und Selbstmord greifen und w a r u m ihnen, wie wir jetzt gelernt haben, öfter harte Schmerzmittel verschrieben werden statt Therapien? Warum ist das wohl so?!

Männer werden doch deswegen so selten mit Depressionen in Verbindung gebracht, weil »echte Männer« überhaupt nicht zur Therapie gehen; weil »echte Männer« nicht über ihre Gefühle sprechen; weil »echte Männer« keine Hilfe brauchen; weil »echte Männer« ihre Verluste, Schmerzen und Sorgen unterdrücken; und weil echte Männer nicht weinen dürfen.

Und wer hat entschieden, wie »echte Männer« zu sein haben? Richtig: das Patriarchat. Und der ganze toxisch-männliche Rattenschwanz der Mythologien, Märchen und Medien, die uns seit Jahrtausenden mit den ewig starken, niemals weinenden Superkriegern, Supergladiatoren und Superhelden füttern!

Was ich damit sagen will: Dass Männer selbstmordgefährdet sind, zu Drogen und Gewalt greifen statt zu Therapie und Gesprächen, dass sie unter anderem infolgedessen auch einfach mal früher sterben – liegt doch auch an diesem einzigen, diesem one and only, diesem ganzen strukturellen Dreckssystem – genannt *Patriarchat!*

Also ja, Hans-Jürgen, auch Männer sind Opfer des Gender Health Gaps, der wiederum Folge des Patriarchats ist. Und Frauen sind Opfer des Gender Health Gaps, der Folge des Patriarchats ist. Und wenn wir schon dabei sind: Auch und besonders non-binäre Menschen sind Opfer des Gender Health Gaps, der eine Folge des Patriarchats ist.

Können wir uns also bitte endlich darauf einigen, dass *wir alle* Opfer des Patriarchats sind? Und uns endlich gemeinsam darauf besinnen, dass auch du, Hans-Jürgen, von der Abschaffung dieses Patriarchats *profitieren* würdest? Sieh es doch mal so: Der (gendermedizinische) Feminismus will – nachdem Frauen nicht mehr durch für Männerkörper dosierte Tabletten krank werden oder durch männliche Chirurgen sterben –, dass auch Männer zu Therapien gehen, dass auch Männer über ihre Gefühle sprechen und dass auch Männer in der Folge weniger gewalttätig, weniger drogenabhängig und weniger selbstmordgefährdet sind. Der Feminismus will, dass *auch du*, Hans-Jürgen, endlich gesünder und länger lebst. Kannst du dich mit diesem Feminismus dann auch anfreunden? Ja? Das wäre nämlich wirklich sehr, sehr schön. Und zwar für uns alle.

Die absurdesten Elterngeldfacts der Welt

Kommen wir nach den harten Seiten der Gendermedizin zu einem meiner Lieblingsthemen: Elternschaft und Mutterschaft, insbesondere das, was mit Vätern und Müttern finanziell passiert, wenn sie Eltern werden. Und falls ihr jetzt denkt: Die prekäre Lage von Eltern, insbesondere Müttern, insbesondere Alleinerziehenden kenne ich schon – tut ihr nicht. Glaubt mir. Ich dachte auch, ich habe schon tief genug in den finanziellen Abgrund geschaut, den Mütter in Deutschland mit der Geburt eines Kindes hinabsteigen müssen. Aber ich hatte mich geirrt. Ich hatte keine Ahnung, wie tief dieser Abgrund tatsächlich immer noch ist.

Aber: Ich will auch nicht alles, was familienpolitisch in Deutschland einigermaßen o.k. läuft, durch den Dreck ziehen. Also erst mal ein paar positive Zahlen: Seit der Einführung des Elterngeldes im Jahr 2007 (und damit meine ich hier immer das Basiselterngeld, das man in den ersten 14 Monaten nach Geburt bekommen kann) hat sich die Zahl der Väter, die Elternzeit nehmen, tatsächlich mehr als verdoppelt: »Für im Jahr 2007 geborene Kinder nahmen etwa 20 Prozent der Väter Elterngeld in Anspruch. Für die im Jahr 2019 geborenen Kinder, der jüngste Jahrgang mit vollendeten Elterngeldbezügen, ist dieser Anteil auf satte 43 Prozent gestiegen«,[280] heißt es in der aktuellsten Analyse zum Elterngeld des Bundesinstituts für Bevölkerungsforschung (BIB). Dass immer noch 57 Prozent aller frischgebackenen Daddys aktuell gar keine Elternzeit nehmen, lassen wir jetzt mal außen vor. Genauso wie den Fakt, dass, wenn wir auf Parität hinauswollen und 98 Prozent aller Väter ähnlich wie 98 Prozent aller Mütter Elternzeit nehmen sollten, wir bei der aktuellen Geschwindigkeit bis etwa 2049 warten müssten, bis es dann tatsächlich so weit ist. Noch ein Vierteljahrhundert. Aber ich weiß schon, ich wollte erst mal bei den positiven Zahlen bleiben.

Es gibt noch eine gute Entwicklung, die die Studie abbildet. Nämlich dass inzwischen nahezu jeder zweite Vater, der Elternzeit beantragt (43 Prozent), diese im ersten Monat nach der Geburt nimmt. Also in einer sensiblen Phase, in der viele Mütter anfällig sind für postpartale Depressionen und in der die Umstellung auf das Leben mit Baby die ganze Familie herausfordert. Dass mehr Väter genau in dieser Zeit Elternzeit nehmen, um da ihren Part zu übernehmen – das ist meiner Meinung nach tatsächlich eine sehr positive Entwicklung. Ob und wie genau das Müttern im Wochenbett tatsächlich hilft oder was Mütter eigentlich noch viel mehr bräuchten, dazu kommen wir noch in einem anderen Kapitel.

Tja, und dann? Dann hören die positiven Entwicklungen in Bezug auf die Effektivität von Elterngeld als Werkzeug zur Abschaffung von Ungleichheiten zwischen Männern und Frauen auch schon auf. Machen wir also mit den negativen Aspekten weiter. Und davon gibt es reichlich:

Ein weiterer großer Teil der Väter, nämlich 20 Prozent, nimmt dann eben doch die obligatorischen und »klassischen Vätermonate« Nummer 13 und 14[281] – und das meist auch noch mit der Mama zusammen. Anstatt dass Väter endlich Care- und Hausarbeit in all its glory, aber auch in all its Hässlichkeit allein kennenlernen, wuppen und dann eventuell anders zu schätzen wissen, sind also auch in den Monaten 13 und 14 in vielen Fällen die Mütter unbezahlt mit von der Partie. Und außerdem steht gerade in den gut situierten Jungfamilien in diesen Monaten die große zweimonatige Bulli-Tour durch Andalusien, Portugal oder Neuseeland auf dem Programm.

Was für Mütter ehrlichweise auch nur so etwas ist wie Wickeln unter Palmen. Während Väter sich gerne dafür feiern lassen, wie modern sie sind, dass sie sich um ihr eigenes Kind kümmern, auf Lanzarote, mit Bart und Baby in der Trage.

Doch bevor ich mich da jetzt reinsteigere, lenke ich unser aller Wut lieber in eine andere, viel absurdere Richtung: Die Berliner Arbeitsrechtsanwältin und Aktivistin Sandra Runge hat mich vor Kurzem auf eine unfassbare Tatsache hingewiesen, die ich schon wieder kaum glauben konnte. Aber eins nach dem anderen.

Erst mal kurz zum Kontext: Während ich diese Zeilen Anfang 2023 in meinen Laptop tippe, erleben wir in Deutschland eine seit Jahrzehnten nicht da gewesene Inflation von zehn Prozent durch den russischen Angriffskrieg auf die Ukraine. Heißt, die aktuelle Situation reißt ein gigantisches Loch in die Portemonnaies vieler Bürger*innen. Frauen sind davon noch mal härter betroffen, weil wir ja nun herausgearbeitet haben, dass sie im Schnitt finanziell per se etwa um die Hälfte schlechter gestellt sind als Männer.

Vor diesem Inflationsboom erlebten wir eine mehrjährige Pandemie, deren finanzielle Auswirkungen Frauen ebenfalls härter trafen als Männer: So zeigten Untersuchungen, dass während der Corona-Pandemie 63 Prozent aller selbstständigen Frauen Einkommensverluste hatten, im Vergleich zu 47 Prozent aller selbstständigen Männer; dass Frauenbusinesses zu 56 Prozent von temporären Schließungen oder veränderten Öffnungszeiten betroffen waren, aber nur 35 Prozent der männlichen Selbstständigen;[282] dass – noch so ein absoluter Kracher – 73 Prozent der ersten Corona-Wirtschaftshilfen in männlich dominierte Branchen geflossen sind und nur 4,2 Prozent in weiblich dominierte Geschäftszweige;[283] dass Branchen wie Gastro, Hotellerie oder Einzelhandel finanziell mit am härtesten getroffen wurden und diese Jobs bis zu 80 Prozent von Frauen ausgeführt wurden; und dass am Ende der vergangenen vier Jahre mehr Frauen ihre Jobs und Aufträge aufgrund der zusammengebrochenen Betreuung ihrer Kinder reduzierten oder gänzlich verloren und sich in die unbezahlte Care-Arbeit und damit finanzielle Abhängigkeit begaben. Dann kam wie gesagt der Ukraine-Krieg noch näher an uns heran, die Inflation kickte, und alle redeten nur noch über teure Butter, absurde Strompreise und apokalyptische Betriebskostennachzahlungen. Alles richtig. Nur, wisst ihr, worüber irgendwie nicht geredet wurde? Wie unterschiedlich die Inflation Frauen und Männer traf: **So sind Preise für Produkte, die speziell an Frauen verkauft werden, während der Inflation schneller gestiegen als Produkte für Männer.**[284] Kein Witz. In Großbritannien sind beispielsweise Damenschuhe im Jahr 2021 um 75 Prozent teurer geworden, während Preise für Männerschuhe um gerade mal 14 (!) Prozent gestiegen sind! Ein Phänomen, das mittlerweile einen Namen hat: *Pinkflation.*[285] Damit ist gemeint, dass typische »Frauenprodukte« wie Kleidung, Schmuck oder Haushaltswaren stärker von der Inflation betroffen waren als »männliche« Produkte wie Technik, Sportzubehör, Autos und Co. Die *Pinkflation* ließ sich auch bei Haarschnitten beobachten. Mehr noch – und ich habe schon bald keine Haare mehr zum Ausraufen –, während die Preise für formelle Blusen fürs Büro für Frauen um 29 Prozent gestiegen sind, sind sie für Bürohemden für Männer um 21 Prozent gesunken! GESUNKEN!!! Das gilt auch für Stiefel. Oder elektrische Rasierer. Für Frauen gestiegen, für Männer gesunken!

Ich meine, wie geht das?! Und das alles vor dem Hintergrund, dass es eigentlich andersherum sein müsste: Wenn schon irgendwelche Produkte teurer werden müssen, dann müssten es doch eigentlich typisch männliche Produkte sein, weil Männer doch im Schnitt 18 Prozent mehr verdienen – wobei wir ja mittlerweile wissen, dass es eigentlich an die 50 Prozent mehr sind. Aber nein, es sind mal wieder die Frauen, die sowieso schon weniger verdienen, die zweifach die Leidtragenden sind. Oder gleich dreifach: Denn wie neueste Zahlen zeigen, haben Frauen auch seltener Gehaltserhöhungen bekommen, die über der Inflationsrate lagen! Und auch das mal wieder vor dem Hintergrund, dass die Ursprungsgehälter, über die verhandelt wurde, ja im Schnitt auch schon um die 18 Prozent unter denen der Männer lagen.

Und dann stellen sich vor diesem Hintergrund allen Ernstes Menschen hin und sagen diesen (mehrfach) diskriminierten Frauen: »Was wollt ihr denn eigentlich noch alles?!« Sorry, aber da gibt es eigentlich keine adäquate Reaktion, außer tief Luft zu holen und zu brüllen. Drei Stunden am Stück. Mit brennenden Fackeln in den Fäusten. Tanzend. Auf dem Grab des Patriarchats.

Doch bevor ich hier noch mehr in antipatriarchalen Pyromaniefantasien versinke, kommen wir nach diesem Finanz-Exkurs zum eingangs erwähnten absurden Elterngeldfact zurück, der allerdings unseren Wutpegel nicht gerade senken wird. Nach wie vor sind es 95 Prozent aller Mütter, die mehr als zehn Monate Elternzeit nehmen, und nur acht Prozent der Väter, die so lange in Elternzeit gehen. Bei den Vätern, die in Elternzeit gehen, nehmen drei Viertel nur die obligatorischen zwei Monate. Folglich sind es zu 95 Prozent die Mütter, die Elterngeld beziehen und versuchen, davon einigermaßen gut über die Runden zu kommen, allen beschriebenen Geldeinbußen zum Trotz. Und nun kommt's: **Jetzt ratet doch mal, wie oft dieses Elterngeld seit seiner Einführung 2007 angehoben wurde? Richtig: gar nicht! Nicht ein einziges Mal!**

Seit 2007 beträgt das Elterngeld mindestens 300 Euro und maximal 1800 Euro. Alle oben beschriebenen Nachwehen der Pandemie, dass zwischendurch unzählige Frauen ihre Jobs verloren und folglich bei einer Schwangerschaft ihr Elterngeld niedriger ausfallen würde; dass Alleinerziehende ihre Stunden und Aufträge herunterschraubten, um die ausfallende Betreuung durch Kita- und Schulschließungen irgendwie aufzufangen, weil Deutschlands Kitas während der Pandemie im westlichen OECD-Vergleich mit am längsten dicht waren; dass wir eine Inflation von zehn Prozent hatten und sämtliche Rettungsschirme, Preisbremsen, Inflationsprämien und Doppelwummse gestartet wurden – trotz alldem ist offenbar niemand auf die Idee gekommen, das Elterngeld wenigstens um diese zehn Prozent zu erhöhen, wenigstens um die Inflation auszugleichen – und damit hätte man ja immer noch nicht mehr als vorher.

Findet ihr das auch kaum zu glauben? Tja, dann habe ich noch etwas viel Absurderes für euch – wobei man sich ja kaum vorstellen kann, wie das noch absurder werden kann. Kann es aber: Der Vorgänger des Elterngeldes hieß Erziehungsgeld und wurde vor fast 40 Jahren, im Jahr 1986 eingeführt, damals gab es noch die Deutsche Mark. **Und jetzt überlegt mal, wie »hoch« wohl der Mindestbeitrag dieses Erziehungsgeldes im Jahr 1986 auch schon war. Wollt ihr es wissen? Ihr werdet es nicht glauben: Es waren 600 Deutsche Mark.[286] Also genau *die* 300 Euro, die Eltern auch heute noch, fast 40 Jahre später, als Mindestbetrag bekommen!** Nur dass wir seitdem die höchste Inflation seit dem Zweiten Weltkrieg erlebt haben!

Auf diese unfassbare und ungerechte Tatsache machte vor Kurzem die Initiative »Petition.Elterngeld.Hoch« aufmerksam, die endlich eine Anhebung des Elterngeldes fordert. Wie absurd das alles doch ist! Wie wenig kann man Eltern und Mütter mitdenken? Wie sehr kann die Politik sie einfach vergessen haben, und zwar die letzten 40 Jahre lang?

Kommen wir ins Hier und Jetzt zurück. **Gibt man den aktuellen Elterngeld-Höchstwert von 1800 Euro in einen Inflationsrechner ein, wird er einem offenbaren, dass die 2007 ausgezahlten 1800 Euro Mitte 2023 nur noch 1339 Euro und 68 Cent wert sind. Von den 300 Euro Mindestelterngeld sind Mitte 2023 nur noch 223,28 Euro übrig.** Pro Monat! Das sind also die Beträge, die sich dieses Land »leistet«, um Eltern dafür zu entschädigen, dass sie ihre Lohnarbeit unterbrechen, um Fachkräfte und Rentenzahler von morgen in die Welt zu setzen und sich im ersten Babyjahr um sie zu kümmern. Wow.

2400 Euro – auf d i e s e n Betrag müsste die Maximalelterngeldsumme erhöht werden, um die 35 Prozent Inflation der letzten Jahre auszugleichen, hat die Initiative »Petition. Elterngeld.Hoch« errechnet.[287] Und auch der Mindestbeitrag müsste erhöht werden, und zwar auf etwa 400 Euro. Was offen gesagt auch schon menschenunwürdig ist. Wenn selbst das Bürgergeld zum selben Zeitpunkt bei 502 Euro monatlich liegt, für einen alleinstehenden Erwachsenen – ohne Kind!

Ich würde an der Stelle gern noch einen Schritt zurückgehen und fragen, warum man überhaupt Geld einbüßen muss, wenn man Care-Arbeit leistet und bei seinem Baby zu Hause bleibt? Aktuell bekommt man ja während der Elternzeit etwa 65 Prozent seines vorherigen Gehalts. Aber warum eigentlich? (Dass es sowieso hochgradig unfair ist, dass die Elternzeit einer Ingenieurin mit 65 Prozent ihres früheren Gehalts höher bezahlt wird als die Elternzeit einer Pflegerin etwa, ist noch ein anderes Thema für sich.) Aber warum nur diese 65 Prozent? Warum wird man finanziell dafür bestraft, dass man »nicht mehr« arbeitet (haha, als ob!), sondern sich »nur« um ein Baby kümmert? Einer der Gründe: weil wir leider immer noch Sätze formulieren wie: »Nein, ich arbeite gerade nicht, ich bin in Elternzeit.« Und weil Care-Arbeit weder von unserem kapitalistischen System noch von uns selbst als »echte« Arbeit, sondern als »Gedöns« wahrgenommen wird, als etwas Privates, das wir uns freiwillig ausgesucht haben. Und nicht etwa als eine Säule, auf der unsere Gesellschaft ruht, weil wir Care und Kinder für ein Morgen brauchen. (Was passieren würde, wenn Frauen einfach mit Care-Arbeit aufhören würden, dazu kommen wir später noch.) Deswegen werden Feminist*innen hierzulande auch nicht müde, zu fordern, dass das Wort »Care-Arbeit« oder Sorgearbeit endlich Einzug in unser aller Sprachgebrauch findet. Oder wenigstens mal in den Duden, wo aktuell weder das eine noch das andere Wort auftauchen. Denn wenn wir alle Care wirklich als Arbeit betrachten und nicht mehr als privates Gedöns, werden wir auch beginnen, darüber zu sprechen, dass auch diese Arbeit einen Lohn braucht. Und im Falle von Elternzeiten eine Lohnfortzahlung von nicht etwa 65, sondern die vollen 100 Prozent.

Wenn ich genau diese Forderung öffentlich bei Vorträgen formuliere, bekomme ich eigentlich unisono immer dieselbe Frage zu hören: *Ja, aber Frau Zykunov, wer soll denn das bezahlen? Da macht doch kein Land mit.* Doch, antworte ich dann! Macht beispielsweise Norwegen. Dort bekommen Eltern während der Elternzeit den vollen Lohn ausgezahlt. Heute gibt es in dem Land 49 Wochen zu 100 Prozent bezahlte Elternzeit und weitere zehn Monate Elternzeit, wenn man möchte, bei 80 Prozent Lohnersatz.[288] Väter haben davon mindestens 15 Wochen Elternzeit, die sie nehmen können (in Deutschland sind es acht), die natürlich auch zu 100 Prozent mit dem vorherigen Gehalt entlohnt werden. Mit anderen Worten: Während es sich hierzulande für Väter finanziell lohnt, auf Elternzeit zu verzichten, lohnt es sich für Väter in Norwegen nicht, auf Elternzeit zu verzichten: Arbeiten sie in den ersten Babymonaten weiter, haben sie davon keinen finanziellen Vorteil. Die Folge: Im Jahr 2019 hatten 62 Prozent aller Väter im Land entweder die volle Vaterschaftszeit genommen – oder sogar den größeren Anteil der Elternzeit beansprucht, sprich länger als ihre Frauen![289]

Norwegen ist übrigens auch das Land, das OECD-weit die meisten Ausgaben für frühkindliche Betreuung hat und einen der niedrigsten Gender Pay Gaps weltweit. Zufall?

Und: Das Land hatte als erstes Land weltweit verpflichtende Vätermonate bei der Elternzeit eingeführt, die sich nicht auf die Mutter übertragen ließen – und das schon 1993![290] Letztes Jahrhundert also. Sorry für den Vergleich, aber in Deutschland war zu der Zeit noch die Vergewaltigung in der Ehe per Gesetz ganz offiziell erlaubt.

Estland zahlt übrigens auch die vollen 100 Prozent Lohnersatz an die Eltern.[291] Litauen auch. In Spanien sind zwar nur 16 Wochen Elternzeit möglich, doch erstens dürfen Väter ihre Zeiten nicht auf die Mutter übertragen, und zweitens wird der Lohn auch hier zu 100 Prozent weitergezahlt.[292] In Island müssen die Väter ebenfalls mindestens 4,5 Monate Elternzeit nehmen und bekommen immerhin 80 Prozent ihres Lohns ausgezahlt,[293] in Schweden gibt es ebenfalls 80 Prozent des Gehalts. Dort bekommt die Familie während der Elternzeit am meisten Geld, wenn beide gleich lange Elternzeit nehmen! In Deutschland hingegen bekommt die Familie am meisten, wenn die Frau so lange wie möglich in Elternzeit geht und danach reduziert und auf immer und ewig in der Ehegattensplittingfalle hängen bleibt, auf dass sich die Gehaltsschere niemals schließe. Augenroll.

So ist es kein Wunder, dass in den skandinavischen Ländern mehr Väter in Elternzeit gehen als bei uns, eben weil sie dafür keine Lohneinbußen in Kauf nehmen müssen. »Männer nahmen keine oder kaum Elternzeit, solange sie nicht durch die Regierung dazu gezwungen wurden«,[294] brachte es auch Caroline Criado-Perez in ihrem Buch auf den Punkt.

Und während ich diesen Satz lese, wird mir etwas klar, was mich schon wieder völlig fertigmacht: In Elternzeit zu gehen heißt, Care-Arbeit zu leisten. Das bedeutet also, dass Väter nur dann öfter und länger in Elternzeit gehen, wenn sie dafür einen hohen Lohnausgleich bekommen. Mit anderen Worten: Väter machen nur dann Care-Arbeit, wenn sie dafür b e z a h l t werden! Und Mütter? Machen es aus Liebe. Für das Babylächeln. Für 300 Euro im Monat. Und im Zweifelsfall komplett umsonst.

Wenn Mütter also nach adäquater Bezahlung für Care-Arbeit fragen, wird ihnen chronisches Rabenmuttertum attestiert und am besten gleich das Jugendamt benachrichtigt. Wenn Männer nach adäquater Bezahlung von Care-Arbeit fragen, wird ihnen der rote Teppich voller Gesetzesnovellierungen ausgerollt.

Kommen wir noch mal zu dem Status quo des Elterngeldes anno 2007 zurück. Wisst ihr, welche Care-Arbeitsleistung neben dem Elterngeld auch schon seit vielen Jahren nicht angehoben wurde, und zwar seit 2017? Allen Krisen und Inflationen zum Trotz? Das Pflegegeld, wenn man Angehörige oder Familienmitglieder pflegt.[295] **Wisst ihr, wer zu 70 Prozent für die Pflege von Angehörigen oder Kindern mit Behinderung seine Arbeitsstunden reduziert oder kündigt? Frauen.**[296] Wisst ihr, um wie viel das Pflegegeld nun erhöht werden soll? Um fünf Prozent. Haben wir wohl gerade darüber geredet, dass die Inflation aber 2023 viele Monate lang bei 10 Prozent lag und Frauen davon stärker betroffen waren als Männer? Ich glaube schon. Ist das alles vielleicht nur ein Riesenzufall? Oder möchtet ihr euch gerade vor euer Fenster stellen und mit einem Megafon in der

Hand wie ein Puma mit Presswehen brüllen? Ich ja. Oder wie Sandra Runge es etwas diplomatischer ausdrückt: Man stelle sich vor, es gäbe eine Branche, in der seit 2007 keine Gehälter angehoben wurden. Kaum vorstellbar? In der Care-Arbeitsbranche – die keine Anerkennung, keine Lobby und schon gar keine Gewerkschaft hat – offenbar schon.

Und dann bin ich neulich auf Social Media über die viral gegangene Nachricht einer Mutter gestolpert, die den Rattenschwanz des viel zu niedrigen Elterngeldes und die Gründe, warum Väter keine Elternzeit beantragen, noch mal auf eine ganz andere Ebene hob: Es ging um die Problematik, dass uns hierzulande 370 000 Kitaplätze fehlen, Eltern aber gleichzeitig einen rechtlichen Anspruch auf einen Kitaplatz haben und diesen zur Not auch einklagen können.

Verschiedene Eltern tauschten sich also darüber aus, wie erfolgversprechend so eine Klage sei. Viele Eltern schrieben, dass es sich lohnt, der zuständigen Kommune im schlimmsten Fall mit einer Klage auf Verdienstausfall zu drohen, und dass in solchen Fälle dann wohl relativ schnell Kitaplätze gefunden werden. Dann schrieb die oben erwähnte Mutter, dass sie für so eine Klage in einer großen bayerischen Stadt in den Startlöchern standen. Die Kommune hätte in dem Fall der Familie entweder einen Kitaplatz besorgen oder den Verdienstausfall desjenigen Elternteils zahlen müssen, der aufgrund fehlender Betreuung zu Hause bleiben muss. Und jetzt kommt's: Ursprünglich stand bei dem Paar die Mutter als Leidtragende im Klageformular, das haben sie für die Klage dann aber kurzerhand geändert und reingeschrieben, dass bei fehlendem Kitaplatz *der Mann* zu Hause bleiben würde und dadurch nicht seinem sehr hoch bezahlten Job als Ingenieur und Abteilungsleiter nachkommen könnte. »Nachdem wir seinen Gehaltszettel eingereicht hatten«, schrieb die Mutter auf Social Media,

»haben wir nach 3 Stunden (!!!) einen Anruf bekommen, dass wir einen Platz in einer nahen Einrichtung haben.«

Das zuständige Jugendamt, so lautete die Nachricht weiter, soll in einem Gespräch hinterher sogar erklärt haben, dass sie den geringen Gehaltsausfall der Mutter gezahlt hätten, den hohen Verdienstausfall des Vaters dann aber doch nicht zahlen wollten und daher lieber einen Kitaplatz besorgt haben.

Ich sag es euch, wie es ist: An der Stelle wollte der brüllende Puma mit Presswehen wieder die Kontrolle übernehmen. Soll das etwa heißen, fragte ich mich Fäuste ballend in dem Moment, bei einer Mutter zahlt die Kommune lieber dem mickrigen Lohnausfall, der Kitaplatz fehlt aber weiterhin, sodass die mickrig verdienende Mutter niemals eine Chance bekommt, sich endlich aus ihrer misslichen Finanzlage herauszumanövrieren?! Stellt aber der besser verdienende Vater *denselben* Antrag und müsste dann die Kommune plötzlich seine viel höheren Gehaltsausfälle zahlen, wird – oh Wunder – irgendwie doch plötzlich ein Kitaplatz ausgegraben?! Sind das die Mechanismen, mit denen bei uns Kitaplätze vergeben werden? Wie krank ist bitte dieses System?!

Und selbst wenn diese Geschichte eine Ausnahme war, macht sie doch einmal mehr deutlich: Wir brauchen nicht nur deswegen mehr Väter in Elternzeit, damit sie sich mehr bei der Care-Arbeit einbringen und Mütter früher und schneller in den Erwerbsarbeitsmarkt zurückkehren und ihre finanzielle Unabhängigkeit ausbauen können; wir brauchen nicht nur deswegen mehr Väter in Elternzeit, damit sie Care-Arbeit mehr zu schätzen wissen und dieses Wissen samt dem Verständnis für den finanziellen Wert dieser Arbeit auch an ihre männlichen Kollegen und in Chefetagen tragen; wir brauchen nicht nur deswegen mehr Väter in Elternzeit, damit auch ihre Söhne sehen, dass das normal ist, und ihre Töchter sehen, dass es nicht normal ist, dass sich eine Mutter für alle Belange der Familie und des Haushalts bis zur Besinnungslosigkeit verantwortlich zu fühlen hat; wir brauchen nicht nur mehr Väter in Elternzeit, weil sich in diesen Beziehungen dann auch der Gender Care Gap erwiesenermaßen automatisch reduziert;[297] sondern wir brauchen sie auch deswegen, damit es mit dem Kitaausbau schneller vorangeht! Es soll den Kommunen wehtun, wenn viel verdienende Väter aus der Elternzeit heraus die Stadt auf Lohnersatzleistungen ihrer Gehälter verklagen, weil Kita-Plätze und Erzieher*innen fehlen. Ich bin überzeugt, stünde die Regierung vor einer gigantischen Klagewelle von Millionen von gut verdienenden Eltern und auch Vätern, die allesamt Gehaltsersatzleistungen haben wollen, weil immer noch Hunderttausende Kitaplätze und noch mehr Ganztagsbetreuungsplätze fehlen, hätte das Problem einen wesentlich höheren Stellenwert auf der politischen Agenda.

Und während ihr jetzt vielleicht denkt, *Diesen Trick mit dem Verdienstausfall des Vaters, toller Elternhack, den merke ich mir!*, muss ich hier schon wieder zurückrudern. Denn das Patriarchat hat zu diesem Zeitpunkt schon längst einen neuen Haken geschlagen. Denn wisst ihr, was sehr wahrscheinlich passieren wird, wenn ein besser verdienender Vater diesen Weg geht und einen Kitaplatz einklagt? Er wird ihn sehr wahrscheinlich bekommen – nur halt aus dem Notfallkontingent der Jugendämter. Und wisst ihr, für wen diese Plätze normalerweise reserviert sind? Für Kinder mit Behinderungen oder mit speziellem Förderbedarf, für Kinder mit Integrationsbedarf oder für viele andere Fälle, in denen Kinder wirklich dringend auf diesen Platz angewiesen sind. Folglich wird dieser Vater den Platz vielleicht einer Flüchtlingsmutter wegnehmen. Oder einer Mutter, die von Gewalt betroffen war und akut mit ihrem Kind die Stadt wechseln musste. Oder einer Alleinerziehenden.

Denn leider gibt es keine geheimen Kitaplätze, die beim Einklagen aus dem Hut gezaubert werden, aus einem großen Kitaplatzschlaraffenland, zu dessen Eingang man nur den passenden Schlüssel finden muss. Es werden dafür andere, meist sozial schwächere Personen den Kürzeren ziehen. Sie werden daraufhin eben kein Geld, keine Zeit und keine Ressourcen haben, ihren Platz ebenso einzuklagen, wie es der besser verdienende Vater konnte, sodass hier – mal wieder – meist Frauen und meist mehrfach diskriminierte Frauen das Nachsehen haben werden.

Zumal eingeklagte Plätze meist eh nur dazu führen, so erklärten es mir verschiedene Kitaleiter*innen aus unterschiedlichen Bundesländern, dass es schlicht und ergreifend zu einer Überbelegung der Kitagruppen kommt. Die seit Jahren keine Ausnahme, sondern Usus ist. Und damit zu einem noch größeren Druck auf Erzieher*innen, Kinder und damit auf die pädagogische Qualität führen. Ja Mensch, da weiß ich gar nicht, warum uns Hunderttausende Erzieher*innen fehlen, bei diesen traumhaften Arbeitsbedingungen!

Am Ende sind die aktuelle Situation in den Kitas und die damit zusammenhänge Care-Krise ziemlich gut vergleichbar mit den Kinderkrankenhäusern und der Pflegekrise, deren neuen Höhepunkt wir im Winter 2022/2023 erlebt haben: Die Menge der freien Betten ist eigentlich ziemlich egal, wenn es schlicht und ergreifend keine Fachkräfte gibt, die neben diesen Betten stehen können. Und so ist auch die plötzlich aus dem Hut gezauberte Menge an neu geschaffenen Kitaplätzen oder auch an neu geschaffenen Erzieher*innenstellen egal, wenn die Fachkräfte fehlen, die diese Positionen ausfüllen sollen.

Unser Kita- und Betreuungssystem ist wie eine viel zu kleine Decke: Ziehst du am oberen Zipfel, sind die Füße unten nackt und ungeschützt, ziehst du am unteren Zipfel, ist der Oberkörper kalt und ohne Schutz. Und wenn immer mehr Menschen an der Decke ziehen, wird sie nicht größer – sondern dünner, angespannter, ausgefranster und wird irgendwann reißen und alle unter ihr schutzlos zurücklassen.

In Corona-Home-Schooling-Zeiten fragte ich mich ja ernsthaft,[298] ob wir aus Protest gegen die Care-Krise nicht mal eine Wagenladung voller Kackwindeln vor dem Bundestag anzünden sollten, wohl wissend, dass den allermeisten Müttern damals schon die Kraft fehlte für so was Banales wie Windeln kaufen zu gehen. Geschweige denn sie anzuzünden. Vielleicht sollten wir es so machen wie eine Mutter aus Rheinberg Ende 2022, als die Kitas mal wieder mehrere Tage dichtmachen mussten, wegen Krankheit und Erzieher*innenmangel: Ihr platzte der Kragen, und sie marschierte mit ihrem Sohn zum Stadthaus, um ihn beim Bürgermeister zur Betreuung abzugeben und dort davon zu berichten, dass eine andere Mutter kurz vorher – auch wegen fehlender Betreuung – einen lebenswichtigen Termin zur Chemotherapie nicht wahrnehmen konnte.[299] Das ist die Realität, in der Millionen von Eltern, meist Müttern, leben!

Mir ist schon klar, dass Kackwindeln anzuzünden oder den Bürgermeister zum Babysitten zu verdonnern keine Lösungen sind. Es bräuchte eine neue Care-Arbeitspartei, eine Müttergewerkschaft, eine feministische Lobby – nur: Wann soll man die denn bitte gründen? Wann zur Hölle sollen Frauen, Pflegende und Mütter das denn *auch noch* machen? Wie viele Protestformen soll man sich denn noch ausdenken? Nachts, umsonst, zwischen Calls, Malheften und Nervenzusammenbrüchen?

Und weil all diese Probleme – Kinder, Care, Kitas, Schulen, Pflege und Betreuung – in den Köpfen vieler politischer Entscheider über viele Jahrzehnte und Jahrhunderte hinweg als Frauensache galten, kommen wir aus dieser Misere nur dann heraus, wenn die Millionen Väter von minderjährigen Kindern in Deutschland sich ENDLICH MITVERANTWORTLICH FÜHLEN! Wenn auch sie zu 98 Prozent Elternzeit beantragen; wenn auch sie sich furchtbar darüber aufregen, dass das Elterngeld seit mehr als 16 Jahren nicht ein einziges Mal angehoben wurde; wenn auch sie Petitionen und Klagefluten starten, darüber, dass die Regierung es seit Jahren nicht hinkriegt, ihnen wenigstens zwei Wochen bezahlte Familienstartzeit nach der Geburt zu gewähren; wenn auch sie klagen, wüten und schreien, warum diesem reichen Industrieland 370 000 Kitaplätze fehlen, warum die Erzieher*in ihres Babys für diese Fürsorge einen Hungerlohn bekommt oder warum ihre Kleinkinder wie Massentierhühnchen in viel zu kleinen Räumen mit viel zu wenigen Aufsichtspersonen zusammengepfercht werden; und wenn auch sie das Ende des Patriarchats einfordern, weil sie diese veralteten Drecksstrukturen endlich aus ihrem eigenen Leben und erst recht aus dem Leben ihrer Kinder verbannen wollen! Weil es eben auch ihre Kinder sind.

Wo sind eure Petitionen? Wann schleppt ihr eure Kinder zum Bürgermeister? Wann zündet ihr Kackwindeln vor dem Bundestag an?!

Wo seid ihr, Väter?

Es ist verdammt noch mal Zeit.

Wie sich weder Wissenschaft noch Politik fürs Wochenbett interessieren

Kehren wir an dieser Stelle noch mal zur Elterngeld-Studie zurück, die prüfen wollte, was das Elterngeld 16 Jahre nach seiner Einführung für die Gleichberechtigung eigentlich so gebracht hat.[300] Wir wissen bereits, 43 Prozent derjenigen Väter, die Elternzeit beantragten – also nahezu jeder zweite Vater in Elternzeit –, nehmen diese Zeit im ersten Monat nach der Geburt des Babys. Und das ist eine sehr positive Entwicklung, mit dem Ziel, die Frau, die soeben ein Kind aus ihrem Körper gepresst hat, so weit es geht zu entlasten, zu betreuen, zu umsorgen, zu unterstützen und ihr jegliche Kocherei, Putzerei und Bespaßung von möglichen Geschwisterkindern und / oder Pflege von Haustieren, Schwiegereltern oder anderweitigen Care-bedürftigen Lebewesen abzunehmen.

Natürlich muss das nicht für jede Beziehung eine Entlastung bedeuten. Es gibt genug Beziehungen, die nicht auf Augenhöhe sind, und jede dritte bis vierte Frau hat in ihrem Leben bereits Gewalt in der Partnerschaft erfahren. Nicht auszumalen, um wie viel schrecklicher eine solch gewaltvolle Situation ist, wenn es neben dem eigenen Leben da noch ein wenige Tage altes Leben zu verteidigen gilt. An dieser Stelle die Frage an unsere Bundesregierung, wann denn genau die aktuell 14000 benötigten, aber fehlenden Plätze in Frauenhäusern finanziert werden?

Gehen wir aber von gesunden Beziehungen auf Augenhöhe aus, in denen der Partner tatsächlich unterstützt, Essen holt, kocht, Wäsche wäscht oder einfach da ist, um mit dem Geschwisterkind seine Trotzphase und Kämpfe um die richtigen

Socken oder das richtig ausgeschnittene Toastbrot auszufechten – dann sollte diese Entwicklung die dauergestressten und vom Schlafmangel gebeutelten Neumütter etwas entlasten. Was wirklich lobenswert ist. Und wenn ich lobenswert sage, meine ich eigentlich überlebensnotwendig. Für Mutter und Kind.

Wie schlecht sich beispielsweise Schlafentzug auf Mama und Kind auswirken – obwohl immer als »ganz normal« dargestellt –, zeigen auch neueste Erkenntnisse aus Studien an Primatenmamas, Rattenmamas und Menschenmamas, die sichtbar machen, wie sehr die Fürsorge der Mutter für ihr eigenes Baby tatsächlich abnimmt, wenn sie nicht genug Schlaf, nicht genug Essen und stattdessen mehr als genug Stress bekommt:

Die US-amerikanische Neuropsychiaterin Louann Brizendine schrieb in ihrem Bestseller »The Female Brain«, dass Neumütter pro Jahr etwa 700 Stunden Schlaf einbüßen.[301] Das sind 100 ganze Nächte im Jahr! Oder anders gesagt: Das ist, als würde eine Neumutter jede dritte bis vierte Nacht einfach komplett durchmachen, und zwar ohne diesen Schlaf jemals aufzuholen. Über Wochen, Monate und Jahre hinweg. Wozu das führt? Mehr als 64 verschiedene Studien weltweit belegen, dass andauernder Schlafmangel oder auch unterbrochener Schlaf eine erhöhte Wahrscheinlichkeit aufweisen, an Herzkrankheiten zu erkranken oder einen Schlaganfall, Krebs oder Diabetes zu bekommen.[302] Klingt ja super.

Noch ein nicht-so-fun-fact für Schlaflose: Eine Person, die vier Nächte hintereinander nur fünf Stunden Schlaf bekommt (ehrlich gesagt hätte ich mir als Neumutter fünf Stunden Schlaf gewünscht), für deren Gehirn bedeutet das dasselbe wie eine dauerhafte Alkoholzufuhr von 0,6 Promille.[303] Kleiner Vergleich: In Deutschland gilt gemäß § 24a Straßenverkehrsgesetz

(StVG) Alkohol am Steuer ab einer Grenze von 0,5 Promille als Verkehrsordnungswidrigkeit. Und eine Strafe von mehr als 500 Euro wird fällig.[304]

Man darf also mit 0,5 Promille per Gesetz kein Auto mehr fahren. Aber Mütter in dem Zustand über Wochen und Monate hinweg mit einem schutzlosen Neugeborenen komplett allein und ohne Unterstützung lassen? Klar geht das! Mütter sind doch Superheldinnen! Außerdem bekommen sie dafür zum Mutter- und Frauentag Pralinen und sogar Blumen geschenkt!

Sarkasmus beiseite: Würden wir unsere wenige Tage alten Babys mit 0,6-Promille-Menschen alleine lassen? Nein? O.k. Warum finden wir es dann aber vertretbar, dass eine Mutter das die ersten Wochen komplett alleine durchzieht, weil ihr Partner keinen gesetzlichen Anspruch auf eine bezahlte Familienstartzeit hat? Und dieser gesetzliche Anspruch für die sogenannte Familienstartzeit seit Jahren auf die lange Bank geschoben wird, obwohl die Regierung diese schon 2021 angekündigt hatte?[305] Warum ist selbst diese Familienstartzeit eigentlich nur auf zwei Wochen angesetzt? Und – wenn es um Alleinerziehende geht – warum gibt es seitens unserer Familienpolitik kein nachhaltiges Unterstützungsangebot für frischgebackene Mütter ohne Partner*in und ihre nicht minder akute Schlafmangelsituation?

Hier mein Vorschlag: Warum messen wir nicht regelmäßig die Schlafqualität frischgebackener Mütter, und jedes Mal, wenn sie aufgrund von mangelnder Unterstützung durch Partner und Politik über 0,5 Promille kommen, muss besagter Partner oder die Politik 500 Euro an ebendiese Mütter zahlen! Eine Schlafordnungswidrigkeit frischen Müttern gegenüber. Na, wie wär's? Da kommt für jede Mama, die ein Jahr Elternzeit nimmt, ganz schön was zusammen. Sodass sich die Politik sicher schnell rühren würde, um diesen Frauen stattdessen lieber Entlastung durch Care-Arbeitsgeld zu verschaffen oder durch vom Staat bezahlte Schlafberater*innen, die regelmäßig zu ihnen kommen, ihnen die Babys abnehmen und ihnen mehr Schlaf verschaffen.

Ist ja absurd, Alex, total utopisch, kein Land der Welt macht so was! Doch! Solche Angebote gibt es tatsächlich. In den Niederlanden beispielsweise in Südkorea oder auch in Australien. Wir kommen gleich noch darauf zu sprechen.

Vorher noch ein weiterer Punkt: Wisst ihr, wogegen genug Schlaf offenbar auch hilft? Gegen postpartale Depressionen. **Es gibt Untersuchungen, die aufzeigen, dass mit aufkommendem Schlafentzug auch die Gefahr für eine postpartale Depression steigt. Schlussfolgerung müsste also eigentlich sein, dass Frauen- und Kinderärzt*innen Müttern für alle Fälle schon mal Schlaf verschreiben, um Depressionen vorzubeugen.**

Ein Hausarztrezept für genug Schlaf? Als ich das las, wusste ich nicht, ob ich das jetzt total absurd oder total genial finden sollte. Eigentlich ja nur logisch, aber warum kommt mir dieser Gedanke dennoch so absurd vor? Weil hier mal wieder Patriarchat und Kapitalismus kicken und sich gegenseitig ein High five geben: Das Patriarchat erklärt uns sofort, dass ein Baby zu seiner Mutter und nur zu seiner Mutter gehört, ein Papa das doch gar nicht so gut kann, nur eine Mama ihr Baby beruhigen kann und der ganze andere Muttermythosbullshit. Und der Kapitalismus flüstert uns gleichzeitig ins Ohr, dass Schlaf ja wohl nur für Faule ist oder für Tote. Und überhaupt: Wer schläft, kann in der Zeit nicht arbeiten und kapitalistische Güter produzieren, und wenn eine Mutter Schlaf verschrieben bekommt, muss jemand anders auf das Baby aufpassen, wahrscheinlich der Vater, und dann fehlen dem Kapitalismus zwei arbeitswillige Lemminge, und das kann ja kein Kapitalismus, der bei Sinn und Verstand ist, wollen. Oder um es mit den

Worten der Forschenden aus der Studie zu formulieren: »Einer Mutter zu sagen, dass sie doch einfach schlafen soll, ist ähnlich lächerlich, wie ihr zu sagen, dass sie doch einfach fliegen soll. Will man ihren Schlaf tatsächlich schützen, müsste man verschiedene kulturelle und strukturelle Faktoren innerhalb von Familien (...) hinterfragen.«[306]

Wie schade, dass dieses Hinterfragen in den allermeisten heterosexuellen Beziehungen offenbar immer noch kaum stattfindet. Dabei hat erst 2015 eine andere Studie untersucht, wie sich in heterosexuellen Beziehungen Babyschlaf, Mutterschlaf und Papas Anteil an der Care-Arbeit in den ersten Monaten nach der Geburt zueinander verhalten.[307] Das wissenschaftlich bahnbrechende, aber für jede Mutter logische Ergebnis war: **Je früher, mehr und länger sich Väter bei der Babycare-Arbeit beteiligen, desto besser schläft die Mutter und desto besser schläft auch das Baby. Mehr noch: Das Baby schläft sogar schneller durch, wenn sich der Papa von Anfang an mehr an der Care-Arbeit beteiligt!**

In Australien hat man die positiven Seiten einer besser schlafenden Neumutter offenbar verstanden und Gelder lockergemacht für ein Netzwerk an Pflegefachfrauen, die auf Babyschlaf spezialisiert sind, die zu frischgebackenen Eltern nach Hause kommen und sie bezüglich des Schlafes der gesamten Familie als System beraten – und eben nicht nur Tipps geben, wie das Baby endlich durchschläft. Sie schauen sich die gesamte Familie an, machen Vorschläge und erarbeiten Strategien, wie alle Familienmitglieder genug Schlaf bekommen. Auch und besonders die Mutter. Man kann auch als gesamte Familie vier Tage und vier Nächte in eine spezialisierte Schlafklinik einchecken, die das Schlafverhalten des Babys und der Familie analysiert und Strategien entwickelt. Bezahlt von der gesetzlichen Krankenversicherung.[308] Das erinnert mich an die ebenfalls vom Staat finanzierte »Kraamverzorgende«[309] in den Niederlanden. Eine ausgebildete Wochenbettpflegerin, die die ersten zwei Wochen nach der Geburt in die Familien kommt, einkauft, kocht und sich um die Geschwisterkinder kümmert – und zwar bis zu acht Stunden am Tag! Oder an das südkoreanische Modell, wo eine vom Staat subventionierte sogenannte »postpartale Nanny« die ersten Wochen nach der Geburt sogar 24/7 in die Familie kommt und dort alles Mögliche übernimmt. In Südkorea gibt es sogar postpartale Hotels! Kein Witz. Das sind Räumlichkeiten, in die eine frischgebackene Mama nach der Geburt ziehen kann und wo sie von Pflegerinnen und Nannys betreut wird, damit sie in der ersten Zeit des Wochenbetts vollends genesen, sich regenerieren und – Achtung – genug Schlaf und eine ausgewogene Ernährung bekommen kann. Ein begleiteter Übergang in die neue Mutterrolle, sieben Tage ungestörtes Durchschlafen, leckeres Essen und Stillberatung inklusive.[310]

Kommen wir zum gesellschaftlich akzeptierten Schlafmangel frischgebackener Mütter bei uns zurück: Schlafmangel ist noch nicht mal das einzige Problem, das Mütter und Babys in den ersten Monaten nach der Geburt gefährdet. Abigail Tucker zitiert in ihrem Buch »Was es bedeutet, eine Mutter zu werden« Studien, die aufzeigen, dass, wenn das Stressniveau von frischgebackenen Müttern zu hoch ist, sie hungrig sind und einem Nervenzusammenbruch nahekommen – was traurigerweise ein Normalzustand einer Mutter im Wochenbett zu sein scheint –, die Hirnstrukturen dieser Mütter regelrecht geschädigt werden.[311] Und zwar langfristig. Ab einem gewissen Stressniveau können irreparable Gehirnanomalien entstehen, die dazu führen können, dass wir unsere Babys häufiger vernachlässigen, sie weniger vor Gefahren schützen (können), sie öfter links liegen lassen, den Kontakt zu ihnen scheuen und uns regelrecht emotional von ihnen zurückziehen.

Mehr noch – und das geht jetzt direkt an die 57 Prozent aller Partner in heterosexuellen Beziehungen, die wenigstens in den ersten vier Wochen Elternzeit nehmen *könnten*, es aber trotzdem nicht tun: Studienergebnisse der Columbia University lassen darauf schließen, dass die Qualität des Bezugssystems um eine werdende Mutter herum der Hauptindikator für ihren nachgeburtlichen geistigen Gesundheitszustand ist.[312] Und dass in Kulturkreisen, in denen Neumütter in unmittelbarer Nähe zu Familienmitgliedern wohnten, es offenbar viel seltener zu Wochenbettdepressionen kam.[313] Heißt umgekehrt: **Hat eine Mutter nicht genug Unterstützung und soziale Interaktion unmittelbar in der Zeit nach der Geburt, erhöht sich die Gefahr einer postpartalen psychischen Störung bei dieser Mutter um 34 Prozent!**[314]

Hallo, Väter! Habe ich das gerade richtig verstanden? Wenn ihr euch von Anfang an 50/50 an der Care-Arbeit beteiligt, sind eure Frauen psychisch und physisch gesünder, haben einen besseren Schlaf, und das Baby schläft sogar schneller durch. Das ist wissenschaftlich erwiesen! Wenn ihr euch aber nicht vollumfänglich bei der Care-Arbeit der ersten Monate nach der Geburt beteiligt und die Mütter dem extremen Stress, der damit einhergehen kann, allein aussetzt, gefährdet ihr die physische wie psychische Gesundheit eurer Frauen?! Was zu Vernachlässigung des Babys und zu postpartalen Depressionen der Mütter führen kann?! Und vor diesem Hintergrund nehmen immer noch nur 43 Prozent aller Väter überhaupt Elternzeit?! Und auch von denen nur ein Teil die ersten und kritischen zwei Monate?! Warum tapezieren wir mit diesen medizinischen Zusammenhängen denn nicht längst alle Innenstädte zu? Warum schreien uns diese Zahlen nicht von riesigen Postern eines jeden Standesamtes, Jugendamtes und jeder Gynäkologie- und Urologenpraxis an? Und warum ist dieser Zusammenhang keine

Leitlinie für die familienpolitische Weichenstellung, um mehr Väter in Elternzeit, in Teilzeit und in Care-Arbeit zu bringen?

Atmen.

Gleichzeitig gehen diese Zahlen nicht nur an die Daddys, sondern direkt ins Postfach der Bundesregierung, die es seit nun mehr als zwei Jahren nicht hinbekommt, den werdenden Vätern wenigstens die versprochenen zwei mickrigen Wochen bezahlte Familienstartzeit anzubieten; und die es gleichzeitig geschafft hat, den Hebammenberuf derart kaputtzusparen, dass deutschlandweit akuter Hebammennotstand herrscht.

Viele Tausend fehlende Hebammen und unzählige Väter also, die seit Jahren keine bezahlte zweiwöchige Familienstartzeit bekommen, auf der einen Seite und viele Hunderttausend, potenziell besinnungslos gestresste, sich am Rande der postpartalen Depression befindende und ihre Babys dadurch möglicherweise vernachlässigende Mütter auf der anderen Seite.

Wie kann denn das schon wieder sein, dass diese Zusammenhänge nicht viel lauter und öffentlicher verhandelt werden?, fragt ihr euch jetzt vielleicht. Tja, weil erstens die Geburt eines Kindes diese vor Glückseligkeit kotzende, mit Zuckerguss überzogene rosarote Bussi-Baba-Baby-Zeit sein soll. Wer wird denn da von schlechter Stimmung, Gehirnschäden und Vernachlässigung sprechen wollen? Und zweitens die Erforschung von Erkrankungen, die frauenspezifisch sind, und Erkrankungen, die mütterspezifisch sind, auf der Agenda der Forschung irgendwo beim vorletzten Fliegenschiss rangiert. Auch nicht überraschend, nachdem wir gelernt haben, wie die Medizin Frauen übersehen hat, dass bei der Erforschung von postpartaler Medizin, postpartalen Körpern und vor allem bei der Erforschung von psychologischen Veränderungen im Wochenbett noch sehr, sehr viel Luft nach oben ist. Was uns zum nächsten unerforschten Abschnitt des Wochenbetts bringt:

dem Vorboten der waschechten postpartalen Depression, im Volksmund auch Babyblues genannt.

Warum bekommen Frauen überhaupt den Babyblues, diese eher kurze Phase der Niedergeschlagenheit, Ängstlichkeit oder Labilität kurz nach der Geburt? Kann die Wissenschaft nicht sagen. Warum bei etwa 20 Prozent aller Babyblues-Betroffenen eine längerfristige postpartale Depression entsteht?[315] Kann die Wissenschaft nicht sagen. Warum Mütter auch Jahre nach dem Wochenbett ein erhöhtes Depressionsrisiko haben? Kann die Wissenschaft nicht sagen. Sie kann auch nicht sagen, warum im ersten Monat nach der Geburt Frauen eine 23-mal höhere Gefahr haben, an einer bipolaren Störung zu erkranken, als im weiteren Verlauf ihres Lebens.[316]

Überhaupt beschäftigt sich die Erforschung des Wochenbetts, wenn sie denn überhaupt stattfindet, mit eher physiologischen Aspekten wie Rückbildung oder Heilung der inneren Organe der Mutter nach der Geburt. Alles, was diese Zeit psychologisch besonders herausfordernd macht, der Stress, die Sorgen, Ängste, Rollenfindungen als Mutter – und überhaupt alles Mentale um das Wochenbett –, sucht man in Ratgebern oder Studien vergebens. Diese Erfahrung beschreibt Jana Heinicke in ihrem Buch »Aus dem Bauch heraus«.[317] Kein Wunder, wenn die allgemein geltende Annahme doch ist, alle Mütter würden sofort überglücklich in der neuen Rolle aufgehen. Wer bräuchte in so einer glückseligen Situation schon Infos zu psychologischem Beistand? Oder den Hinweis, dass man eben nicht unbedingt von Tag Eins an in sein Baby absolut verliebt ist?

Mehr noch: Die Psychologin Lisa Hoffmann, eine der wenigen Forscher*innen weltweit, die das Wochenbett aus einer psychologischen Perspektive untersucht, erklärt in Heinickes Buch, dass wissenschaftliche Arbeiten zu dieser Thematik Schwierig-

keiten haben, überhaupt *publiziert* zu werden.[318] Warum? Weil erstens in der Psychologie die Geburt eines Kindes, anders als der Tod eines Familienmitglieds oder die Scheidung der Eltern, nicht als »kritisches Lebensereignis« angesehen wird und somit auch weder Lehrinhalt noch Forschungsgegenstand im Psychologiestudium ist. Und zweitens, weil die zuständigen Redaktionen in wissenschaftlichen Psychologie-Publikationen Themen wie Geburt und Wochenbett schlicht nicht relevant genug finden.[319]

Sorry, aber bitte was? Psychologische Prozesse rund um die Geburt, also rund um den Vorgang, der das Überleben der menschlichen Zivilisation sichert, werden wissenschaftlich als nicht relevant angesehen?! Das Wochenbett mit seiner hormonellen Explosion im Körper einer Frau und den vielen Einflüssen auf den psychologischen Zustand der Mutter und damit des Babys sind kein kritisches Lebensereignis?! Ich frage mich wirklich ernsthaft, ob diese ganzen unfassbaren Zustände, all das Desinteresse und all die Wissens- und Forschungslücken eigentlich auch genauso vorhanden wären, wenn nicht cis-Frauen, sondern *cis-Männer* gebären würden!

Ganz im Ernst: Würden cis-Männer Kinder gebären, hätten wir dann immer noch so viele eklatante und lebensbedrohliche wissenschaftliche und medizinische Forschungslücken, was die Prozesse und Krankheitsbilder um Schwangerschaft, Geburt und auch Wochenbett angeht, oder wären die Beschaffenheit von Plazenta, Fruchtblase und Dammriss längst salonfähiger Bestandteil einer jeden Büroküchenunterhaltung?

Würden Männer gebären, würde Stillen in öffentlichen Räumen dann wirklich als unangemessen verstanden werden und würden sich dann wirklich Bademeister und Cafébesitzer trauen, Schilder rauszustellen oder in ihren Hausordnungen zu definieren, dass Stillen – also ein Baby am Verhungern zu hindern – in ihren Räumlichkeiten nicht erlaubt ist? Oder wäre es dann eher so, dass man in eigens dafür eröffneten Milchbars Milchweitspritzwettbewerbe veranstalten würde mit tosendem Applaus der breiten Öffentlichkeit und jedes noch so mickrige Büro, jede DB- und jede Lufthansalounge luxuriös ausgestattete Stillräume hätte? Würde das Wunder der Schwangerschaft, das fast schon göttliche Kreieren von anderen Lebewesen, ihren Knochen, Gehirnen und Organen innerhalb eines anderen menschlichen Körpers und das spätere Herauspressen dieses menschlichen Körpers aus einer winzigen Körperöffnung immer noch tabuisiert und angeekelt ins Private verschoben werden? Oder würde es längst Superbowl-artige Public Viewings von Geburten berühmter Hollywood-Daddys geben, mit Standing Ovations und milliardenschweren Übertragungsrechten?

Und wenn wir schon bei Geburten sind: Würden Männer gebären, würden Hebammen in einem Land wie Deutschland dann immer noch lächerliche 1752 Euro netto verdienen?[320] Hätten wir dann immer noch so einen eklatanten Hebammenmangel, sodass je nach Region in Deutschland heute schon zehn bis fünfzig (!) Prozent aller Mütter im Wochenbett auf eine Hebamme verzichten müssen?[321] Würden wirklich 50 Prozent aller frischgebackenen V ä t e r auf eine Hebamme verzichten, die ihrem neugeborenen Baby beim Überleben hilft, ihre blutenden Nippel behandelt und schaut, ob ihr Penis wieder gut zusammenwächst?! Würden wirklich 50 Prozent der Männer auf diese Behandlungen verzichten und zulassen, dass dieser Dienst so sehr kaputtgespart würde? Und hätte dann Ende 2022 unser Gesundheitsminister auch beinahe aus Versehen die Finanzierung von Hebammen auf Wochenbettstationen gestrichen?[322] Oder wäre das alles dann gaaanz anders, und Hebammen wären gehaltstechnisch Fußballmanagerinnen, deren Namen ganze Fußballstadien, Straßenzüge und Universitäten zieren würden?

Ich glaube, wir alle kennen die Antworten auf diese Fragen. Frischgebackene Mütter laufen also Gefahr, einen Haufen Krankheiten zu bekommen, und man weiß nicht wieso. Es wird dazu kaum geforscht, die Ergebnisse werden kaum publiziert oder einfach nicht für besonders relevant gehalten. Gleichzeitig haben besagte Mütter darüber aber nicht wütend zu werden, weil ihnen doch die hormongetriebene Glückseligkeit aus dem gerissenen Arsch zu scheinen hat und sie stattdessen lernen sollten, ihr Wochenbettunbehagen zu unterdrücken, wodurch sie anscheinend *noch mehr* Gefahr laufen, an den sowieso schon viel zu wenig erforschten postpartalen Depressionen zu erkranken.

Cool.

Und so frage ich mich, wie es heutzutage trotz dieser frauen- und mütterfeindlichen Erkenntnisse immer noch große Teile der Bevölkerung geben kann, die all diese Zusammenhänge nicht sehen? Oder ob sie es vielleicht einfach nicht sehen wollen und stattdessen die Fakten dahinter kleinreden und damit das Patriarchat weiterhin am Leben erhalten.

Ich fürchte, es ist ein bisschen was von beidem.

Es ist noch ein langer Weg.

Die Vermessung des Gender Care Gaps

Bleiben wir beim großen Thema Familie, Kinder, Pflege und damit Care-Arbeit und kommen im letzten Buchteil zum lang angekündigten Gender Care Gap, seinen teils völlig unbekannten und absurden Zahlen und meinem Fazit, dass der Gender Care Gap im Grunde der Ursprung allen Übels ist. Dass Männer und Geld angeblich zusammengehören und Frauen und Kinder, dass das eine mit dem anderen auf keinen Fall vermischt werden darf und dass Frauen dank der Care-Arbeit keine Kraft, Ressourcen und Zeit haben, um für sich Geld zu verdienen oder sich zumindest über diese Ungerechtigkeit aufzuregen – all das findet seinen Ursprung im sogenannten Gender Care Gap, den wir uns jetzt gemeinsam vorknöpfen werden. Gin Tonic und Baldrian inklusive.

An dieser Stelle auch eine kleine Entwarnung: Ich will euch jetzt nicht mit schon längst bekannten ollen Kamelen langweilen. Viele von euch, die sich mit den Themen Sorgearbeit oder Care-Arbeit beschäftigen, wissen wahrscheinlich, dass eine Frau in Deutschland täglich im Schnitt fast doppelt so viel Care-Arbeit leistet wie ein Mann,[323] und dass man diese Lücke den Gender Care Gap nennt. In Stunden sieht dieser Wert dann so aus, dass eine Frau im Schnitt täglich 4 Stunden und 13 Minuten Sorgearbeit leistet, ein Mann 2 Stunden 46 Minuten.[324] Vielleicht wisst ihr auch, dass sobald Kinder ins Spiel kommen, der Gender Care Gap in Deutschland sich auf 83 Prozent erhöht.[325] Weil Frauen dann meist noch mehr und Männer meist noch weniger Sorgearbeit übernehmen als zuvor.

Vielleicht wisst ihr auch, dass nach Alter betrachtet ein 34-jähriger Mann mit Kindern aktuell 2 Stunden 31 Minuten

Sorgearbeit leistet, eine 34-jährige Frau hingegen 5 Stunden 18 Minuten. Was – und es wird immer schlimmer – einen Care-Arbeits-Gap von 110,6 Prozent bedeutet.[326]

Keine Überraschung also, dass Frauen und Mädchen weltweit täglich zwölf Milliarden unbezahlte Stunden Care-Arbeit leisten. Was sehr abstrakt klingt, lässt sich mit dem folgenden Beispiel herunterbrechen: **Würde man diese Stunden wenigstens mit einem Mindestlohn bezahlen, entspräche das dem 24-fachen Umsatz von Apple, Facebook und Google im Jahr 2018 – und zwar zusammen![327] Z u s a m m e n !**

So viel also zum aktuellen Care-Gap-Albtraum-Status-quo. Das sind die Dinge, die wir wissen. Kommen wir zu den Dingen, die wir nicht wissen:

Das Märchen von »Der Gender Care Gap betrifft ja meist nur Frauen mit Kindern«

Ich bekomme oft zu hören, dass der Gender Care Gap zwar ein generelles Problem ist, aber meist »nur« Frauen mit Kindern betrifft und auch eher auf dem Land. Für Paare ohne Kinder, vor allem in großen Städten – so die weitverbreitete Meinung –, ist die ganze Care-Arbeitsdebatte ja nicht sooo schlimm, sie sind von diesem Problem eigentlich kaum betroffen, weil Care-Arbeit Kinder voraussetzt.

An dieser Stelle ein ganz klares Nein. Warum? Weil dieses Argument inhaltlich einfach falsch ist. **Denn wisst ihr, wie hoch der Gender Care Gap zwischen Paaren o h n e Kinder ist? Bei 36 Prozent!**[328] In Zahlen heißt das ganz konkret: Jeden Tag sind Frauen ohne Kinder in heterosexuellen Beziehungen 1 Stunde und 6 Minuten länger damit beschäftigt zu kochen und zu putzen, zu planen und einzukaufen, zu überlegen, was die

Schwiegermutter zum Geburtstag bekommt, mit dem Hund zur Hundeschule zu fahren, Hemden zu bügeln, den bettlägerigen Schwiegervater zu pflegen, Bettwäsche zu waschen, aufzuhängen und Betten damit zu beziehen und so weiter und so fort. Und das ganz ohne Kinder im Haus. So viel also dazu.

Diese Paare ohne Kinder arbeiten übrigens auch gar nicht alle gleich viele Stunden – auch so ein Märchen, um die Care-Arbeitsproblematik »nur« bei den Müttern abzuladen. **Wisst ihr, wie viele heterosexuelle Paare ohne Kinder hierzulande wirklich gleich viele Stunden im Betrieb verbringen? Nur 58 Prozent!** Was das bedeutet? Auch Paare ohne Kinder fahren das traditionelle Modell – er macht Vollzeit, sie Teilzeit –, und zwar zu 38 Prozent.[329] Warum? Weil auch bei Paaren ohne Kinder die Frau mehr Care-Arbeit übernimmt und sich häufiger und länger um etwa kranke (Schwieger-)Eltern kümmert und diese Care-Arbeit nun mal mehr Zeit und Ressourcen frisst. Hinzu kommt das bereits mehrfach erwähnte Ehegattensplitting, das Frauen auch ohne Kinder in die Teilzeitfalle lockt, denn das kinderlose Ehepaar kann je nach Einkommen Ende des Jahres mehr als 10 000 Euro sparen – aber nur, wenn sie Teilzeit oder gar nicht arbeitet und er der Hauptverdiener ist.

Kommen wir zum nächsten Klischee, dass angeblich nur Hausfrauen mit vielen Kindern auf dem Land in die Falle der Sorgearbeitslücke tappen. Ja, auf dem Land ist die Care-Arbeitslücke tatsächlich etwas größer als in den Städten.[330] Nur wisst ihr, wie hoch der Gender Care Gap bei den ach so aufgeklärten, feministisch-emanzipierten Paaren in den Großstädten ist? Immer noch bei 44 Prozent![331] Und damit auch über eine Stunde mehr Care-Arbeit pro Tag bei den Frauen als bei den Männern.

Was hier also ganz wichtig ist: **Die Care-Arbeitslücke ist definitiv kein »Mutti-aufm-Land-Problem«, sondern betrifft** buchstäblich j e d e e i n z e l n e F r a u in Deutschland! Und zwar völlig egal, welches Lebensmodell sie gewählt hat; völlig egal, ob sie Kinder hat; völlig egal, wo sie lebt; und völlig egal, ob sie überhaupt einen Partner hat! Denn – und jetzt kommt's – selbst Single-Haushalt-Frauen erledigen m e h r Care-Arbeit als Single-Haushalt-Männer! Und geben folglich ihre wertvolle Zeit für mehr Care-Arbeit aus – statt für ihre Freizeit, für ihre Karrieren, für ihr politisches Engagement, für ihr berufliches wie privates Vorankommen – statt für ihre eigenen Bedürfnisse also für die Bedürfnisse v o n a n d e r e n Menschen.

Die Care-Arbeitslücke – lasst uns das im Chor gemeinsam laut vorlesen – die Care-Arbeitslücke betrifft jede – einzelne – Frau – in Deutschland. Diese Lücke klaut Zeit, Ressourcen und Geld von diesen Frauen. Dessen müssen wir uns bei der Debatte bewusst sein und nicht den Fehler machen, das Thema »bei den Vorortmuddis mit überzogenen Sauberkeitsstandards« abzuladen, gern noch kombiniert mit einem schulterzuckenden »Du hast dir das mit den Kindern ja auch selbst so ausgesucht«. Keine Frau – ob mit Kind oder ohne – hat sich diese unverschämte Lücke ausgesucht. Es ist nur unser aller patriarchales Denken, das Frauen in jeder Lebenslage, jedem Lebensmodell und jedem Lebensort in diese Care-Arbeitsbringschuld hineindrängt.

Warum unsere Zivilisation ohne Care-Arbeit zusammenbrechen würde

Weiter geht's mit völlig absurden Care-Arbeitsstatistiken: Wusstet ihr, wie viel Prozent derjenigen Frauen, die pflegen, aufgrund dieser Pflege ihre Jobs aufgeben müssen und sich so in brisante finanzielle Nöte begeben? 42 Prozent,[332] also fast jede zweite. Wisst ihr, wie viele Männer ihre Jobs nicht mehr ausführen können, weil sie so viel pflegen, dass sie beides nicht parallel machen können? Wollt ihr vielleicht raten? 25 Prozent? Weniger. 15 Prozent? Weniger. Wenigstens 10 Prozent? Weniger. Es sind nur sechs Prozent![333] **Nur sechs Prozent aller Männer, die pflegen, müssen aufgrund dieser Pflege ihren Job aufgeben. Die anderen 94 Prozent können also arbeiten und pflegen parallel. Bei den Frauen aber kann fast jede zweite aufgrund der Pflege ihren Job nicht mehr ausführen. Fast jede zweite!** Unsere gesamte Wirtschaft, unser Wohlstand und die Art und Weise, wie wir leben, würden ohne die privat geleistete Care-Arbeit von überwiegend Frauen zusammenbrechen und nicht mehr funktionieren.

Ist das zu abstrakt? Vielleicht wird es etwas plastischer, wenn ich die SZ-Redakteurin Barbara Vorsamer zitiere, die zu den zwölf Milliarden täglich und kostenlos geleisteten Stunden Care-Arbeit von Frauen weltweit schrieb: »Wer von niemandem geboren und großgezogen wird, wird nie ein produktives Mitglied der Gesellschaft. Wer nichts isst, kann nichts arbeiten. Wer sich nie erholt, ist bald krank und unterstützungsbedürftig.«[334] Und damit teuer für Krankenkassen, Steuerzahler, die Gesellschaft.

Ich wurde mal in einem Interview[335] gefragt, inwiefern unser System denn ohne Care-Arbeit genau zusammenbrechen würde. Vielleicht hilft es ja der einen oder der anderen unter euch, wenn ihr auf Hans-Jürgens 75. Geburtstag mal wieder einem »Das bisschen Haushalt«-Fanklub gegenübersitzt: *Was würde also schon Schlimmes passieren, würden Frauen einfach von einem Tag auf den anderen keine Care-Arbeit mehr leisten?*

- Babys und Kleinkinder würden nichts mehr zu essen bekommen, niemand würde ihre Windeln wechseln, sie waschen, sie davor bewahren, vor fahrende Autos zu laufen, sie würden entweder verwahrlosen, verhungern oder von einem Bus überrollt werden.

- Alte, die man pflegt, würden ebenfalls in ihren Exkrementen liegen, hätten nichts zu essen, keine Medikamente, die rechtzeitig abgeholt, in passende Wochentagsdöschen verteilt und pünktlich verabreicht werden würden. Wahrscheinlich wäre auch hier ein baldiger Tod durch Verwahrlosung oder Nicht-Behandlung unausweichlich.
- Es gäbe zu Hause kein warmes Essen, kein sauberes Geschirr, keine sauberen Hemden, keine saubere Bettwäsche, keine saubere Toilette, keine sauberen Waschbecken.
- Die Folge: Wenn der Mann – nennen wir ihn Christian – nach seiner Arbeit in einem kapitalistischen Fabriksystem, wo er Güter produziert, nach Hause kommt, bräuchte er Ruhe, Essen und Schlaf, damit er am nächsten Tag wieder arbeiten und kapitalistische Güter produzieren kann. Er hätte aber keine saubere Bettwäsche, kein warmes Essen, keinen Trost, keine geruhsame Nacht. Stattdessen aber verstorbene Schwiegereltern, überfahrene Kleinkinder und ein übrig gebliebenes die ganze Nacht durchbrüllendes Schreibaby mit Koliken.
- Ich gehe stark davon aus, dass dieser Mann am nächsten Tag nicht in seine Fabrik zurückkehren könnte. Er würde spätestens am dritten Tag um 3.23 Uhr nachts, wenn das schreiende Baby zum dritten Mal das Bett komplett vollgekotzt hat, auf dem Schlafzimmerboden zusammenbrechen und heulen, einfach weil ihm vor lauter Erschöpfung keine Kraft bleiben würde, um noch irgendetwas anderes zu tun.
- Dieser Mann und die Abermillionen anderen, von der Care-Arbeit ihrer Frauen profitierenden Männer und Kollegen könnten also nicht mehr zur Arbeit erscheinen und

ihre kapitalistischen Güter produzieren, auf deren Handel unser ganzer Wohlstand beruht. Ein paar von ihnen könnten ihre Kinder zwar in Kita und Schule abgeben, aber weil auch diese seit Jahrzehnten kaputtgewirtschaftet wurden, würden die Männer in den wenigen Stunden Kitabetreuung einkaufen, kochen, putzen und vielleicht ein paar Stunden Schlaf nachholen müssen, bevor Kita und Tagespflege gleichzeitig anrufen und verkünden, dass sowohl Baby als auch die demente Schwiegermutter auf den Kopf gefallen sind, bitte abgeholt werden sollen und überhaupt beide Einrichtungen die Pflege in dem Umfang nicht mehr gewährleisten können und wahrscheinlich demnächst ihre Stunden noch weiter reduzieren müssen.

- Die Suche nach neuen Einrichtungen würde die komplette Zeit dieser Männer fressen, in der eigentlich eingekauft, gekocht und geputzt werden müsste, weswegen an Erwerbsarbeit so was von nicht zu denken sein würde und sich stattdessen aufgrund der ständigen nicht enden wollenden Überbelastung an Mental Load, Erwerbs- und Care-Arbeitswahnsinn erste Burn-out-Symptome einstellen würden.
- Die dazugehörigen Chef*innen würden die Sache nicht länger mit ansehen können und besagte Männer entlassen und ihre Abteilungen gleich mit abwickeln, weil ihr Unternehmen vor lauter Familienunfreundlichkeit, Fachkräftemangel und unflexiblen Arbeitszeiten nicht wettbewerbsfähig bleiben und sehr bald eh pleitegehen wird.
- So würde es immer mehr erwerbstätigen Männern gehen, wir würden eine zusammenbrechende Wirtschaft erleben, eine Rezession, einen Wohlstandsverlust.
- Es würden langsam aufkeimende Plünderungen, Verteilungskriege, Anarchie hinzukommen und gleichzeitig

immer mehr verstorbene Babys, verstorbene Alte und damit – und jetzt wird es pathetisch – eine Gefährdung der menschlichen Spezies als solche und der geordneten Zivilisation.

D a s alles würde passieren, würde Care-Arbeit plötzlich nicht mehr geleistet werden. Das ist gemeint, wenn wir sagen: Unser Wohlstand und unser komplettes System beruhen auf unsichtbarer Care-Arbeit. Das ist der Grund, warum unser System, so, wie es ist, ohne Care-Arbeit buchstäblich zusammenbrechen würde.

Ihr könnt diese kleine Dystopie gern durch den Kopierer ziehen und Hans-Jürgens nächstes Geburtstagsgeschenk darin einpacken. Hat er beim Auspacken was zu lesen und freut sich bestimmt ganz doll darüber.

Wie viele Stunden Frauen wirklich arbeiten und wie viel das eigentlich kosten würde

Kommen wir zur nächsten Care-Arbeits-Absurdität. Ihr kennt doch diese Bullshitsätze, von wegen Männer würden meist 40 Stunden die Woche arbeiten und Frauen »nur« Teilzeit, und es sei nur logisch, dass der Mann sich nach Feierabend und am Wochenende ausruhen und folglich nicht mehr im Haushalt übernehmen möchte. Frauen fehlen zu oft die Argumente, um sich dagegen aufzulehnen, weil es so logisch klingt und wir verinnerlich haben, dass nur bezahlte Erwerbsarbeit »richtige« Arbeit ist. Kennt ihr diese Art der Argumentation?

Dann schauen wir uns mal anhand zweier augenöffnender Studien eine konkrete mathematische Einheit an – nämlich die Arbeitsstunden. Der Vorwurf an Frauen mit Kindern lautet also, dass sie meist nur in Teilzeit arbeiten, also vielleicht 15 bis 20 Stunden die Woche, und dann eben mehr Care-Arbeit übernehmen sollten, schließlich arbeiten ihre Ehemänner mit 40 Stunden viel mehr.

Wollt ihr aber wissen, wie viele Gesamtarbeitsstunden – sprich: Erwerbsarbeit plus Care-Arbeit – eine Mutter die Woche im Schnitt so stemmt? Wollt ihr es wissen? Seid ihr bereit für diese wirklich unfassbare Zahl? Es sind: 98 Stunden![336] Das hat vor ein paar Jahren eine US-amerikanische Umfrage unter 2000 Frauen und Müttern ergeben. Das entspricht nahezu 2,5 Vollzeitjobs! Und ist ein 14-Stunden Tag. Und zwar sieben Tage die Woche!

Um den Wochenablauf und die daraus resultierenden Arbeitsaufgaben einer Frau und Mutter sichtbar zu machen, wurden in der Studie die Arbeitsstunden von 2000 Müttern getrackt – und zwar für Care- und Lohnarbeit zusammen. Heraus kam, dass die Frauen im Schnitt um 6.23 Uhr morgens mit ihrer Arbeit begannen und all ihre Aufgaben im Schnitt erst um 20.31 Uhr beendeten. Und das ist nur der Durchschnitt, es gab unter den 2000 Frauen zwar viele, die schon früher mit all ihren Aufgaben fertig waren, aber eben auch viele, die erst wesentlich später am Abend »frei« hatten – ich sage nur niemals endenwollende Einschlafbegleitung.

Auch für deutsche Mütter wurde dieser Wert vom Deutschen Institut für Wirtschaftsforschung errechnet: Auch hier kam heraus, dass Mütter mit kleinen Kindern rund 14 Stunden täglich mit Erwerbs- und Care-Arbeit beschäftigt sind – dabei ist hier der unsichtbare, in Dauerschleife ablaufende Mental Load, den man in Stunden kaum messen kann, noch nicht mal miteinberechnet![337] Diese 14 Stunden mal fünf ergeben schon mal eine 70-Stunden-Woche. Am Wochenende kommen für Frauen weitere zwölf Stunden täglich hinzu, sodass wir wieder im 90-Stunden-Bereich sind.

Überschlagt doch auch ihr gern mal, wann eure Babys oder Kleinkinder – wenn vorhanden – aufstehen, wann sie ins Bett gehen, wer von euch wie oft und lange Alte pflegt, wie viel Zeit das Ganze in Anspruch nimmt und wer von euch unter der Woche dafür verantwortlich ist. Na, auf welche Stundenzahl kommt ihr so? Geht es bei euch auch so Richtung 80 oder 90 Stunden? Das würde mich nicht wundern. Zumal sich diese Zahlen auch mit der Tatsache decken, dass Soziolog*innen bei der Erforschung von Care-Arbeit längst von einer »Zweiten Schicht« sprechen, zu der meist Mütter nach der ersten Schicht ihrer Erwerbsarbeit aufbrechen, sodass bei zwei Jobs 98 Stunden schließlich gar nicht mehr so absurd erscheinen.

Jetzt könnte man natürlich meinen, dass für einen vollständigen und nachvollziehbaren Vergleich eine Studie mit erwerbsarbeitenden Vätern plus deren Care-Arbeit fehlt. Das stimmt, die Arbeitsstunden der Väter wurden bei der US-amerikanischen Studie nicht erhoben. Was wir allerdings wissen, ist, dass die neuen Väter, zumindest in Deutschland, ein Märchen sind und langfristige Untersuchungen zeigen, dass sich die Care-Arbeitsstunden der Väter in den vergangenen mehr als 20 Jahren so gut wie gar nicht verändert haben. Jutta Allmendinger, die Präsidentin des Wissenschaftszentrums Berlin für Sozialforschung, hat das in ihrem Buch »Es geht nur gemeinsam« dezidiert aufgezeigt.[338] Mehr noch: **Aktuelle Studien zeigen, dass Männer mit Kindern sogar mehr Stunden im Büro abhängen und folglich weniger Stunden für Care-Arbeit übrig haben als Männer ohne Kinder.[339] Während Frauen – und das ist nur noch lächerlich –, die mehr Erwerbsstunden arbeiten, zusätzlich noch mehr Care-Arbeitsstunden machen als Frauen, die weniger Erwerbsstunden leisten.**[340] Wahrscheinlich aus einem schlechten Gewissen heraus, weil sie nicht als karrieregeile Rabenmütter abgestempelt werden möchten.

Wir fassen zusammen: Eine erwerbsarbeitende Frau mit Kindern arbeitet also offenbar mehr als das Doppelte pro Woche als bei einem durchschnittlichen 40-Stunden-Vollzeitjob, wodurch das Argument »Sie arbeitet Teilzeit, er nur Vollzeit, ist doch klar, dass sie zu Hause mehr übernimmt« hoffentlich endgültig hinfällig ist.

Wer diese Zahlen aber immer noch wischiwaschi findet, dem möchte ich auf eine zweite, noch absurdere Untersuchung hinweisen, die sich mit dem Zeitaufwand von nur e i n e r e i n z i g e n Care-Aufgabe von vielen befasst hat, einem Bereich der Care-Arbeit, der immer als total praktisch, super easy und vor allem kostenlos dargestellt wird: das Stillen. Falls man denn überhaupt stillen kann und stillen will – beides keine Selbstverständlichkeiten, die auch nicht bei jeder gebärenden Person vorausgesetzt werden sollten.

Als ich Mutter wurde, hatte ich grundsätzlich Bock zu stillen, Stillen hat bei mir bei beiden Kindern gut geklappt, und lange dachte ich, dass ich damit Unsummen an Geld gespart habe. Gespart hat aber eigentlich nur mein Partner. Und mit ihm stellvertretend alle Partner*innen von Müttern, die stillen. Die Stillenden selbst verlieren dabei aber ganz schön viel Kohle.

Was genau meine ich damit? Erstens ist Stillen gar nicht umsonst, es erfordert gerne mal Milchpumpen, Stilleinlagen, Still-BHs, Babyflaschen, Nippelwundcremes, Medizin gegen Milchstaus oder privat bezahlte Stillberatungen. Tatsächlich gehen US-amerikanische Schätzungen[341] sogar davon aus, dass diese ganzen direkten Stillkosten im ersten Babyjahr im Schnitt bei etwa 950 Dollar liegen, die Kosten für gekaufte Babymilch im ersten Babyjahr hingegen bei 1200 Dollar im Jahr. Macht keinen großen Unterschied, und damit ist Stillen definitiv nicht »umsonst«.

Kommen wir nun zu den viel spannenderen, völlig unbeleuchteten und gänzlich unsichtbar gemachten Kosten vom Stillen. Dazu eine kleine Anekdote: Als ich mit meinem ersten Kind in Elternzeit war und mit 28 Jahren die erste Mutter in meinem Freund*innenkreis, wurde ich öfter gefragt, was ich den ganzen Tag eigentlich so mache. Es war nicht despektierlich gemeint, zumindest habe ich das nicht so empfunden. Ich glaube, es war wirklich eine neugierige Frage von Nicht-Eltern, weil sie sich meinen Tagesablauf gar nicht so richtig vorstellen konnten. Und ich konnte tatsächlich gar nicht richtig sagen, was ich eigentlich den ganzen Tag so gemacht habe. Zumindest ging es mir die ersten Monate der Elternzeit so. Jetzt, zehn Jahre und zwei Bücher über die Unsichtbarkeit von Care-Arbeit später, kann ich reflektieren und weiß, dass ich dachte, ich mache »nichts«, weil ich ja nicht »arbeiten« war, sondern »nur mit Baby zu Hause«, was in unserem kapitalistischen Denken nicht mit Arbeit assoziiert wird, sondern irgendwie mit »nichts«. Augenroll-Emoji.

Ich sagte aber auch deswegen, dass ich »nichts« machte, weil ich zu dem Zeitpunkt Begrifflichkeiten wie Care-Arbeit oder Sorgearbeit nicht kannte und mir gar nicht erst in den Sinn kam, dass das, was ich da machte – ein hilfloses menschliches Wesen am Leben zu erhalten – Arbeit war.

Nichtsdestotrotz fühlte es sich schon damals nicht richtig für mich an, sodass ich mich auf die Suche nach belastbaren Zahlen begab. Ich begann, eine gedankliche Strichliste zu führen, wie oft und wie lange ich am Tag und in der Nacht so stillte. Ich legte also eine Art gedankliche Überstundenliste für wenigstens meine Stillarbeit an, die ich bis dato niemals bewusst so bezeichnet hätte.

Während ich diese Überstundenliste ein paar Tage lang gedanklich führte, wurde ich von der schieren Menge geradezu erschlagen. Denn gerade in den ersten Lebensmonaten meines Babys stillte ich alle drei Stunden etwa 20 bis 30 Minuten lang. Allein das waren täglich bis zu fünf Stunden, die ich nur mit Stillen verbrachte. (Dabei waren meine Kinder sehr schnelle Trinker! Wie viele Mütter ich in meinen Bekanntenkreis hatte, die bei jeder Stillmahlzeit viel länger brauchten, um satt zu werden.)

Ja gut Alex, könnte man jetzt meinen, *das sind Einzelerfahrungen, die sich nicht verallgemeinern lassen.* Wie gut also, dass wir mittlerweile zehn Jahre weiter sind in der Sichtbarmachung und vor allem in der Bezifferung von Care-Arbeit und es heute tatsächlich erhobene und gemessene Zahlen zum Stillen gibt. Und jetzt kommt's: Untersuchungen von Stillstunden berechnet auf ein ganzes Jahr zeigen, dass das erste Jahr mit Baby im Schnitt an die 1800 Stillstunden bedeutet.[342] Ist das jetzt viel oder wenig? **Wie viel sind 1800 Stillstunden? Setzen wir sie doch mal mit der durchschnittlichen Jahresarbeitszeit eines Vollzeitjobs in Deutschland im Jahr 2019 in Relation. Und jetzt ratet doch mal, wie viele Erwerbsstunden im Vergleich zu diesen 1800 Stillstunden durchschnittlich ein Vollzeitjob frisst? Seid ihr bereit für diese Zahl? Es sind 1639 Stunden!**[343]

Ich bin komplett vom Glauben abgefallen, als ich diese Zahlen las! Überlegt doch mal! Die Stunden, die eine Frau im ersten Babyjahr stillt, nehmen also m e h r Jahresarbeitsstunden in Anspruch als ein Vollzeitjob! Mit dem klitzekleinen Unterschied, dass diese Arbeit – nennen wir sie Stillarbeit – komplett unbezahlt erfolgt! Und wir feiern auch noch, dass sie angeblich komplett k o s t e n l o s geschieht?!

Oder wie es die US-Journalistin Amy Hirsch in einem Artikel treffend zusammenfasst: Wenn man sagt, dass Stillen »umsonst« ist, wird damit die Zeit der stillenden Eltern als wertlos dargestellt.[344]

Allein das Füttern eines Babys frisst also mehr Zeit als ein Vollzeitjob. Und dabei ist das ja nur ein Bruchteil dessen, was man sonst alles macht: Das stundenlange Herumlaufen und Kinderwagenschieben, damit das Baby dreimal am Tag zwei Stunden schläft, das täglich zehnfache Windelnwechseln, das zusätzliche Pflegen und Versorgen eines Babys mit möglicher Behinderung, das Waschen, Pflegen, Einkaufen, Planen, Besorgen, Putzen, Trösten, das Ganze oft nicht nur für ein, sondern für mehrere Kinder parallel, das Gefühl der ständigen, andauernden und niemals endenden Dauerbereitschaft – das alles ist da noch nicht mal miteingerechnet! Und da fragen Leute ohne Kinder ernsthaft, was man als Eltern den ganzen Tag so macht?!

Wenn ihr also oder eure Freund*innen das nächste Mal gefragt werdet, was ihr in der Elternzeit eigentlich so macht, könnt ihr einfach eine Woche lang Buch führen, wie viel Stunden euch das Stillen, Tragen, Wickeln, Trösten und der ganze andere Care-Arbeitswahnsinn kostet, oder sie zähnefletschend auf die schönen Zahlen aus diesem Buch verweisen.

Wie viel könnte man für Care-Arbeit pro Monat verlangen?

Kommen wir nach all den Stunden der Care-Arbeit zu den konkreten Summen, die diese Stunden eigentlich wert sind. »Der Begriff ›arbeitende Frau‹ (ist) eine Tautologie«, schreibt Caroline Criado-Perez dazu sehr passend. Denn: »Frauen, die nicht arbeiten, gibt es nicht. Es gibt nur Frauen, die für ihre Arbeit *nicht bezahlt werden.*«[345] **Wisst ihr, was diese care-arbeitenden Frauen verschiedenen Berechnungen zufolge jährlich eigentlich verdienen müssten, würde man all ihre Jobs, die sie in 80 bis 90 Stunden die Woche bewerkstelligen, bezahlen? Auch dazu** gibt es Untersuchungen. Und die belaufen sich je nach Schätzungen auf 30 000 Euro bis – Achtung – 180 000 Euro im Jahr![346] Leute! Neben all den Geldern, die Frauen sowieso schon durch Gender Pay Gap, Child Penalty und Gender Lifetime Earnings Gap durch die Lappen gehen, geht ihnen diese Summe auch noch flöten.

Na, möchtet ihr dem Mann, der um 19 Uhr die Füße hochlegt, weil er einen so harten 40-Stunden-Job hat, auch gerade an die Gurgel gehen?

Solltet ihr natürlich nicht. Aber zumindest jetzt sollte jedem und jeder eindeutig klar werden, wie viel Care-Arbeit tatsächlich wert ist und wie viel unser System den Millionen Müttern in diesem Land bezahlen müsste, es aber nicht tut.

Gehälter für Hausarbeit müssen endlich intensiv diskutiert werden, schreibt Barbara Vorsamer, »doch damit die Debatte von der gefühlten zur konkreten Ebene kommt, braucht es ein funktionierendes Rechenmodell, das aussagekräftige Ergebnisse liefert und die unbezahlte Arbeit erst einmal sichtbar macht, als Teil des Wirtschaftssystems.«[347] Und jetzt, Achtung: Ein solches Rechenmodell gibt es aber schlicht und ergreifend nicht – »auch weil sich kaum Ökonomen dafür zuständig fühlen«.[348]

Was soll man dazu noch sagen? Care-Arbeit soll in Deutschland allein nach Schätzungen des Statistischen Bundesamtes schon 2013 in etwa ein Drittel unseres Bruttoinlandsproduktes betragen haben.[349] Aber hey, warum dem einen materiellen Wert zuordnen, wenn es doch auch so schön freiwillig, aus Liebe und mit Kusshand gemacht wird?

Ja, aber Moment, Alex, könnte man jetzt meinen, *zumindest Mütter in Deutschland kriegen ja schon noch Rentenpunkte dafür, dass sie Kinder in die Welt gesetzt haben. Dafür gibt es pro Kind immerhin drei Rentenpunkte, einen Punkt pro Jahr. So als hätte man in den ersten drei Jahren pro Kind drei Jahre lang ein durchschnittliches Einkommen erwirtschaftet.* Ja, das stimmt, in Deutschland bekommt man pro Kind drei Rentenpunkte gutgeschrieben. Das wissen die allermeisten Frauen. Was aber die wenigsten wissen, ist, dass man diese Rentenpunkte bei der Deutschen Rentenversicherung überhaupt erst mal g e l t e n d machen muss. Das passiert nämlich nicht automatisch, man muss da anrufen, einen mehrseitigen (!) Antrag stellen und ihnen explizit sagen, dass man diese Rentenpunkte angerechnet haben möchte.

Und was wirklich wenige wissen, inklusive mir bis vor einem halben Jahr: **Wisst ihr, wie hoch ein Rentenpunkt aktuell überhaupt ist? Etwa 37 Euro. Das heißt, dafür, dass wir ein Kind bekommen haben, werden wir vom Staat am Ende einen Rentenzuschuss von etwa 111 Euro pro Monat bekommen. Brutto!** Diese 111 Euro werden auch noch versteuert werden müssen. 111 Euro Rente pro Monat als »Dankeschön« für den Arbeitnehmer und Rentenzahler von morgen. 111 Euro als »Dankeschön« dafür, dass wir, w e i l wir dieses Kind bekommen haben, bis zu 50 Prozent an Gehalt und Rente verlieren. 111 Euro dafür, dass wir unsere Karriereambitionen verschoben oder gänzlich aufgegeben haben. 111 Euro versus die in etwa eine Million Euro Lebenseinkommen, die Mütter im Schnitt einbüßen. Diese 111 Euro brutto sollen also 18 Jahre Care-Arbeit, Lohn- und Renteneinbuße wiedergutmachen. Ich glaube, es hackt.

Und so fand ich es nur folgerichtig, als mir eine Mutter neulich schrieb, dass sie ihrem Mann nun die abendliche Einschlafbegleitung ihres gemeinsamen Kindes in Rechnung stellte. 25 Euro bekam sie von ihm dafür, dass sie sich jeden Abend zwei Stunden neben das Kinderbett legte und Händchen hielt. Vielleicht sollten das alle Frauen in klassischen Partnerschaftsmodellen tun – zumindest die, die in nicht gewaltvollen Beziehungen mit gesunden Partnern leben – und sich die Zuschläge für Wochenendfahrten zu Fußballturnieren, fürs nächtliche Stillen und stundenlange Herumschuckeln und die Zig-Stunden-Schichten Care-Arbeit bezahlen lassen. Wenn nämlich die Väter merken, welches Loch es in ihre Portemonnaies reißt, gehen vielleicht auch sie auf die Barrikaden, starten auch sie Petitionen und streiken auch sie, dass Care-Arbeit gefälligst vom Staat bezahlt werden soll. Traurig genug, aber man wird auf sie, auf diese mittelalten, deutschen, weißen Männer wahrscheinlich eher hören als auf ihre Frauen, die bereits seit Jahrzehnten mehr finanzielle Gerechtigkeit für ihre Care-Arbeit fordern.

Wie Care-Arbeit Frauen krank macht

Keine Sorge, ich will jetzt nicht die alte Leier runterrattern, dass Care-Arbeit viel anstrengender ist, als mit »Das bisschen Haushalt« gern dargestellt wird. Ich möchte den ganzen Wahnsinn, dass sich überwiegend Frauen für Care-Arbeit verantwortlich fühlen, an ein paar anderen einprägsamen Zahlen und Studien aufzeigen. Und vielleicht solltet ihr schon mal vorsorglich mit den Atemübungen anfangen:

Wir erinnern uns alle an den Status quo, dass gerade Mütter über viele Monate, wenn nicht sogar Jahre hinweg 80- bis sogar 90-Stunden-Wochen Care-Arbeit verrichten. Gleichzeitig wird in vielen Studien untersucht, wie sich eigentlich Überstunden in der *Lohnarbeit* auf den Gesundheitszustand auswirken, wenn man dort bei 50 bis 60 Stunden die Woche landet. Lange Zeit haben sich Forscher*innen nämlich gefragt, warum denn gerade Frauen bei diesen Untersuchungen gesundheitlich so viel schneller an ihre Belastungsgrenzen kamen und ihre Körper diesen 50- bis 60-Stunden-Wochen bei der Lohnarbeit so viel weniger standhielten als Männer. Spoiler: Es lag sehr wahrscheinlich daran, dass all die untersuchten »Arbeitsstunden« lediglich als Erwerbsarbeitsstunden definiert wurden und – oh Wunder – die unsichtbaren Care-Arbeitsstunden, die diese Frauen *nach* dem Feierabend leisteten, nicht in die Berechnung hineingeflossen sind.

Ganz ehrlich: Wie kann man das eigentlich nicht mitbedenken? Wie können Wissenschaftler*innen, die ansonsten alle Variablen, die Einfluss auf das Studienergebnis haben könnten, kontrollieren – die Tatsache aber, dass Frauen an einem 24-Stunden-Tag physisch viel mehr Stunden care-arbeiten und viel weniger Stunden zur Erholung haben als Männer, ignorieren?

Kommen wir zu den Ergebnissen dieser Studie zurück: Demnach erkranken Frauen ab einem Pensum von 55-Stunden-Wochen – und wir reden hier immer noch von »nur« Erwerbsstunden – deutlich eher an Depressionen und Angststörungen, bekommen Herzerkrankungen und Krebs, landen öfter in Krankenhäusern und haben ganz generell eine höhere Sterblichkeitsrate.[350] Mehr noch, die Politikwissenschaftlerin Jo Lücke zitiert auf ihren Social-Media-Kanälen weitere Studien, die aufzeigen, wie sehr sich ständig wiederholende und stumpfe Aufgaben auf die geistige Gesundheit auswirken.[351] Und dass Personen mit solch einer Arbeit stärker zu geistiger und körperlicher Ermüdung, Langeweile, Unzufriedenheit und Unruhe neigen, was ebenfalls zu mehr Stress und Angstzuständen führen kann.

Bringen wir diese verschiedenen Befunde zusammen, bedeutet es, dass Frauen also nicht selten 90-Stunden-Wochen arbeiten und gleichzeitig gerade in der Care-Arbeit viele wenig abwechslungsreiche Aufgaben darunter sind. Gleichzeitig belegen Studien, dass Menschen schon bei 50- bis 60-Stunden-Wochen – von den 90-Stunden-Wochen ganz zu schweigen – alarmierend oft an Depressionen, Angststörungen, Herzerkrankungen und Krebs erkranken. Während gleichzeitig Jahr für Jahr Hunderttausende Kita-, Pflege- und Müttergenesungswerkplätze fehlen?! Habe ich das alles gerade richtig verstanden?

Was wollt ihr denn noch alles?! lautet der Titel dieses Buches. WIE WÄRE ES MIT: NICHT STERBEN, WEIL ICH MICH UM ANDERE MENSCHEN IN MEINER FAMILIE KÜMMERE!

Ich weiß ja nicht, wie es euch geht, aber ich bin vom Atmen längst auf Gin Tonic umgestiegen.

Wie Care-Arbeit zu Scheidungen führt

Nachdem wir also erfahren haben, dass Care-Arbeit Frauen krank macht und die Überlastung dank der sich ständig wiederholenden Aufgaben bei Frauen zu lebensbedrohlichen Krankheiten führen kann – ratet doch mal, was passiert, wenn Frauen nach Jahren umsonst geleisteter Care-Arbeit tatsächlich krank werden? **Männer verlassen ihre Frauen häufiger, wenn diese pflegebedürftig werden, als andersherum.** Und ja, auch diese Zahl ist wissenschaftlich belegt. Zwar ist die grundsätzliche Zahl der Scheidungen aufgrund von Krankheiten relativ gering, doch die britische Zeitung »The Guardian«[352] zitiert eine Studie von 2009, die aufzeigt, dass, wenn in einer Ehe jemand an einem Hirntumor erkrankt, Männer ihre kranken Frauen siebenmal häufiger verlassen als andersherum. Wissenschaftliche Eintagsfliege? Leider nein. Verschiedene andere Studien zu Herzerkrankungen und Schlaganfällen von

Ehefrauen zeigten später ähnliche Tendenzen bei der Scheidungswilligkeit der Ehemänner.[353] Die US-Soziologin Miete Beth Thomeer fasst es sehr passend zusammen: »Die Studienlage stellt grundsätzlich fest, dass die Gesundheit der Männer von einer Ehe eher profitiert als die Gesundheit der Frauen.«[354]

Abgesehen von dem sehr faden Beigeschmack, den diese Ergebnisse haben, sind die Zahlen sowohl für die Verlassene als auch für die Pflegende eine finanzielle Strafe: Die verlassene kranke Ex-Frau ist bestraft, weil sie – wenn es Kinder gab – mit einer mehr als 75-prozentigen Wahrscheinlichkeit ihre Stunden für diese Kinder reduzierte, ihrem Mann den Rücken freihielt und damit massiv an eigenen Karriereschritten, Gehaltserhöhungen und Rentenpunkten einbüßte, und jetzt, wo sie im Alter finanziell von ihm abhängig ist, wird sie krank, und er verlässt sie. Heißt: Altersarmut, die Erste.

Andersherum wird die gesunde, beim kranken Mann bleibende Frau e b e n f a l l s finanziell bestraft, weil sie höchstwahrscheinlich in einer ähnlichen finanziellen Abhängigkeit von ihrem Mann lebt und jetzt eventuell entweder die finanzielle Last stemmen muss oder, wenn er für solche Fälle vorgesorgt hat, zwar nicht finanziell einspringen muss, aber sehr wahrscheinlich Stunden reduzieren oder ihren Job gänzlich aufgeben muss, um den kranken Mann zu pflegen, was sie auf lange Sicht wieder finanziell in den Ruin treiben kann, weil: Care-Arbeit wird ja nicht bezahlt. (Außer die lächerlichen knapp 900 Euro, die man auf höchster Pflegestufe vom Staat ausgezahlt bekommt, wenn man einen Familienangehörigen pflegt – was ganz sicher keinem Lohn gleichkommt.) Heißt also für die pflegende Ehefrau: Altersarmut, die Zweite.

Ich weiß, ich male hier ganz schön schwarz, und ich will »die Männer« hier wirklich nicht als kaltherzige, egoistische, ihre kranken Frauen verlassende Arschlöcher darstellen.

Nur müssen wir uns mit diesen Zahlen doch irgendwie beschäftigen. Denn offenbar scheint »in guten wie in schlechten Zeiten« – auf Englisch noch passender: »in sickness and in health« – wohl eher nur für sie zu gelten. Und weniger für ihn.

Ist das wirklich die Zukunft, die wir uns auch für unsere Töchter und Söhne wünschen? Also, ich sicher nicht.

Warum das Patriarchat wissentlich Geld ins Klo spült

Schaut man sich die Zusammenhänge in diesem Buch an, kommt man immer wieder und unwiderruflich zu der Quintessenz, dass sehr viele Probleme unserer Zeit auf die durch das Patriarchat hervorgerufene Care-Krise zurückzuführen sind. Wie genau meine ich das? Arbeiten wir uns doch mal Punkt für Punkt durch verschiedene aktuelle sozialpolitische Probleme durch:

Fachkräftemangel? Kommt durch rückläufige Geburtenraten zustande. Warum bekommen Leute weniger Kinder? Weil Kinder zu kriegen Mütter arm macht. Und warum arbeiten nicht mehr Frauen mehr Stunden oder gar Vollzeit, um diesen Fachkräftemangel zumindest teilweise aufzufangen? Weil die Politik für Betreuung viele Jahrzehnte kein Geld hatte und aktuell 370 000 Kitaplätze und 100 000 Erzieher*innen fehlen, weil Care-Arbeit ganz allgemein nicht wertgeschätzt wird. Sprich: Fachkräftemangel ist Teil der Care-Krise.

Pflegenotstand? Hängt damit zusammen, dass typische Frauenberufe schlechter bezahlt werden, weil Pflege als weibliche Aufgabe gilt und daher jahrzehntelang kaputtgespart wurde. Aber auch hier durch Fachkräftemangel. Und Fachkräftemangel wieder durch rückläufige Geburtenraten, weil Kinder zu bekommen Mütter arm macht und die Politik für Betreuung viele Jahrzehnte kein Geld hatte, weil Care-Arbeit ganz allgemein nicht wertgeschätzt wird. Sprich: Pflegenotstand ist Teil der Care-Krise.

Kitakrise? Kommt auch daher, dass typische Frauenberufe schlechter bezahlt werden, weil Erziehen als weibliche Aufgabe gilt und daher jahrzehntelang kaputtgespart wurde. Aber auch hier durch Fachkräftemangel, der wieder durch rückläufige Geburtenraten zustande kommt, weil Kinder arm machen, weil Care-Arbeit nicht wertgeschätzt wird. Sprich: Auch Kitakrise ist Teil der Care-Krise.

Selbst Gewalt gegen Frauen hängt mit der Care-Krise zusammen, wie die Scheidungsanwältin Asha Hedayati in ihrem Buch »Die stille Gewalt« beschreibt:[355] Unzählige Frauen in gewalttätigen Beziehungen bleiben bei ihren Partnern, weil sie dank Teilzeitfalle und unbezahlter Care-Arbeit finanziell von ihren gewalttätigen Männern abhängig sind und eine Trennung für sie bedeuten würde, dass sie weder sich selbst noch ihre Kinder allein durchbringen könnten. Würde man Care-Arbeit aber bezahlen, hätten diese Frauen ganz andere finanzielle Möglichkeiten, sich zu trennen und die Opferzahlen häuslicher Gewalt würden drastisch sinken. Sprich: Auch Gewalt gegen Frauen ist Teil der Care-Krise.

Und da wir nun lange genug darüber gebrütet haben, dass das Problem der Care-Krise unfassbar kompliziert und quasi unlösbar erscheint, kommen jetzt – überraschenderweise – positive und hoffnungsvolle Töne. Ja, tatsächlich, von mir! Ich bin nämlich über ein paar Zahlen gestolpert, die mich recht hoffnungsvoll stimmen. Zahlen, die zeigen, wie viel es nicht nur Frauen bringen würde, wenn man sie auf dem Arbeitsmarkt und in der Care-Arbeit endlich gleichwertig behandeln würde, sondern auch den U n t e r n e h m e n . Wenn es also selbst den Firmen Geld in die Kassen spülen würde und somit auch unsere Wirtschaft und das Finanzamt profitieren, dann müssten wir doch alle an Bord sein, oder? Schauen wir uns doch ein paar positive Zahlen an, wie der Markt und auch der Staat finanziell davon profitieren würden, würden wir die Gleichstellung wirklich und schnell vorantreiben.

Stichwort Effizienz: Aktuell ist es so, dass jede zweite carearbeitende Person auf dem Arbeitsmarkt diskriminiert wird.[356] Mütter nach der Elternzeit erwischt es noch härter: Hier geben nahezu 70 Prozent an, in ihrem Job nach der Rückkehr mindestens einmal diskriminiert worden zu sein:[357] Kündigungen am ersten Tag nach der Rückkehr aus der Elternzeit, Degradierungen von Führungsstellen, Aberkennung von Boni, Weiterbildungen oder Inflationsprämien während der Elternzeit und so weiter und so fort. Warum? Weil Mütter angeblich ständig krank sind, ihre Kinder angeblich ständig krank sind, sie nicht rund um die Uhr erreichbar sind, nur Teilzeit arbeiten, keine Termine nach 14 Uhr wahrnehmen können, angeblich nur ihre Kinder im Kopf haben, sich nicht auf ihre Arbeit konzentrieren können und ihre Kitas ständig dichtmachen. Deswegen möchte man Eltern, vorwiegend Mütter, nicht einstellen. Da ist es schon lustig, dass eine aktuelle Studie der Universitäten Konstanz, Zürich und des Forschungsinstituts der Zukunft der Arbeit in Bonn ergab, dass das alles überhaupt nicht stimmt. Die Studie zeigt, dass etwa Wirtschaftswissenschaftlerinnen mit Kindern nach einer Elternzeit über ein besseres Zeitmanagement als andere Mitarbeiter*innen verfügten.[358] Mütter mit zwei und mehr Kindern seien sogar noch produktiver als Frauen mit nur einem Kind. Und selbst wenn Kleinkinder oft krank sind, wird sich das in der Erwerbsbiografie wieder ausgleichen, denn Eltern, die älter als 40 Jahre sind, melden sich laut Studie sogar seltener krank als ihre jüngeren kinderlosen Kolleg*innen. So viel also zu der gängigen Praxis, dass Stellen von Müttern in der Elternzeit entweder wegrationalisiert oder an jüngere, männliche Mitarbeiter ohne Kind vergeben werden, weil man davon ausgeht, dass würde sich langfristig lohnen. Tut es nicht.

Stichwort Fluktuationsausgaben: Gerade weil zahlreiche Frauen mit oder ohne Kind sich an gläsernen Decken, gläsernen Klippen oder was die Jobdiskriminierung noch an gläsernen Unsäglichkeiten für Frauen bereithält, abrackern und innerlich kündigen, ist die Fluktuation in solchen Unternehmen besonders groß. Auch wenn Frauen oft gegen jüngere, kinderlose Männer ausgetauscht werden, ist eine hohe Fluktuation die Folge. Und was bedeutet hohe Fluktuation in der Regel? Anwaltskosten, Abfindungen, Stellenausschreibungen, Social Media Ads, Personalgespräche, Bewerbungsverfahren, Headhunter, Übergabe- und Einarbeitungsphasen – zusammengefasst: Hohe Fluktuation kostet Unternehmen durchschnittlich unfassbare 14 900 Euro – pro Stelle![359] Ein ganz schön hoher Preis dafür, dass man eine vermeintlich unkonzentrierte Mutter rauswirft und an ihre Stelle einen vermeintlich konzentrierteren Mann ohne Kinder setzt. Und ganz schön viel Holz, das man einsparen könnte, würde man endlich mal mit der Diskriminierung der Mütter aufhören.

Stichwort Profitsteigerung: Wie könnten Unternehmen noch davon profitieren, wenn sie wirklich und wahrhaftig Diversität und Gleichstellung aller gesellschaftlichen Gruppen leben würden? Das zeigte im Jahr 2020 eine McKinsey-Studie, die die Performance von mehr als 1000 Unternehmen in 15 verschiedenen Ländern miteinander verglich. Das Ergebnis: Unternehmen, in deren Chef*innenetagen eine hohe Geschlechtergerechtigkeit herrschte, hatten eine 25 Prozent größere Wahrscheinlichkeit, überdurchschnittlich profitabel zu sein. Mehr noch: **Waren im Vorstand besonders viele ethnische und migrantische Gruppen vertreten, stieg die Wahrscheinlichkeit, profitabler als der Durchschnitt zu sein, um 36 Prozent**.[360]

Stichwort Fachkräftemangel: An der Teilzeitfalle könnte man auch schrauben. Ihr wisst es ja bereits: Umfragen zeigen immer wieder, dass ein großer Teil der weiblichen Teilzeitkräfte unfreiwillig in Teilzeit arbeitet, weil fehlende Kitas, Pflegeplätze, Ganztagesbetreuung und weil fehlende Männer, die freiwillig oder unfreiwillig ihrerseits wiederum in Vollzeitfallen stecken. Was würde also passieren, würden Politik und Wirtschaft in die Fehlerfindung gehen und an den 370 000 fehlenden Kitaplätzen, 100 000 fehlenden Erzieher*innen und 200 000 fehlenden Pflegekräften für unsere alten Eltern und Schwiegereltern und Kinder mit Behinderung etwas drehen? Würden die 2,5 Millionen derzeit in Teilzeit erwerbstätigen Mütter ihre Wochenarbeitszeit nur um jeweils eine Stunde erhöhen, dann entspräche das 70 000 neuen Vollzeitstellen.[361] **Familienministerin Lisa Paus ging sogar einen Schritt weiter und erklärte: Würde man alle Frauen mit Kindern unter sechs Jahren so viele Stunden im Job arbeiten lassen, wie sie gern würden, dann hätten wir sogar mit einem Schlag 840 000 Arbeitskräfte mehr!**[362] Selbst Arbeitgeberverbände erklären mittlerweile: Gute Kinderbetreuung ist keineswegs ein privates Muttiproblem, sondern ein ganz klarer Standortvorteil. Und: Je besser die Betreuung, desto größer der Effekt im Kampf um die besten Fachkräfte.[363]

Stichwort Staatseinnahmen: Hätten Kitas mehr Erzieher*innen und würden endlich häufiger ganztags und weniger halbtags öffnen, würde das Einkommen der Frauen deutschlandweit im Schnitt um 290 Euro monatlich ansteigen, bei Akademiker*innen sogar um 425 Euro, rechnet die Professorin für Volkswirtschaftslehre an der Hochschule Reutlingen, Larissa Zierow vor.[364] Damit würden wir nicht nur Millionen Frauen aus der Altersarmut holen, nein, Produktivität und Wirtschaftswachstum würden zulegen, die staatlich gezahlten Sozialausgaben für diese Frauen würden sinken und die Steuereinnahmen gleichzeitig steigen.

Was noch? Ach ja, Frauen stecken ja nicht nur wegen der

fehlenden Erzieher*innen und Pfleger*innen in Teilzeit- und Armutsfallen, sondern auch wegen des unsäglichen, bereits erwähnten Ehegattensplittings, das die (meist heterosexuellen) Paare mit mehr als 10 000 Euro pro Jahr entlastet, wenn einer richtig viel arbeitet und verdient – meist der Mann – und eine richtig wenig arbeitet oder gar nichts verdient – meist die Frau. Das Ehegattensplitting, das die SPD vor Kurzem abschaffen wollte, was aber von der FDP erfolgreich ausgebremst wurde.[365] **Tja, wisst ihr, was passieren würde, wenn wir dieses antiquierte, patriarchale Modell abschaffen oder grundlegend reformieren würden? Wir hätten locker eine halbe Million (!) mehr Vollzeiterwerbskräfte auf dem Markt, hat neulich das Rheinisch-Westfälische Institut für Wirtschaftsforschung (RWI) errechnet,[366] und frei gewordene 20 Milliarden Euro Subventionsgelder obendrein.**[367] Pro Jahr. Aber hey, so ein Relikt aus den Good Old Days, als Frau noch den Ehemann um Erlaubnis bitten musste, um überhaupt arbeiten gehen zu dürfen, ist doch auch ganz nett.

Dabei ist mir schon bewusst, dass wir als Gesellschaft nicht auf eine »Alle sollen Vollzeit arbeiten, bis sie umfallen«-Zukunft hinauswollen, allein schon aus ökologischen Gründen nicht. Nur ist es schon komisch, warum sich Politiker und Konzernchefs regelmäßig für 42-Stunden-Wochen aussprechen oder für Rente ab 70, weil sie Arbeit ach so »geil« finden,[368] gleichzeitig aber nicht auf die Idee kommen, das Ehegattensplitting abzuschaffen – würde es doch theoretisch viele Hunderttausend von Frauen in den »geilen« Arbeitsmarkt bringen. (Wie »geil« die Arbeitsumstände in typischen Frauenberufen heute wirklich sind, sei mal dahingestellt.)

Stichwort Bruttoinlandsprodukt: Und dann gibt es noch die ganz großen Zahlen, die schwarz auf weiß belegen, wie viel Geld, wie viele Milliarden eine wirkliche und gelebte

Gleichstellung unserer Wirtschaft konkret bringen würde. Zahlen aus einer gemeinsamen Untersuchung der Harvard University mit der Unternehmensberatungsagentur Accenture zum Beispiel, die einerseits ebenfalls aufzeigen, dass mehr als die Hälfte aller Teilzeitkräfte (meist Frauen) unfreiwillig in Teilzeit sind. **Andererseits: Würden diese sogenannten »Hidden worker« wenigstens einen Tag pro Woche mehr erwerbsarbeiten und dafür im Gegenzug Unterstützung für die Care-Arbeit erhalten, würde das Deutschland jährlich 14,8 Milliarden Euro zusätzlich ins Bruttoinlandsprodukt spülen.**[369]

Wir fassen zusammen: Würde Deutschland radikal und massiv wie noch nie in den Kita- und Pflegeausbau investieren, und zwar so, dass es anschließend nicht nur mehr Plätze, sondern auch das dazugehörige Personal gäbe, und würde Deutschland endlich die Vätermonate erhöhen und in die Erhöhung des Elterngeldes investieren und somit finanzielle Anreize schaffen, um den Anteil der Väter an der Care-Arbeit zu vergrößern, hätten wir Millionen von Frauen in höherer Erwerbsarbeit bei gleichzeitig sich schließender Fachkräftemangellücke, bei gleichzeitiger Steigerung der Steuereinnahmen, des Produktionswachstums und damit des Bruttoinlandsproduktes.

So schwer ist diese Rechnung doch gar nicht. Die Zahlen dahinter sind da, sie sind belegt, und zwar von wissenschaftlichen Studien, Wirtschaftslehrstühlen und Beratungsunternehmen weltweit: Erhöhe massiv deine Ausgaben für Kita, Pflege und finanzielle Anreize für Care-Arbeit für Männer – oder mit anderen Worten: behebe die Care-Krise –, und du löst damit nicht nur sehr viele arbeits- und sozialpolitische, sondern gleichzeitig auch sehr viele daraus resultierende volkswirtschaftliche Probleme! Und steigerst ganz nebenbei dein Bruttoinlandsprodukt!

Warum also tut das der Staat nicht? Warum tut der Staat stattdessen genau das Gegenteil und sabotiert all diese Entwicklungen? Falls ihr an der Stelle eine schnelle und verständliche Antwort erwartet habt, muss ich euch leider enttäuschen. Denn hier weiß ich auch nicht mehr weiter. Wenn ich sehe, dass da Fakten sind, Zahlen und Statistiken und sogar ganz konkrete finanzielle Benefits, die dafürsprechen, eine Sache von X auf Y zu drehen, warum folgt man diesen Fakten und diesen Analysen dann nicht? Wenn es doch *sogar* dem Kapitalismus und auch unserem *Wohlstand* langfristig und nachhaltig konkret Geld in die Taschen spülen würde? Warum spülen Wirtschaft und Politik dieses Geld stattdessen lieber wissentlich ins Klo?

Das bekam ich lange Zeit einfach nicht in meinen Kopf. Und wenn ich ganz ehrlich bin, kann ich es immer noch nicht nachvollziehen, aber nach eingehender Recherche zumindest die Mechanismen dahinter besser verstehen.

Denn diese Fakten, Studien und Zahlen lösen eben nicht bei allen Menschen dieselbe Schlussfolgerung aus, sagte mir die Expertin für Familienpolitik und Bestsellerautorin Anne Dittmann. Weil du als CEO oder Manager*in diese Fakten auch erst mal glauben musst. Und wenn diese Zahlen vergleichsweise neu sind, was sie ja sind, braucht es einfach noch ein paar Jahrzehnte, bis sie in jeder Führungsetage als gegeben angenommen und als das akzeptiert werden, was sie sind. Nämlich: Fakten.

Nehmen wir die Klimakrise, zum Beispiel: Die Zahlen, Zusammenhänge und Folgen sind ja auch seit mehr als einem halben Jahrhundert bekannt, sie werden von 99,9 Prozent aller Wissenschaftler*innen auf der ganzen Welt gestützt, und trotzdem reagieren Unternehmen und Regierungen nicht so, wie sie es sollten. Selbst Ex-Präsidenten der mächtigsten Nationen der Welt lassen heute noch immer Zweifel daran, ob die Klimakrise tatsächlich menschengemacht ist.

Bleiben wir also bei der Parallele zur Klimakrise, lässt sich auch hier bei vielen Entscheidern der sogenannte *Backfire-Effekt*[370] beobachten: dass Fakten und ganz klare Beweise, die gegen eine geglaubte Tatsache sprechen, die Leute trotzdem noch stärker an diese falschen Tatsachen glauben lassen. Sprich, dass Klimaleugner*innen trotz Fakten zu stärkeren Klimaleugner*innen mutieren statt umgekehrt. Und dass eben auch Patriarchatsleugner*innen trotz Fakten zu noch stärkeren Patriarchatsleugner*innen werden. Warum? Weil Themen wie Klima oder auch Feminismus erstens wahnsinnig emotional aufgeladen sind und zweitens dahinter ganz viele private Entscheidungen stecken. Entscheidungen wie Ernährung, Konsumfragen oder Fragen nach Kindern, Elternzeiten, Karriereknicken sind lebensentscheidend, und die Tatsache zu akzeptieren, dass man einige dieser Entscheidungen womöglich völlig f a l s c h getroffen hat und vielleicht sogar der gesamte Familien- und Freundeskreis über Generationen hinweg mit einem – das ist für unser Gehirn schlicht und ergreifend überfordernd.

Heißt bei der Klimafrage: Wenn der Wohlstand vieler deutscher, alter, weißer cis-Boomer heute auf dem klimaschädlichen Wirtschaften des letzten Jahrhunderts beruht und sie folglich mit den Entscheidungen, die sie zeit ihres Lebens getroffen haben, die Klimakrise mit vorangetrieben haben – ist die Einsicht, dass man damit m i t für die Klimakatastrophe verantwortlich ist, für unser Gehirn eine fast unüberwindbare Einsicht. Eine Einsicht, die uns in unseren Grundfesten und Moralvorstellungen so sehr erschüttern müsste, dass sich unser Gehirn – um sich selbst zu schützen – vor dieser Überforderung bewahrt, indem es die klimaschädlichen Fakten ignoriert, abtut oder als übertriebene links-grün-versiffte Fake News abstempelt. Und so die Fakten einen Backfire auslösen, eine Rückkoppelung quasi, und damit der eigentlichen Sache nicht dienen, sondern schaden.

Genauso sieht es beim Feminismus aus: Als alter, weißer cis-Chef eines mittelständischen Unternehmens oder alter, weißer cis-Vater oder cis-Ehemann müsste man sich mit der Tatsache auseinandersetzen, wie man im Grunde Generationen von Frauen, Müttern, Schwestern und Töchtern ausgeschlossen, diskriminiert und Generationen von Frauen, Müttern, Schwestern und Töchtern finanziell abhängig gemacht und / oder in die Altersarmut getrieben hat; indem man Mütter im Büro aufs Abstellgleis gestellt hat, indem man als Vater keine Elternzeit oder Care-Arbeit übernahm, indem man seine Söhne zu Ernährern und seine Töchter zu Kümmerinnen herangezogen hat; man müsste sich damit auseinandersetzen, wie man möglicherweise seine eigene Frau ausgebremst und finanziell abhängig gemacht hat, und wie sehr man für seine eigene Tochter diesen Weg vorgelebt und geebnet hat – und seien wir mal ehrlich: Welches Gehirn will denn so eine Einsicht mit Kusshand annehmen? Also greift besonders bei solch emotionalen Fragen, bei solch tief sitzenden Moralvorstellungen der besagte *Backfire-Effekt* auch bei einem mittelalten cis-Manager, für dessen Gehirn es schlicht viel bequemer ist, die patriarchalen Muster im eigenen Unternehmen so lange wie möglich zu ignorieren. Selbst wenn es bedeutet, dass er damit Geld ins Klo spült. Selbst wenn es Studien und Zahlen gibt, die aufzeigen, wie viel Profit ihm eine wirklich gelebte Diversität bringen würde. Sein Gehirn rät ihm, lieber doch erst mal abzuwarten, die Zahlen erst mal zu ignorieren oder die Feminismusdebatte als links-grün-versifften Woke-Gender-Gaga abzutun und erst mal nichts an den eigenen Strategien zu ändern. Puh!

Wir halten also fest: Ein konservatives Unternehmen wird sich trotz belegbarer Vorteile auch deswegen nicht auf den Weg zu mehr Diversität aufmachen, weil der Backfire-Effekt die CEOs dazu zwingt, diese Zahlen nicht zu glauben oder nicht glauben zu wollen. Oder weil es dem Unternehmen sicherer erscheint, auf das Bekannte zu setzen – und das ist für uns nun mal immer noch keine Frau im Chefsessel.

Hinzu kommt ein anderer Aspekt, warum Politik und Wirtschaft hier wissentlich Geld ins Klo spülen, der mich neulich zum Nachdenken brachte. In einer weiteren Studie, in der es um die Zukunft der Gleichstellung ging, wurde ein interessanter Effekt beobachtet: Da, wo Arbeitsmarktgesetze Frauen und Männer wirklich gleich behandeln, arbeiten Frauen mehr – und verdienen dadurch mehr.[371] Eine spannende Entwicklung, die sich bereits in den USA beobachten lässt, wo Frauen (zumindest ohne Kinder und in bestimmten Branchen) aktuell sogar mehr verdienen als Männer ohne Kinder.[372] *Ist doch super, Alex,* könnte man da jetzt sagen, *wir sind auf dem richtigen Weg und sehen schon erste positive Schritte in Bezug auf den Gender Pay Gap.* Joa, das Problem ist nur, dass es gleichzeitig Untersuchungen gibt – wir hatten sie hier schon erwähnt –, die zeigen, dass Männer, also auch gut verdienende Thomasse und Christians, unzufriedener mit ihrer heterosexuellen Ehe sind, wenn ihre Frauen plötzlich mehr verdienen. Oder Untersuchungen, die aufzeigen, dass nach der Coronakrise und der daraus resultierenden Care-Krise und der dreijährigen Doppelbelastung von Homeoffice und Homeschooling Männer den Wunsch äußerten, dass sie sich wieder eine traditionellere Aufteilung von »Mann geht arbeiten, Frau bleibt zu Hause« wünschten.

Und so stellt sich mir vor diesem Hintergrund die Frage, ob das alles nicht auch ein Grund dafür sein könnte, warum unsere männlich dominierte Wirtschaft trotz der beschriebenen Profitgewinne keine nachhaltige Gleichstellung in ihren Unternehmen vorantreiben will, weil – so stumpf es klingen mag – sie einfach keine besser verdienenden Frauen *wollen*? Weil männlich dominierte Vorstände wissen, dass allen Gewinnen fürs Unternehmen zum Trotz mehr Sitze für Frauen in der Chefetage zwangsläufig *weniger* Sitze für Thomasse und Christians bedeuten werden? Und dass mehr Frauen in Führung und Vollzeit zwangsläufig auch mehr Thomasse und Christians in Teilzeit und in Elternzeit und in der Care-Arbeit und weniger Thomasse und Christians mit hohen Gehältern in den Chefetagen bedeuten würden?

Ist der Gedanke der Gleichstellung also tatsächlich so gruselig für die noch vorwiegend männlichen Entscheider in Politik und Wirtschaft, dass sie stattdessen lieber alles beim Alten lassen wollen? Und das, *obwohl* ihnen damit offenbar BIP-Steigerungen durch die Lappen gehen? Und das, *obwohl* diverse Teams höhere Umsätze für Unternehmen bedeuten?

Das ist ernsthaft der Preis, den die immer noch sehr patriarchal und konservativ eingestellte Politik und Wirtschaft *wissentlich* zahlen will, nur damit bloß die Machtverhältnisse so bleiben, wie sie sind?

Während ihr jetzt vielleicht gemeinsam mit mir den Kopf schüttelt, weil das alles so stumpf und kurzsichtig und kindisch klingt, ist es auf den zweiten Blick noch nicht mal besonders überraschend. Der Kapitalismus denkt ja auch kurzfristig, schreibt mir die Journalistin und Feministin Mia Latkovic. Womit wir zum eigentlichen und wichtigsten Grund kommen, warum Patriarchat und Kapitalismus lieber Geld ins Klo spülen, statt Gleichstellung voranzutreiben. Denn ein wirklich gerechtes System, das nicht mehr auf Ausbeutung von marginalisierten Gruppen und Frauen beruht, schreibt mir Mia Latkovic, würde ja viel größere langfristige Veränderungen nach sich ziehen – und damit den Kapitalismus als System auf lange Sicht vielleicht sogar stürzen. Das kann natürlich kein Kapitalismus, der bei Sinn und Verstand ist, wollen.

Was sicherlich etwas abstrakt klingt, ist leicht zu verstehen, wenn man das folgende Gedankenexperiment durchspielt: Kapitalismus und Patriarchat haben sich ja schon vor vielen Hundert Jahren darauf geeinigt, dass das Kümmern um Kinder und Alte wertlos ist, weil man glückliche Kinder und saubere Alte nun mal nicht skalieren und das Patent für ein glückliches Baby nicht teuer weiterverkaufen kann. Weil sich aber irgendwer trotzdem um Kinder und Alte kümmern muss, haben sich Patriarchat und Kapitalismus ausgedacht, dass es definitiv eine Frau sein muss und diese Frau diese Care-Arbeit gefälligst auch freiwillig, umsonst und aus Liebe machen muss, also kein Geld dafür verlangen darf – weil: Was bist du sonst für eine Mutter?

Unser System ist also seit vielen Jahrhunderten darauf ausgelegt gewesen, dass nur einer in der Familie Geld verdient – nämlich der Mann – und sich eine um die Familie kümmert – nämlich die Frau. Oder wie wir es in Deutschland heute nennen: die Einverdienerehe.

Das heißt: Würde unsere Wirtschaft wirklich mehr Frauen in faire Bezahlung, finanzielle Unabhängigkeit und in die Chefetagen unseres Landes bringen wollen (und zwar nachhaltig und nicht nur als Einhörner), Kinder und Alte aber immer noch Care-Arbeit benötigen, können diese Frauen dann ja zwangsläufig weniger Zeit für Care-Arbeit aufbringen. Weil sich Care-Arbeit aber nicht wegzaubern lässt, muss sie entweder von mehr Männern – was Patriarchat und Kapitalismus nicht wollen – oder von gut (!) bezahlten Pfleger*innen gemacht werden – was Patriarchat und Kapitalismus auch nicht wollen – oder von Frauen, die in noch prekäreren Verhältnissen leben und aus dem globalen Süden kommen oder aus osteuropäischen Ländern, zu unmöglichen Stundenlöhnen – was wir alle nicht wollen sollten. Möchten wir also *nicht nur* privilegierten Frauen eine faire, aussichtsreiche und gut bezahlte Teilhabe am Arbeitsmarkt ermöglichen, sondern wirklich allen Frauen und weiblich gelesenen Personen aus *allen* Gesellschaftsschichten (mit verschiedenen Wurzeln, Hautfarben, Ethnien und sozialem Status) – und das wollen wir! –, müsste man sowohl die private wie auch die professionelle Care-Arbeit nachhaltig verbessern und viel höher bezahlen. Was – und wir kommen immer wieder darauf zurück – weder Patriarchat noch Kapitalismus wollen, weil Care-Arbeit nun mal nicht rentabel ist.

Sprich, wir können es drehen und wenden, wie wir wollen: Weder Kapitalismus noch Patriarchat werden langfristig Frauen in Führungsetagen oder faireren Arbeitsverhältnissen sehen wollen, weil es eine Aufwertung und zwangsläufig Bezahlung der Care-Arbeit auf die eine oder andere Weise bedeuten MUSS, was quasi Selbstmord für Kapitalismus und Patriarchat bedeuten würde.

Also, warum spülen Patriarchat und Kapitalismus wissentlich Geld ins Klo? Darum: Selbst wenn es für das System, unsere Wirtschaft und die Unternehmenskassen *kurzfristig* mehr Geld bedeutet, *langfristig* aber würde die Entwicklung, mehr Frauen in besser bezahlte Jobs auf allen Ebenen zu bringen, zwangsläufig zum Sturz des patriarchal-kapitalistischen Systems führen. Weil eine Aufwertung und Bezahlung der Care-Arbeit einerseits und das Fortbestehen des Kapitalismus andererseits schlicht und ergreifend nicht miteinander kompatibel sind.

Puh, Alex, denkt ihr jetzt vielleicht, *und was machen wir nun? Wir können ja nicht einfach den Kapitalismus abschaffen. Geht es nicht auch etwas kleiner?* Ich glaube ehrlich gesagt schon, dass wir den Kapitalismus, wie wir ihn kennen, abschaffen müssen. Aber ja, es geht auch kleiner. Das antikapitalistische Rom wurde schließlich auch nicht an einem Tag erbaut. Es gibt Modelle und Lösungen, die sich anbieten. Modelle und Ideen, die Hoffnung machen. Und die sogar schon von Unternehmen und selbst anderen Staaten in Teilen gelebt werden. Lasst uns als Inspiration für eine mögliche politische Zukunft auch in unserem Land im allerletzten Kapitel dieses Buches auf genau diese Beispiele schauen.

»Was wollt ihr denn noch alles?!« – Na, das hier!

Diejenigen unter euch, die meine Arbeit auf Social Media kennen, mein erstes Buch gelesen haben oder auch mal bei einer meiner Lesungen waren, wissen es vielleicht schon: Ich bin keine Freundin von Positivbeispielen, wo sich schon überall etwas Richtung Gleichberechtigung tut. Also, doch, bin ich natürlich schon. Nur birgt die Frage nach den Best Practices immer die Gefahr, dass man den Fokus zu sehr auf diese mini-winzig-kleinen positiven Beispiele legt und dabei erstens aus den Augen verliert, dass diese bei Weitem noch nicht genug sind, und zweitens, dass das ganz große strukturelle Problem dahinter immer noch besteht. Stattdessen fokussiert man sich dann nur noch auf diese Beispiele, wo es an und für sich schon ganz gut läuft, und macht den Fehler, davon auszugehen, dass sich das ganz leicht auf alle anderen Unternehmen und Länder übertragen lässt, und überhaupt: Wir sind doch alle längst gleichberechtigt, was wollt ihr denn noch alles?!

Deswegen bin ich also Team »Auf die Zwölf«, sprich: So lange auf die Probleme aufmerksam machen, bis sie einem aus den Ohren raushängen, damit wir gar nicht erst anfangen, uns in der falschen Sicherheit zu wiegen, dass wir den Feminismus eigentlich gar nicht mehr bräuchten. Genau das wollte ich auch mit diesem Buch erreichen: keine vermeintlichen Lösungen präsentieren, sondern wachrütteln und auf die sexistischen Statistiken und Facts aufmerksam machen. Auch um aufzuzeigen, wie stark das patriarchale Gefüge in sämtlichen Sphären unser aller Leben immer noch gerne völlig versteckt, aber nicht minder erfolgreich wütet.

Wenn ihr es also bis zu dieser Stelle im Buch geschafft habt, denke ich, dass diese Botschaft bei euch angekommen ist. Und ich denke, dass für sehr viele dieser Statistiken, Gender Gaps und Absurditäten einerseits die patriarchalen Strukturen verantwortlich sind, andererseits aber auch die zeitliche Unmöglichkeit der Frauen und anderen marginalisierten Gruppen, sich gegen diese patriarchalen Ungerechtigkeiten aufzulehnen. Denn um sich gegen sexistische Algorithmen, männlich dominierte Wikipediawelten, unterirdische und veraltete Gesetzestexte und noch unterirdischere Gender Gaps zu wehren, fehlen Frauen und anderen marginalisierten Gruppen am Ende des Tages Ressourcen, Kraft, Geld und: Zeit. Zeit, die aber durch die sich immer mehr verdichtende Care-Arbeit und die täglich steigenden Ansprüche an diese Care-Arbeit genommen wird. Dabei ist es mir wichtig, zu erwähnen, dass weder Familie noch Care-Arbeit der Ursprung allen Übels sind, sondern die ungerechte Verteilung und Entwertung dieser Care-Arbeit, folglich die sogenannte Care-Krise. Und so müssen wir – um die Ungleichbehandlung von Männern und Frauen zu überwinden – zuallererst den Gender Care Gap überwinden, der all unsere Zeit frisst, was gleichzeitig – wie wir ja jetzt wissen – eigentlich dem Sturz des kapitalistischen Systems gleichkäme.

Aber ja, es gibt auch Modelle und Vorschläge, wie wir das System im Kleinen ändern können. Damit kommen wir nun endlich, nach all dem berechtigten Wüten und Schreien, zu den Lösungsvorschlägen, wie wir dieser patriarchalen Kackscheiße begegnen können. Gerade in Bezug auf Care-Arbeit, gerade in Bezug auf ihre Aufwertung, gerade in Bezug auf ihre gleichberechtigte Aufteilung und – Achtung – in Bezug auf ihre Bezahlung.

Na, atmet ihr gerade so richtig auf? Ich muss zugeben, ich

auch. Eine Belohnung quasi, für alle Leser*innen, die es bis hierher geschafft haben.

Was wollen wir also noch alles?! Na, das hier:

Weniger Arbeiten für alle!

Die Erste mit einem konkreten Lösungsvorschlag ist Autorin und Feministin Teresa Bücker, die sich in ihrem mehr als 300 Seiten langen Manifest »Alle_Zeit«[373] für eine Reduktion unserer aller Erwerbstätigkeit ausspricht. Sodass Care-Arbeit für Alte und Kinder wieder möglich ist und nicht diejenigen bis zur Besinnungslosigkeit erschöpft, die versuchen, Vollzeiterwerbstätigkeit und Vollzeitcarearbeit unter einen 24-Stunden-Hut zu bringen. Was, wie wir ja bereits mehrfach eruiert haben, einfach nicht funktioniert. Bücker schlüsselt auf, wie unser kapitalistisches System unsere Zeiten aktuell einteilt: acht Stunden Arbeit, acht Stunden Freizeit und acht Stunden Schlaf. Muss gerade noch jemand lachen? Das Problem an diesem Modell, auf dem übrigens unser Acht-Stunden-Arbeitstag basiert, ist, dass hier Arbeit mal wieder nur als *Erwerbsarbeit* definiert und Care-Arbeit einfach ignoriert wird. Als ob kleine unsichtbare Elfen zu Hause kochen, wickeln, putzen und pflegen würden. Teresa Bücker befördert in ihrem Buch verschiedene Modelle ans Licht, die sich viel besser für die modernen Ansprüche unseres Alltags eignen würden. Modelle etwa, in denen der Tag für alle Care-Arbeitenden aufgeteilt werden sollte in nur fünf Stunden Erwerbsarbeit plus fünf Stunden Care-Arbeit– was einen Zehn-Stunden-Arbeitstag ergeben würde, nur eben Erwerbs- und Care-Arbeit z u s a m m e n – und danach sieben Stunden Freizeit und sieben Stunden Schlaf.[374]

Bücker zitiert auch sogenannte Optionszeitenmodelle, die

nicht nur einen Wechsel zwischen Erwerbs- und Care-Arbeit bieten, sondern auch Zeiten für Weiterbildungen, Ehrenamt und sogar Selbstfürsorge ermöglichen sollen. Stellt euch das mal vor! Fest eingeplante Zeiten für Selbstfürsorge, die keine fragwürdigen »Lücken« im Lebenslauf aufwerfen, sondern gesellschaftlich festgelegt und bestenfalls noch von unser aller Steuer bezahlt werden! Na, kommt ihr auch schon ins Träumen?

Heißt: Wir müssen erstens den Arbeitsbegriff redefinieren und Care-Arbeit in diesen Begriff mit einfließen lassen. Und damit zweitens unsere Erwerbsstunden reduzieren und entzerren, bei weiterhin voller Bezahlung – ja, auch für Care-Arbeit.

Ach komm, Alex, Teresa, oder wie ihr sonst noch heißt, höre ich schon den neoliberalen Hans-Jürgen mit dem Kopf schütteln, *wer soll denn das bezahlen? Wenn wir den Leuten erlauben, weniger zu arbeiten, steigt der Fachkräftemangel ja noch weiter, während unser Wohlstand in den Keller rauscht!* Wie entlastend, dass Teresa Bücker verschiedenste Zahlen liefert, die diese kurzsichtige Argumentation entkräften. **Studien belegen, dass eine Verkürzung der Wochenarbeitszeit nicht zu weniger, sondern sogar zu mehr Fachkräften führen würde. Warum? Weil gerade in Branchen wie etwa Pflege oder Erziehung Kolleg*innen, die längst gekündigt hatten, sehr wohl in ihren Job zurückkehren würden, wenn sich ihre Wochenarbeitszeit bei gleicher Bezahlung reduziert.**

Auf die Frage, wer das denn alles bezahlen soll, bringt Teresa Bücker in ihrem Buch auf geniale Art und Weise Zahlen miteinander in Verbindung, die aufzeigen, dass die jährlichen EU-Kosten für Krankschreibungen etwa bedingt durch Überlastung und Überarbeitung im Job aktuell doppelt so hoch sind wie das jährliche EU-Wachstum![375] Die Hoher-schneller-weiter-Mentalität im Job macht uns auf lange Sicht also nicht reicher, sondern ärmer. Von den ökologischen Folgen mal ganz abgesehen. Was das also bedeutet: **Eine generelle Reduktion der Arbeitszeit würde landesweit Krankschreibungen reduzieren, somit Milliarden von öffentlichen Ausgaben sparen und damit den Wohlstand langfristig sichern, statt ihn schrumpfen zu lassen. So könnte beispielsweise eine reduzierte Stundenwoche für alle Care-Arbeitenden bei weiterhin vollem Gehalt gegenfinanziert werden.**

Trotzdem ist das doch total utopisch, Alex, kein Politiker würde eine Reduktion der Erwerbsarbeitszeit für Eltern oder Pflegende bei weiterhin vollem Gehalt ernsthaft vorschlagen, höre ich Hans-Jürgen trotzig die Arme verschränken. Das Witzige ist, dass das nicht nur ein Politiker vorschlägt, sondern ein ganzes Ministerium! In der Publikation »Kinder, Haushalt, Pflege – wer kümmert sich?«,[376] die erst im Oktober 2022 vom Bundesfamilienministerium veröffentlicht wurde, werden auf 68 Seiten sowohl der gruselige Status quo zum Gender Care Gap als auch – viel wichtiger – verschiedene Lösungen zu seiner Behebung aufgezeigt. Tja, und jetzt ratet doch mal, was das Ministerium anhand verschiedener wissenschaftlicher Modellrechnungen als einen der größten Hebel für die Bekämpfung der Sorgearbeitslücke herausgearbeitet hat? Ich zitiere mal: »Die größten Effekte auf den Gender Care Gap hätten Veränderungen der Arbeitszeiten.« Ach was!

Kurze Erinnerung: **Die Care-Lücke liegt aktuell bei durchschnittlich 52 Prozent. Um wie viel würde sich dieser Gap also verringern, wenn alle Geschlechter, sagen wir, eine 35-Stunden-Woche statt eine 40-Stunden-Woche arbeiten würden? Der Gender Care Gap würde um satte 22 Prozent sinken!**

So fordern mittlerweile viele, Vollzeit neu zu definieren. Die IG-Metall etwa will bei den kommenden Tarifrunden als erste Branche die Vier-Tage-Woche verhandeln – bei weiterhin vollem Lohnausgleich![377] 32 Stunden statt wie bisher 35 Stunden. Das räumt auch mehr Zeit für Care-Arbeit ein. Schon klar, dass da die Arbeitgeberverbände Sturm laufen. Ändert aber nichts daran, dass diese Entwicklung in anderen europäischen Ländern bereits in verschiedenen Branchen Realität ist und auch Deutschland sich in diese Richtung bewegen muss, wenn das Land beim Kampf um die besten Nachwuchsfachkräfte mithalten will.

Care-Arbeit bezahlen? Klar geht das!

Lässt sich die Forderung nach einer kürzeren Arbeitswoche bei weiterhin vollem Gehalt für alle nicht durchsetzen, kommen wir nicht drum herum und müssen zu einem System kommen, in dem Care-Arbeit auf die eine oder andere Weise bezahlt wird. Sodass alle Care-Arbeitenden ihre Erwerbsarbeitsstunden eben doch reduzieren können, aber ohne dabei Geld zu verlieren.

Aktuell läuft es vereinfacht gesagt in etwa so ab: Maxi Mustermann leistet kaum/keine Care-Arbeit, hat eine Erwerbsarbeitswoche von 40 Stunden und bekommt Summe X. Dann kommt Care-Arbeit in Form von etwa Kindern hinzu, Maxi hat also zusätzlich zu ihren Erwerbsarbeitsstunden jetzt auch noch an die 40 Care-Arbeitsstunden hinzubekommen. Ihre Stundenwoche wächst also exorbitant und landet irgendwo bei absurden 80 bis 90 Stunden die Woche. Weil das kein Mensch langfristig aushalten kann, muss Maxi ihre Erwerbsarbeitsstunden zwangsläufig reduzieren, damit sie wenigstens »nur« noch eine 70 bis zu 80-Stunden-Woche arbeitet, was dann ganz offiziell »Teilzeit« heißt. Teilzeit heißt für die meisten Frauen also, mehr Arbeitsstunden bei gleichzeitig weniger Gehalt.

Aktuell bekommt also jemand, der nur 40 Stunden Erwerbsarbeit leistet, mehr Geld und jemand, der etwa 70 Stunden Erwerbs- plus Care-Arbeit leistet, weniger. Oder anders formuliert: Wir leben in einer Welt, in der Menschen, die sich nicht um Kinder oder Alte kümmern, dafür finanziell belohnt werden, während Menschen, die sich um Kinder und Alte kümmern, finanziell abgestraft werden.

Kann doch nicht angehen, findet ihr? Kann doch angehen, antwortet der Kapitalismus. Wie lässt sich dieses Problem also lösen? Lasst es uns gemeinsam sagen: Indem wir diese Care-Arbeitsstunden endlich nicht mehr mit Pralinen, Blumen und Babylächeln bezahlen – sondern mit Geld. Ist doch eigentlich total logisch. Und das Beste: Auch da gibt es mittlerweile verschiedene Modelle und sogar konkrete Beispiele! Man könnte etwa eine Care-Arbeitsversicherung einführen, ähnlich wie wir es schon bei der Pflege-, Renten- und Arbeitslosenversicherung haben, in die Arbeitgeber*innen und Arbeitnehmer*innen zur Hälfte einzahlen. Aus diesem Topf könnte man Care-Arbeitende bezahlen. Oder man könnte radikale Steuerentlastungen und wesentlich höhere Steuerfreibeträge bei der Einkommensteuer für Care-Arbeitende einführen. Man könnte die Rentenpunkte für Kinder- oder Altenpflege radikal erhöhen, und zwar nicht wie bei Eltern etwa auf drei Punkte pro Kind und damit gerade mal 111 Euro Rente mehr im Monat, sondern gleich mal auf zehn Punkte pro Kind oder sogar noch mehr. Oder man könnte ein Care-Arbeitsgeld einführen, das es allen Care-Arbeitenden ermöglicht, auf Teilzeit zu gehen und dabei gleichzeitig weiterhin Vollzeit bezahlt zu werden.

Absurd, findet ihr? *Wird keine Politiker*in ernsthaft vorschlagen?* Das Lustige ist: Genau das wurde genauso schon mal vorgeschlagen! Und zwar nicht am anderen Ende des Regenbogens von tanzenden Kobolden im La-La-Land, sondern hier bei uns in Deutschland! **Niemand Geringeres als die damalige Fami-**

lienministerin Manuela Schwesig hatte schon 2014 mit ihrem Parteichef Sigmar Gabriel eine sogenannte Familienarbeitszeit gefordert – nämlich eine 32-Stunden-Woche für junge Eltern bei vom Staat finanzierten 300 Euro Gehaltsausgleich.[378] Gut, über die 300 Euro ließe sich streiten, aber dennoch: Schwesigs Konzept war quasi all das, was die feministische Bubble seit vielen Jahren fordert! Die Grünen, allen voran die Berliner Grünen-Chefin Bettina Jarasch, hatten sich zu der Zeit ebenfalls mit einem Konzept über eine neue »grünere Zeitpolitik« Gedanken über Stundenreduktionen für Familien gemacht. Auch sie haben ein Modell gefordert, mit dem Menschen mit geringem Einkommen ihre Arbeit für ein Ehrenamt hätten reduzieren können – bei einem gestaffelten Lohnausgleich.[379]

Sprich: Vorschläge zur Arbeitszeitreduktion für Care-Arbeit oder für ein ehrenamtliches Engagement bei gleichzeitigem Lohnausgleich existierten bereits! Und das nicht unter utopischen Systemstürzer*innen, sondern von hochrangigen Politiker*innen!

Was aus Schwesigs Familienarbeitszeit wurde, fragt ihr euch? Tja, das CDU-geführte Kanzlerinnenamt, allen voran Angela Merkel, bügelte das Vorhaben ab. Mehr noch: Sigmar Gabriel, der jetzt nicht mehr die SPD anführt, dafür aber als Vorstandsmitglied mehrere große deutsche Unternehmen, fordert heute keine Reduzierung der Arbeitszeit mehr, sondern das komplette Gegenteil: nämlich dass wir alle bitte mindestens 42 Stunden arbeiten sollten.[380] Äh ja …

Wie genial andere Länder und Firmen die Care-Krise lösen

Es ist immerhin schön, zu sehen, dass zumindest nicht alle auf die Sigmars, Christians und Friedrichs dieser Welt hören, sondern lieber selbst versuchen, Modelle wie das von Schwesig zumindest in ihren eigenen Firmen, Abteilungen oder Behörden umzusetzen. Kehren wir also an der Stelle der deutschen Politik den Rücken und schauen uns mal in anderen Ländern und in der Wirtschaft und auf dem Arbeitsmarkt um – denn da gibt es tatsächlich eine Menge Best Practices, die Hoffnung machen:

Anfang 2023 hielt ich eine Lesung beim **Bundeszentralamt für Steuern**. Als wir beim Mittagessen zusammensaßen, ließ ich bei der dort zuständigen Gleichstellungsbeauftragten mal wieder meine Tiraden los, warum Care-Arbeitende nicht ihre Stunden reduzieren dürfen, bei weiterhin vollem Gehalt. Während sie ihre Nudeln süß-sauer aufspießte, erklärte sie mir ganz selbstverständlich, dass ihr Bundeszentralamt für Steuern genau das bereits umgesetzt hat. **Kein Witz! Mehr noch: Sie erklärte mir, dass sämtliche Beamt*innen des Bundes in Deutschland, die Care-Arbeit leisten, also kleine Kinder oder die alte Schwiegermutter pflegen, tatsächlich bereits heute ihre Wochenstunden aufgrund der Care-Arbeit reduzieren dürfen, aber weiterhin Vollzeit bezahlt werden.**[381] Nachdem ich sie lange genug mit offenem Mund wie ein Auto angestarrt hatte, fing ich innerlich an zu feiern! Das gibt's nicht, dachte ich, da reden sich Feministinnen und feministische Ökonom*innen seit Jahrzehnten den Mund fusselig, dass Care-Arbeit bezahlt gehört, und wer macht das schon längst? Der Bund selbst!

Ihr könnt euch meine Begeisterung sicher vorstellen, und bitte behaltet diese Begeisterung bei, wenn ich euch von dem Kleingedruckten dieser bezahlten Care-Arbeit in Bundesbehörden erzähle: Denn natürlich gibt es Ausnahmen. Diese Regelung gilt etwa nur so lange, bis das Kind zwölf Jahre alt ist, trifft auch nur für den Elternteil zu, auf dessen Namen das Kindergeld läuft, und – an der Stelle wurde meine Begeisterung leider fast gekillt – diese Regelung gilt für maximal *eine* Stunde die Woche. Ja, richtig gelesen. Arbeite ich die reguläre Wochenarbeitszeit von 41 Stunden in einem der Bundesämter, darf ich meine Erwerbsarbeitsstunden also um eine einzige Care-Arbeitsstunde die Woche (!) auf 40 Stunden reduzieren und bekomme diese eine Stunde dann weiterhin voll bezahlt.

Ja, das ist absurd. Was zur Hölle soll man denn bitte in einer mickrigen Care-Arbeitsstunde die Woche schaffen, wenn selbst der Weg zum Pflegeheim der Oma oder zur Pampersgymnastik des Babys quer durch die Stadt – ich sag nur antifeministische Stadtplanung – allein schon eine Stunde Fahrtzeit bedeuten kann. Und trotzdem: Die Mechanik dahinter war für mich die eigentliche Revolution! Es ist also irgendwann mal irgendjemandem in einem Chef*innensessel dieser Behörden aufgefallen, wie unfair es ist, dass Menschen mit Care-Arbeit so viel mehr Arbeitsstunden am Tag haben, sie zwangsläufig weniger erwerbsarbeiten können und dafür finanziell bestraft werden. Und dieser Jemand wollte dieser Ungerechtigkeit zumindest ansatzweise entgegenwirken. Dieser Jemand hat sich also einen Prozess überlegt, an dessen Ende – Trommelwirbel – *diese eine Stunde Care-Arbeit tatsächlich und wahrhaftig entlohnt* wird! Das allein ist doch der Oberhammer!

Deswegen mein Appell: Liebe Arbeitgeber*innen und Politiker*innen, fragt doch mal bei den Entscheider*innen der Bundesämter nach, wie genau das funktioniert, adaptiert dieses Modell auch auf eure Unternehmen und – ganz wichtig – macht aus der einen mickrigen bezahlten Care-Arbeitsstunde doch bitte wenigstens fünf, oder besser noch zehn, sodass wir bei einem gar nicht mehr so utopisch klingenden »Alle, die care-arbeiten, können ihre Arbeitsstunden auf 30 bis 32 Stunden reduzieren bei weiterhin vollem Gehalt«-Modell angekommen wären. Wodurch ich endlich aufhören könnte, Bücher zu schreiben, die genau das fordern.

Wie könnte man das Problem der unbezahlten Care-Arbeit noch angehen? Wir könnten, wie bereits zuvor erwähnt, das Basiselterngeld, das aktuell bei etwa 65 Prozent des vorherigen Lohns liegt, auf 100 Prozent des Lohnausgleichs erhöhen. Damit würde vielen heterosexuellen Paaren und vor allem Männern ihr Argument genommen, dass Väter ja wegen der Lohneinbußen nicht in Elternzeit gehen könnten. In **Litauen, Norwegen, Spanien oder Estland** wird in der Elternzeit der ausgefallene Lohn zu 100 Prozent erstattet.[382] In **Schweden und Island** gibt es immerhin 80 Prozent Lohnausgleich. Zusätzlich könnte man eine Elterngeld-Reform durchführen, die erstens das Elterngeld endlich anhebt und zweitens Paare belohnt, je mehr Monate sie *gleichwertig* untereinander aufteilen. Das wäre doch mal ein Anreiz für Eltern, die Diskussion um eine faire Care-Arbeit zu führen.

Auch dieser Vorschlag ist gar nicht so utopisch. In **Schweden** wird das genau so praktiziert und in **Norwegen** in Teilen auch. In **Island** steigt der Elterngeldbetrag ab Monat 13 an – aber nur, wenn Paare sich in dieser Zeit die Elternzeit *gleichmäßig* aufteilen. Und tatsächlich kommt auch hierzulande bei dem Thema Bewegung rein: Die SPD-Vorsitzende Saskia Esken machte im Sommer 2023 einen Vorschlag nach genau diesem Modell.[383] Sie forcierte **eine Elterngeldreform, die erstens die Vätermonate von läppischen zwei auf sechs Monate anheben will – heißt: Erst wenn Väter mindestens sechs Monate Elternzeit beantragen, wird diese für sie auch bezahlt. Das wäre tatsächlich revolutionär. Zweitens fordert Esken ab Elternzeitmonat 13 die Lohnersatzleistung des Elterngeldes auf 80 Prozent anzuheben, aber nur unter der Voraussetzung, dass danach *beide* Elternteile Elternzeit nehmen.** Es bleibt abzuwarten, ob diese vielversprechenden Vorschläge zusammen mit der Forderung, das Ehegattensplitting abzuschaffen, wirklich umgesetzt werden können. Die Realität sieht nämlich aktuell so aus, dass es nicht mehr Elterngeld geben soll, dafür immer noch eine viel zu hohe Besteuerung von Alleinerziehenden, die gleichzeitig kein Kindergeld bekommen, wenn sie Unterhaltsvorschuss erhalten. Keine zweiwöchige Familienstartzeit, dafür eine lächerlich unterfinanzierte Kindergrundsicherung und ein quicklebendiges Ehegattensplitting.[384] Aber ich weiß schon, wir wollten ja bei positiven Aspekten bleiben. Schauen wir uns daher für unser aller Seelenheil ein paar Best Practices aus der Wirtschaft an, die an vielen Stellen weiter und schneller als die Politik zu sein scheint:

Der börsennotierte Waschmittelhersteller **Henkel** stellt ab 2024 Väter in Deutschland acht Wochen nach der Geburt ihres Kindes frei und zwar – Achtung – bei weiterhin voller Bezahlung. Auch **Microsoft** bietet Vätern bis zu sechs Wochen Väterauszeit an, bei weiterhin vollem Gehalt.[385] Die internationalen **Pharmakonzerne Sanofi** und **Novartis** haben sogar eine 14-wöchige Elternzeit eingeführt – bei ebenfalls vollem Gehalt.[386]

Oder schauen wir uns das Berliner **Unternehmen Einhorn** an, das Kondome und Menstruationsprodukte herstellt und tatsächlich den Mitarbeitenden eine monatliche Gehaltserhöhung von 400 Euro brutto fürs erste Kind und 300 Euro fürs zweite Kind zahlt.[387] Mit dem ungeplanten Nebeneffekt übrigens, dass Frauen so früher aus der Elternzeit zurückkehren, weil sie als Mütter nun mehr verdienen und sich eher auch private Kinderbetreuung leisten können, da ihr Arbeitgeber ihre zusätzlich anfallende Care-Arbeit von nun an mit 400 Euro extra bezahlt.

So viel übrigens zum Fachkräftemangel, liebe Bundesregierung: Ihr wollt mehr Frauen aus der Elternzeit zurückholen? Dann sorgt für Kitaausbau (gerade auch für Kinder mit Behinderungen und besonderem Förderbedarf) oder bezahlt diesen Frauen Zuschüsse für ihre anfallende Care-Arbeit, vielleicht kommen sie dann früher in die Jobs zurück.

Vor allem: Wie sehr Extrazahlungen an Eltern einfach auch eine Veränderung in der Wahrnehmung eines jeden Mitarbeitenden und einer jeden werdenden Mutter auslösen müssen! Nicht: »Verdammt, ich bin schwanger, wie erkläre ich das nur meinem Chef, ich habe doch erst vor ein paar Monaten in der Position angefangen.« Sondern: »Juhu, ich bin schwanger, ich kann mich einfach nur freuen und kriege auch noch 400 Euro brutto on top!« Und bevor jetzt irgendein Hans-Jürgen meint, das sei den kinderlosen Kolleg*innen gegenüber diskriminierend: ALTER, HANS-JÜRGEN, WIE OFT SOLL ICH DIR EIGENTLICH NOCH DIE HUNDERTTAUSENDEN EUROS UM DIE OHREN HAUEN, DIE DURCH GENDER PENSION GAPS, GENDER PAY GAPS UND GENDER LIFETIME EARNING GAPS FRAUEN UND MÜTTERN VERLOREN GEHEN, BIS DU VERSTEHST, DASS FRAUEN MIT KINDERN FINANZIELL GESEHEN UNMENSCHLICH BENACHTEILIGT SIND UND UNERREICHBAR VIEL AUFZUHOLEN HABEN?!

Atmen.

Machen wir lieber weiter: Wisst ihr noch, als es in der Pandemie zu langen Kita- und Schulschließungen kam und Familien plötzlich gezwungen waren, sieben Tage die Woche, monatelang ihren Kindern drei Mahlzeiten am Tag zu kredenzen? Gerade für Familien in prekären Verhältnissen bedeutete das nicht nur zusätzlichen Stress, sondern auch zusätzliche Ausgaben. Warum hat es damals eigentlich keine landesweite Lieferdienst-Kooperation gegeben, ein Gutscheinsystem, von der

Regierung finanziert, das Familien gerade mit geringerem Einkommen ermöglicht hätte, Essenslieferungen für ihre Kinder zu bekommen? Hätte ja auch der Lokalgastronomie geholfen, die ebenfalls durch die monatelangen Schließungen betroffen war. Und was musste ich lachen – einfach weil ich nicht weinen wollte –, als ich las, dass **Google** g e n a u d a s schon vor der Pandemie als Service für Mitarbeitende mit Kindern angeboten hat: Das Unternehmen bezahlte in den ersten drei Monaten nach der Geburt eines Kindes seinen Mitarbeitenden den Essenslieferservice! Es – ist – so – simpel!

Die US-amerikanische Restaurantkette Capriotti's Sandwich Shop hatte vor wenigen Jahren angekündigt, dass Eltern eine zeitlich unbegrenzte Erlaubnis haben, zu allen Veranstaltungen und wöchentlichen Aktivitäten ihrer Kinder gehen zu können.[388] Kein Rumgehetze mehr, weil die Kita spontan um 15 Uhr schließt, keine schrägen Blicke, wenn das Lernerfolgsgespräch mit der Lehrerin des Sohnes plötzlich doch vormittags ist. Auch das sind Care-Arbeitstermine, bei denen der Mitarbeitende physisch nicht im Haus ist, in dieser Zeit aber vom Arbeitgeber bezahlt wird.

Der Outdoorkleidungshersteller Patagonia bezahlt seinen Mitarbeitenden Nannys, holt die Kinder mit speziellen Bussen aus Schulen ab und bringt sie zu den Eltern ins Büro, wo die Kinder bis zum Feierabend professionell betreut werden.[389] **Sony, Ericsson und Evernote** bezahlen ihren Mitarbeitenden den Putzdienst zu Hause.[390] Und jetzt der Oberhammer: **Der globale Pharmakonzern Johnson & Johnson**[391] und der weltweite Finanzdienstleister **American Express**[392] haben auch spezielle Abhol- und Transportsysteme – aber nicht für ihre Kinder: Deren Abholsysteme ermöglichen es, dass Mütter auf Dienstreisen ihre abgepumpte Milch per Kuriersystem (!) nach Hause schicken lassen!

Und ja, viele dieser Unternehmen sitzen in den USA, in denen es als einzigem (!) Industrieland der Welt keinen festgelegten und bezahlten Mutterschutz und auch keine vom Staat bezahlte Elternzeit gibt. Das heißt, es ist logisch, dass Unternehmen anbieten müssen, was die Regierung versäumt. Nur tobt bei uns der Fachkräftemangel doch auch längst! Warum kommen also unsere mittelständischen Unternehmen nicht auf solche Ideen? Wieso? Weil das deutsche Mutterbild hierzulande im Vergleich zu vielen anderen Industriestaaten unfassbar antiquiert und konservativ ist.

Die deutsche Biologin und **Nobelpreisträgerin Christiane Nüsslein-Volhard** registrierte beispielsweise auch, wie viel schwerer es Doktorandinnen mit Kindern haben, ihre Doktorarbeiten fertig zu schreiben, und wie hoch hier die Abbrecherquote ist. Ihre Lösung: Sie gründete eine Stiftung, deren Gelder von den Doktorandinnen ausschließlich für »Einstellung von Haushaltshilfen« und »Babysitter in den Abendstunden oder während Reisen zu Tagungen« verwendet werden sollten.[393] Ich möchte das nur mal kurz auf meiner Tastatur zergehen lassen: Eine Stiftung, die einzig dafür da ist, Care-Arbeit zu bezahlen. Genial! Mit dem Ziel, dass sich die Wissenschaftlerinnen auf ihre Promotion konzentrieren können. »Bei Wissenschaftlerinnen, die Kinder haben, werden Zeitnot und Einschränkung der Freiheit praktisch unausweichlich zu einem großen Problem«, heißt es dazu auch heute noch auf dem Infoblatt zum Stipendium. »Wir möchten jungen talentierten Frauen (...) helfen, die Zeit der doppelten Belastung durchzustehen und trotzdem gute Forschung zu leisten.«[394]

Ich hatte Gänsehaut, als ich diese Zeilen las. Weil es so simpel ist, so einleuchtend, so logisch. Weil ein Tag nun mal nur 24 Stunden hat, und wenn unser Land beides braucht – Fachkräfte einerseits und Nachwuchs andererseits – und die Regierung nicht zufällig plant, die Gesetze der Physik auszuhebeln und in einen Tag doch irgendwie 48 Stunden reinzuquetschen, dann muss Care-Arbeit als zusätzliche Arbeit gesehen und dann muss Care-Arbeit entlohnt werden. Weil Vollzeit-Erwerbsarbeit einerseits und Familienangehörige erziehen oder pflegen andererseits gleichzeitig nun mal physikalisch nicht funktionieren! Auch nicht, wenn man sich »nur« ein bisschen mehr anstrengt, sich »einfach nur« besser organisiert oder »nur« ein bisschen früher aufsteht.

Sodass es fast schon lächerlich ist, wie einerseits Stiftungen gegründet werden, um Care-Arbeit von Promovierenden aufzufangen, unser neoliberaler Finanzminister aber neben der Care-Arbeit selbst promovieren wollte (was er dann als Aussage immerhin hinterher revidieren ließ).[395] Da muss man sich auch nicht wundern, dass weder Wirtschafts- noch Finanzministerium Care-Arbeit als Wirtschaftsfaktor ansehen und es bisher auch keine Pläne gibt, diese zu bezahlen oder in die Berechnung des Bruttoinlandsprodukts einberechnen zu lassen, wenn selbst die Köpfe hinter diesen Ministerien Care-Arbeit offenbar immer wieder als das bisschen Haushalt darstellen – ob nun falsch zitiert oder nicht –, das man einfach zwischen Promotion, Imkern lernen und Bücher schreiben dazwischenschieben kann.

Dabei sind es nicht nur Unternehmen weltweit, die sich schneller zu wandeln scheinen als die deutsche Politik. Auch europäische Staaten sind uns teilweise weit voraus, wenn es um Ideen geht, wie man Care-Arbeit bezahlbar machen, Familien und Eltern finanziell entlasten und gerade Väter mehr in die Care-Arbeit bringen kann: In **Spanien** hat ein Gericht 2023 einer Frau nach der Scheidung von ihrem Mann satte 204 000 Euro zugesprochen[396] – dafür, dass sie 25 Jahre lang die Hausarbeit und Kindererziehung für ihn erledigt hat. Aufs Jahr gerechnet ist das immer noch nicht besonders viel, aber hey, am Ende hat dieses Gericht juristisch festgelegt, dass die Frau für ihre Care-Arbeit der vergangenen 25 Jahre entlohnt gehört. Laut Artikel 1438 des Bürgerlichen Gesetzbuchs dürfen Menschen in Spanien unter bestimmten Bedingungen eine finanzielle Entschädigung für Hausarbeit nach einer Trennung gerichtlich verlangen.[397]

In **Argentinien** gab es 2019 ein ähnliches Urteil: 160 000 Euro bekam eine Ex-Frau zugesprochen, die für die 29-jährige Ehe ihren Job als Ökonomin aufgab, um sich um Haus und Kinder zu kümmern.[398]

Und selbst in **China**, einem Land, das weder für starke Menschen- noch für Frauenrechte bekannt ist, gilt seit 2021 eine Gesetzesänderung, die besagt, dass Menschen nach einer Scheidung neben der Gütertrennung zusätzlich entschädigt werden sollen, wenn sie während der Ehe Haus- und Care-Arbeit geleistet haben.[399] Prompt hat eine geschiedene Frau diese Leistung eingefordert und 2021 von einem Gericht in Peking recht bekommen: Nach fünf Jahren Ehe musste ihr der Ex-Mann 6400 Euro zahlen. Auch hier, lächerliche Summe für all die Gender Gaps, die mit der ungleichen Verteilung von Care-Arbeit einhergehen, aber dass es in anderen Ländern für die Bezahlung von Care-Arbeit sogar Gesetzesnovellierungen gibt, ist schon ein starkes Stück. Und macht Hoffnung.

Und selbst bei uns um die Ecke, in **Österreich**, hat der Oberste Gerichtshof Mitte 2023 entschieden, dass nach Scheidungen das gemeinsame Vermögen des Paares nicht unbedingt 50/50 aufgeteilt werden dürfe, sondern – wenn die Frau zugunsten der Familie und des Haushalts beruflich zurücksteckte – das Vermögen 60 zu 40 aufgeteilt werden könne[400] – und zwar zugunsten der Frau. Eben weil ihre sogenannten »immateriellen Leistungen«, die sie in die Ehe eingebracht hat – Care-Arbeit und so – laut Gericht höher wiegen können als die rein vom Mann eingebrachten finanziellen Leistungen. Ein Gericht, das Care-Arbeit in einer Ehe finanziell höher einstuft als das Gehalt des Mannes. Könnt ihr es auch hören? Wie sich Kapitalismus und Patriarchat gerade irgendwo die Haare raufen?

In **Schweden** hat man es geschafft, die Mütterdiskriminierung so weit zurückzudrängen, dass Frauen mit Kindern dort heute sogar mehr verdienen als Frauen ohne Kinder.[401] In Deutschland können Mütter von so einer Entwicklung nur träumen. Denn hier verdienen wenn überhaupt nur Männer mit Kindern mehr als Männer ohne Kinder.[402]

Es gab Vorschläge aus anderen europäischen Ländern, die Eltern zu mehr Kindern animieren sollten, indem man sie nicht nur mit Kitaausbau lockte, sondern mit zinslosen Baukrediten, mit Ackerlandprämien bei einem dritten Baby,[403] mit Vergünstigungen bei Familienhäusern, mit radikalen Einkommensteuerentlastungen[404] oder sogar Elternzeiten für Großeltern, damit sie bei der Care-Arbeit aushelfen können. Das Gruselige ist aber, dass solche Forderungen auch von postfaschistischen und nationalistisch-radikalen Parteien kommen. Daher geht mein Appell direkt an die demokratischen Volksparteien: Es kann doch nicht sein, dass man als Familie solchen Parteien in die Arme getrieben wird, weil ihr es nicht schafft, die Probleme von Familien und vor allem Müttern auf die politische Agenda zu setzen! Sodass gerade nach den Coronajahren, in denen sie alleingelassen wurden, diese Mütter das Vertrauen in die Politik eklatant verloren haben![405]

Wieso kommt also unser Land nicht mal auf einen Bruchteil der oben genannten Ideen? Oder wenigstens darauf, jeder Familie eine Jahresgrundausstattung für jedes neugeborene Baby zu stellen – vom Babymützchen bis zum Babybettchen?

Wird übrigens in **Finnland** seit Jahrzehnten für jedes einzelne neugeborene Baby genauso gemacht – auf Kosten der Regierung.[406]

Oder wieso hat man es nicht geschafft, wenigstens überall im Land Kitagutscheinsysteme einzuführen, sodass Mütter sich nicht länger fragen müssen, ob für sie Erwerbsarbeit überhaupt Sinn ergibt, wenn ein dafür notwendiger Kitaplatz 300 Euro, 400 Euro oder sogar noch mehr kostet?

Warum ist bei uns niemand auf die Idee gekommen, bezahlte Elternzeit für Großeltern einzuführen?

All diese Vorschläge, Modelle und Best-Practice-Beispiele klingen doch gar nicht so utopisch und unrealistisch und sind auch kein Hexenwerk. Stattdessen stehen sie sogar schon auf Konzeptpapieren, liegen in Schubladen verschiedener Ministerien oder werden von anderen Ländern oder Unternehmen bereits umgesetzt. Warum also setzen wir sie nicht auch flächendeckend in Deutschland um?

Mir kam neulich ein noch banalerer Gedanke: Warum heißt das Familienministerium bei uns eigentlich Bundesministerium für Familie, Senioren, Frauen und Jugend? Warum heißt es nicht etwa Bundesministerium für Arbeit, Soziales und Frauen, wenn der Fachkräftemangel etwa ohne direktes Mitdenken der Kita- und Pflegekrise einfach niemals gelöst wird? Oder warum heißt es nicht etwa Bundesministerium für Finanzen und Frauen? Wenn wir wissen, dass jede dritte Frau, die Vollzeit arbeitet, trotzdem in der Altersarmut landen wird; wenn wir wissen, dass Alleinerziehende aktuell fast so hoch besteuert werden wie ein Single ohne Kind und OECD-weit Alleinerziehende im Schnitt 15 Prozent Einkommensteuer zahlen müssen, in Deutschland aber mit 30 Prozent doppelt so viel.[407] Das sind doch familien- und finanzpolitische

Themen. Warum heißt es nicht Bundesministerium für Gesundheit *und Frauen*, wenn wir allein in diesem Buch auf fast 40 Seiten verhandelt haben, was für ein lebensgefährliches Leben Frauen und insbesondere Frauen of Color und Transfrauen (of Color) in unserem Gesundheitssystem führen? Hat Horst Seehofer aus der CSU damals schließlich auch durchgeboxt, sein Innenministerium mit dem Beisatz »für Heimat« zu ergänzen, der da vorher nicht stand. Selbst der grüne Robert Habeck darf jetzt sein Ministerium »Bundesministerium für Wirtschaft und *Klimaschutz*« nennen. Zwei Bereiche, die zuvor völlig unvereinbar schienen. Wo bleibt also das Bundesministerium für Wirtschaft und Frauen? Oder für Inneres und Frauen? Warum zur Hölle werden wir in diesem mickrigen, chronisch unterfinanzierten und zeitweise komplett führungslosen Familienministerium geparkt?! WEIL FRAUEN UND FAMILIE NUN MAL ZUSAMMENGEHÖREN??!!

Hey, Männer, ihr seid dran!

Damit komme ich zu meiner letzten, wenn nicht sogar wichtigsten Forderung. Wenn ich gefragt werde, was »wir« denn noch alles wollen, möchte ich gerne antworten: Ich will, dass es nicht immer nur »wir« sind, die sich über all diese Dinge aufregen. Dass es nicht nur Frauen und all die anderen marginalisierten Gruppen sind, die auf diese Ungerechtigkeiten und statistischen Gruseligkeiten hinweisen. Ich habe mich beim Recherchieren und Schreiben dieser Zahlen in den letzten Jahren immer wieder gefragt: Wo sind denn eigentlich die *Männer*? Die jungen Väter? Die mittelalten Chefs? Die deutschen, heterosexuellen, weißen Kollegen? Warum regen die sich nicht darüber auf, dass jede dritte Frau und damit potenziell ihre

Tochter, Schwester oder Mutter Gewalt in ihrer Beziehung erleben wird? Und darüber, dass wohl jeder Dritte seiner Kumpel, Brüder, Söhne oder Kollegen einmal Täter sein wird? Wo sind d e r e n Petitionen, Studien und Demonstrationsaufrufe dazu, dass uns 14 000 Plätze in Frauenhäusern fehlen, 370 000 Kitaplätze und 100 000 Erzieher*innen und 200 000 Pfleger*innen obendrein? Wo sind die von M ä n n e r n akribisch gelayouteten Instagramkacheln, die aufzeigen, dass Wikipedias Biografien zu rund 90 Prozent von Männern für Männer geschrieben werden und wie es eigentlich sein kann, dass ihre Tochter, Mutter, Schwester und Freundin ein 32-prozentig höheres Risiko haben wird, auf einem Operationstisch zu sterben, wenn sie von einem Mann statt einer Frau operiert wird? Wo bleiben wütende YouTube-Videos der M ä n n e r, in denen sie sich darüber aufregen, wie peinlich es ist, dass hierzulande immer noch nur 43 Prozent der Väter in Elternzeit gehen und auch davon drei Viertel nur die obligatorischen zwei Monate? Dass mehr als 60 Prozent aller Mütter ihre Stunden reduzieren, aber weniger als zehn Prozent aller Väter? Dass Frauen mit Kindern im Laufe ihres Lebens bis zu 60 Prozent ihres Geldes verlieren werden, Männer mit Kindern aber bis zu 20 Prozent Vermögen hinzugewinnen? Warum regen sie sich nicht medienwirksam und Fäuste ballend in politischen Talkshows und in den Parlamenten dieses Landes über diese Missstände auf? Wo bleiben deren kollektive Insta-Lives, in denen sie thematisieren, dass ein Vater, der nicht in Elternzeit geht und keine Care-Arbeit übernimmt, damit niemand Geringerem als der Karriere seiner Frau schadet? Wo sind die Artikel von männlichen Journalisten, die sich über ihre Kumpels, Kollegen und Chefs aufregen, die ihre Frauen im Wochenbett allein lassen und sie damit einer erhöhten Gefahr für irreparable Gehirnschäden, chronische Schlafstörungen, Depressionen, Herzkrankheiten und verschiedene Krebsarten aussetzen? Wo sind die Petitionen der M ä n n e r, die fordern, dass Gendermedizin endlich ein verpflichtender und kein freiwilliger Teil aller medizinischen Ausbildungen und Studiengänge wird, und die fragen, wie es eigentlich sein kann, dass People of Color und noch schlimmer Women of Color und Mädchen of Color in den Notaufnahmen ihre Schmerzen einfach viel seltener geglaubt werden? Wo sind die Shitstorms, dass unsere westliche Medizin keinen blassen Schimmer davon hat, wie bestimmte Medikamente auf Transmenschen wirken, weil die Mehrzahl der Tabletten und Therapien am mittelalten, weißen cis-Mann getestet und für ihn konzipiert wird? Wo sind die männlichen Politiker, die sich bei Aktuellen Stunden im Bundestag vor versammelter Mannschaft dafür entschuldigen und sich öffentlich fragen, wie sie je davon ausgehen konnten, dass Care-Arbeit und gleichzeitig Homeschooling funktionieren könne, oder wie sie es je auch nur infrage stellen konnten, ob die Abschaffung des Ehegattensplittings, die Einführung der Kindergrundsicherung oder der verdammten zwei Wochen bezahlter Familienstartzeit für Väter wirklich vonnöten seien? Wo sind deren öffentliche Entschuldigungen? Und wo sind die Väter, Ehemänner, Kumpel und Chefs, die diese Entschuldigungen in Artikeln, Kommentarspalten und Onlinepetitionen fordern?

Was wollen wir also noch alles? Wir wollen all das! Und wir wollen nicht mehr die Einzigen sein, die es einfordern.

Wir wollen, dass all die in diesem Buch markierten Statistiken, Zahlen und Unmöglichkeiten endlich ihren Eingang in Schulbücher, Zeitungsartikel, Lehrpläne, Eilmeldungen, Brennpunkte und Aktuelle Stunden der Parlamente finden. Wir wollen, dass es dafür Sondergipfel um Sondergipfel und Sondersendung um Sondersendung gibt. Und wir wollen, dass sie endlich aufgearbeitet und abgearbeitet werden und sich endlich, endlich, ENDLICH die Realität für Frauen und andere marginalisierte Gruppen in einem Land wie Deutschland verändert und verbessert!

Und wir wollen, dass Männer das alles auch wollen. Dass sie endlich auch protestieren und rebellieren, Shitstorms starten und Demos organisieren. Wir wollen, dass sie verstehen: Gleichstellung zu erreichen ist Aufgabe aller Menschen in diesem Land, keine Frauenaufgabe, sondern in ganz besonderem Maße eine Weiße-heterosexuelle-cis-Männer-Aufgabe. Auch wenn das bedeutet, Privilegien abzugeben; auch wenn es bedeutet, an einem Entscheidertisch nicht mehr zu 90 Prozent Thomasse und Christians anzutreffen; auch wenn es bedeutet, dass diese Thomasse Geld, Macht und Prestige verlieren werden. Denn das werden sie. Es wird ganz automatisch passieren, wenn die Plätze am Entscheidertisch einerseits paritätisch aufgeteilt werden, die Plätze selbst aber nicht mehr werden. Und nein, das heißt nicht, dass damit Frauen bevorzugt werden. Es heißt, dass der seit Jahrhunderten existierenden Bevorzugung von Männern endlich etwas entgegengesetzt wird. Für einige wenige wird es einer Bedrohung gleichkommen, für die große Mehrheit aber wird es sich hoffentlich wie eine gigantische, längst überfällige Befreiung anfühlen.

Wer Frauen fördern will, muss Männern Angebote machen, las ich neulich. Hier ist also das Angebot, liebe Männer: Fangt endlich an, dieses Dreckspatriarchat gemeinsam mit uns abzubauen.

Was wollen wir also noch alles?! Nicht weniger als genau das.

Danke

Ich danke: mir.

Ich danke meinem Mann, der für mich der größte Feminist auf Erden ist, der sich so aber wahrscheinlich nicht bezeichnen würde. Ohne seinen Anteil an der Care-Arbeit wäre meine professionelle Arbeit so sicher nicht möglich gewesen. Er winkt oft ab und sagt, es sei selbstverständlich – aber das ist es eben leider nicht.

Ich danke meinen Kindern, die mit ihrer schieren Existenz und meinem Wunsch, dass sie es später besser haben sollten, zum Motor für meine Arbeit wurden. Ich danke ihnen für ihre Ideen zum Buch, für ihre Ergänzungen über Kinderserien oder -podcasts, die ich unbedingt noch einfügen müsse, weil sich da schon geschlechterpolitisch etwas tue. Ich danke ihnen, dass sie meine Themen und meine Wut – in weniger radikaler Form natürlich – nach außen tragen, dass sie ihre Erzieher*innen und Lehrer*innen ansprechen, wenn in Schulbüchern oder Hörspielen mal wieder Rollenklischees versteckt sind, und mir später stolz davon erzählen.

Ich danke meinen Eltern, die meinem Bruder und mir von klein auf vorgelebt haben, wie es ist, wenn sich beide Eltern kümmern.

Ich danke meiner Lektorin, die mir vor Jahren erklärte, dass ich so schön in dieses Internet hineinbrülle, und mich fragte, ob ich nicht mal in ein oder zwei Bücher hineinbrüllen möchte, was ich dank ihr und dank dem Ullstein-Verlag seit Jahren tun darf. Ihre Ideen und Hinweise, ihr Verständnis für meine Wut und ihr Freiraum, diese meine Wut auch genauso zu Papier bringen zu dürfen, haben meine Bücher so viel besser gemacht.

Und ich danke den unzähligen klugen aktivistischen Frauen, Autorinnen, Wissenschaftlerinnen und Journalistinnen, die mir mit ihren verschiedenen Perspektiven und Ansichten und mit ihrer Arbeit online wie offline täglich die Augen öffnen. Eure Arbeit ist von unschätzbarem Wert.

Euch allen von Herzen danke!

Verweise

1 https://www.undp.org/press-releases/almost-90-men/women-globally-are-biased-against-women

2 Allbright Stiftung (2022): Kampf um die besten Köpfe. Die Konkurrenz um Vorständinnen nimmt zu. S. 5. Berlin. Unter: https://www.allbright-stiftung.de/s/AllBright-Bericht-Herbst-2022-ctn2.pdf

3 https://www.bpb.de/shop/zeitschriften/apuz/traeume-2023/519800/schoene-neue-arbeitswelt/#footnote-target-4

4 https://www.br.de/nachrichten/bayern/frauen-in-der-bayerischen-politik-die-ausnahme-aber-warum,TZ9LeSC

5 https://www.allbright-stiftung.de/aktuelles/2023/1/12/kolumne-chefinnensache-volkswagen-hat-mehr-thomasse-als-frauen-im-vorstand

6 https://www.zeit.de/politik/deutschland/2019-06/bundesverwaltung-frauen-fuehrungspositionen-gleichstellung-sexismus

7 Allbright Stiftung (2022): Kampf um die besten Köpfe. Die Konkurrenz um Vorständinnen nimmt zu. Berlin. Unter: https://www.allbright-stiftung.de/s/AllBright-Bericht-Herbst-2022-ctn2.pdf

8 Ebd. S. 8.

9 Ebd.

10 Russell Reynolds (2023): DAX-Vorstandsstudie 2023. S. 12–15. Unter: https://mss-p-053.stylelabs.cloud/api/public/content/rra-dax-2023-german?v=74dafe1e&utm_source=web&utm_medium=pdf&utm_campaign=dax-board-study

11 Alexandra Zykunov (2022): Wir sind doch alle längst gleichberechtigt! Ullstein. Berlin.

12 https://de.wikipedia.org/wiki/Wikipedia:Relevanzkriterien#Autoren

13 https://de.wikipedia.org/wiki/Wikipedia:L%C3%B6schkandidaten/14._Oktober_2022#Alexandra_Zykunov_(gel%C3%B6scht)

14 Ebd.

15 https://www.spiegel.de/wissenschaft/mensch/donna-strickland-wikipedia-verweigerte-nobelpreistraegerin-eintrag-a-1231494.html

16 Karin Hartmann (2022): Schwarzer Rolli, Hornbrille. Plädoyer für einen Wandel in der Planungskultur. Jovis Verlag. Berlin. S. 29.

17 Teresa Bücker (2022): Alle_Zeit. Eine Frage von Macht und Freiheit. Ullstein. Berlin.

18 https://de.wikipedia.org/wiki/Geschlechterverteilung_in_der_Wikipedia und https://meta.wikimedia.org/wiki/Community_Insights/2018_Report#Diversity_of_contributors_on_the_Wikimedia_projects_seems_to_remain_unchanged

19 Karin Hartmann (2022): Schwarzer Rolli, Hornbrille. Plädoyer für einen Wandel in der Planungskultur. Jovis Verlag. Berlin. S. 31.

20 https://de.wikipedia.org/wiki/Liste_der_Biografien

21 Francesca Tripodi (2021): Ms. Categorized: Gender, notability, and inequality on Wikipedia. In: New Media & Society, Volume 0. Unter: https://journals.sagepub.com/doi/full/10.1177/14614448211023772

22 Ebd.

23 Ebd.

24 https://www.deutschlandfunkkultur.de/20-jahre-wikipedia-wissen-fuer-alle-aus-westlicher-100.html

25 Karin Hartmann (2022): Schwarzer Rolli, Hornbrille. Plädoyer für einen Wandel in der Planungskultur. Jovis Verlag. Berlin. S. 29.

26 https://web.archive.org/web/20150718103642/http://suegardner.org/2011/02/19/nine-reasons-why-women-dont-edit-wikipedia-in-their-own-words/

27 Susanne Mierau (2019): Mutter. Sein. Von der Last eines Ideals und dem Glück des eigenen Weges. Beltz. Weinheim. S. 23.

28 Teresa Bücker (2022): Alle_Zeit. Eine Frage von Macht und Freiheit. Ullstein. Berlin. S. 154.

29 https://web.archive.org/web/20150718103642/http://suegardner.org/2011/02/19/nine-reasons-why-women-dont-edit-wikipedia-in-their-own-words/

30 https://www.zdf.de/nachrichten/panorama/professorinnen-hochschulen-minderheit-statistik-100.html

31 ProQuote Medien (2022): Welchen Anteil haben Frauen an der publizistischen Macht in Deutschland? Eine Studie zur Geschlechterverteilung in journalistischen Führungspositionen. S. 25.

32 https://de.wikipedia.org/wiki/Geschlechterverteilung_in_der_Wikipedia

33 https://de.wikipedia.org/wiki/Diskussion:Geschlechterverteilung_in_der_Wikipedia

34 https://www.sueddeutsche.de/karriere/gleichberechtigung-im-job-sechs-huerden-die-es-frauen-im-beruf-schwer-machen-1.2961470

35 https://www.mckinsey.com/featured-insights/diversity-and-inclusion/women-in-the-workplace#/

36 https://www.bmwk.de/Redaktion/DE/Dossier/fachkraefte sicherung.html

37 Sandra Runge, Karline Wenzel (2022): Glückwunsch zum Baby, Sie sind gefeuert! Diskriminierung von Eltern im Job: Fallgeschichten von Betroffenen und Lösungsansätze. Eden Books. Berlin S. 183.

38 https://www.tagesschau.de/wirtschaft/erwerbstaetigkeit-frauen-103.html

39 Sandra Runge, Karline Wenzel (2022): Glückwunsch zum Baby, Sie sind gefeuert! Diskriminierung von Eltern im Job: Fallgeschichten von Betroffenen und Lösungsansätze. Eden Books. Berlin. S. 153.

40 Friederike Otto (2022): Unlearn Wissenschaft. Aus: Unlearn Patriarchy. Ullstein. Berlin. S. 107.

41 https://www.businessinsider.de/karriere/management-warum-frauen-in-der-krise-ceo-cfo-oder-coo-werden-a/

42 https://www.mckinsey.com/featured-insights/diversity-and-inclusion/women-in-the-workplace

43 Lena Marbacher (2022): Unlearn Arbeit. Aus: Unlearn Patriarchy. Ullstein.Berlin. S. 73–90.

44 https://www.mckinsey.com/featured-insights/diversity-and-inclusion/women-in-the-workplace

45 Stefanie O'Connell Rodriguez (2022): https://www.instagram.com/reel/CkinDs9j8Kh/

46 Bastian Hartmann (2015): (K)ein Bund fürs Leben: Ehestabilität und ökonomische Auswirkungen von Scheidungen. Springer Fachmedien. Wiesbaden.

47 Joanna Syrda (2022). Gendered Housework: Spousal Relative Income, Parenthood and Traditional Gender Identity Norms. In: *Work, Employment and Society*. Unter: https://journals.sagepub.com/doi/10.1177/09500170211069780

48 Yinjunjie Zhang, Robert Breunig (2021): Gender Norms and Domestic Abuse: Evidence From Australia. In: Tax and Transfer Policy Institute – working paper 5/2021. Unter: https://papers.ssrn.com/sol3/papers.cfm?abstract_id=3824466

49 https://www.mckinsey.com/featured-insights/diversity-and-inclusion/women-in-the-workplace

50 https://www.nytimes.com/2018/11/14/smarter-living/stress-gap-women-men.html

51 Caroline Criado-Perez (2020): Unsichtbare Frauen. Wie eine von Daten beherrschte Welt die Hälfte der Bevölkerung ignoriert. Btb Verlag. München. S. 144–145.
52 Ebd.
53 https://www.sueddeutsche.de/leben/soziales-stuttgart-umfrage-maedchen-bekommen-weniger-taschengeld-als-jungen-dpa.urn-newsml-dpa-com-20090101-210712-99-352577
54 https://www.girls-day.de/ueber-den-girls-day/statistiken-und-evaluation/elternbefragung-2022
55 Michaela Leitner (2022): Fem Facts. Von Sexismen, Gender Gaps und anderen Absurditäten. & Töchter. München. S. 41.
56 https://www.meedia.de/radio-podcast/listen-wenn-maenner-ueber-maenner-sprechen-wo-sind-die-podcast-frauen-470f91ea8c44f24275d38d8c7137b0b4
57 https://www.sueddeutsche.de/projekte/artikel/kultur/gender-wie-gleichberechtigt-sind-kinderbuecher-e970817/
58 Ebd.
59 https://malisastiftung.org/fortschrittsstudie-audiovisuelle-diversitaet-ergebnisse-tv-deutschland/
60 https://www.dwdl.de/magazin/77275/diversity_im_kinderfernsehen_show_dont_tell/
61 https://malisastiftung.org/fortschrittsstudie-audiovisuelle-diversitaet-ergebnisse-tv-deutschland/
62 Ebd.
63 https://www.goethe.de/prj/zei/de/fem/22556586.html
64 Ebd.
65 https://www.faz.net/aktuell/gesellschaft/frauen-kommen-in-filmen-kaum-zu-wort-14172445.html
66 Michaela Leitner (2022): Fem Facts. Von Sexismen, Gender Gaps und anderen Absurditäten. &Töchter. München. S. 82–83.
67 https://www.suedkurier.de/ueberregional/wissenschaft/Er-tut-es-schon-wieder-App-misst-wie-oft-Maenner-Frauen-ins-Wort-fallen;art1350069,9165701
68 https://www.emma.de/artikel/unnatuerlich-lebensfern-sexualisiert-338033
69 Christine Linke, Julia Stüwe, Sarah Eisenbeis (2017): Überwiegend unnatürlich, sexualisiert und realitätsfern. Eine Studie zu animierten Körpern im deutschen Kinderfernsehen. In: Televizion, 30/2. S. 14–17.

70 Ebd. S. 17.
71 https://www.emma.de/artikel/unnatuerlich-lebensfern-sexualisiert-338033
72 https://sz-magazin.sueddeutsche.de/literatur/frauen-literatur-schullektuere-88783?reduced=true
73 Caroline Criado-Perez (2020): Unsichtbare Frauen. Wie eine von Daten beherrschte Welt die Hälfte der Bevölkerung ignoriert. Btb Verlag. München. S. 148.
74 https://www.change.org/p/weg-mit-der-scham-vulvalippen-in-den-duden
75 Christine Howieler (2022): »Sagen Sie Vulva?« In: Brigitte WOMAN 22/10. S. 116.
76 Ebd.
77 https://www.spektrum.de/news/weibliche-sexualitaet-auf-der-suche-nach-der-klitoris/1951363
78 Ebd.
79 https://www.sueddeutsche.de/gesundheit/anatomie-frau-klitoris-1.4963139?reduced=true
80 https://www.spektrum.de/news/weibliche-sexualitaet-auf-der-suche-nach-der-klitoris/1951363
81 https://www.sueddeutsche.de/gesundheit/anatomie-frau-klitoris-1.4963139?reduced=true
82 Vera Weidenbach (2022): Die unerzählte Geschichte. Wie Frauen die moderne Welt erschufen – und warum wir sie nicht kennen. Rowohlt. Hamburg. S. 9.
83 https://taz.de/Entdeckerin-des-Treibhauseffekts/!5646043/
84 https://www.vice.com/de/article/nn5d3g/monopoly-von-einer-antikapitalistischen-feministischen-dichterin-erfunden-904
85 https://www1.wdr.de/radio/cosmo/podcast/lost-sheroes/index.html
86 Ebd.
87 https://www.musikexpress.de/fatima-al-fihri-die-gruenderin-der-allerersten-universitaet-der-welt-1848701/
88 Marit Hinnosaar (2019): Gender inequality in new media: Evidence from Wikipedia. In: Journal of Economic Behavior & Organization. Volume 163. S. 262–276.
89 Samuel Baltz (2022). Reducing Bias in Wikipedia's Coverage of Political Scientists. In: PS: Political Science & Politics. Volume 55(2). S. 439–444.
90 https://www.boeckler.de/de/boeckler-impuls-frauen-im-beruf-schlechter-bezahlt-7266.htm

91 https://www.br.de/nachrichten/wissen/studie-maedchen-halten-sich-fuer-weniger-talentiert,SzktFly
92 https://www.nytimes.com/2018/10/01/well/family/confidence-gap-teen-girls-tips-parents.html
93 https://www.br.de/nachrichten/wissen/studie-maedchen-halten-sich-fuer-weniger-talentiert,SzktFly
94 World Economic Forum (2020): Global Gender Gap Report. S. 40.
95 ZDFzoom (2022): Digital Empire. Unter: https://www.zdf.de/dokumentation/digital-empire
96 https://de.wikipedia.org/w/index.php?title=%C3%96zlem_T%C3%BCreci&action=history&dir=prev
97 https://de.wikipedia.org/w/index.php?title=U%C4%9Fur_%C5%9Eahin&action=history&dir=prev
98 ZDFzoom (2022): Digital Empire. Unter: https://www.zdf.de/dokumentation/digital-empire
99 https://krautreporter.de/3629-wann-bist-du-das-letzte-mal-von-einem-algorithmus-diskriminiert-worden?shared=5bab15d4-1f53-41d1-8895-36118d5190cb
100 https://www.tagesschau.de/wissen/technologie/ki-bilder-algorithmen-frauen-101.html
101 https://www.spiegel.de/wirtschaft/unternehmen/apple-card-gibt-frauen-offenbar-weniger-kredit-a-1295864.html
102 Kenza Ait Si Abbau (2022): Unlearn technologie. Aus: Unlearn Patriarchy. Ullstein. Berlin. S. 260.
103 https://krautreporter.de/3629-wann-bist-du-das-letzte-mal-von-einem-algorithmus-diskriminiert-worden?shared=5bab15d4-1f53-41d1-8895-36118d5190cb
104 https://www.moyabailey.com/tag/misogynoir/
105 https://algorithmwatch.org/de/automatisierte-diskriminierung-facebook-verwendet-grobe-stereotypen-um-die-anzeigenschaltung-zu-optimieren/
106 https://algorithmwatch.org/de/diskriminierendes-gendertargeting-durch-facebook/
107 https://www.nd-aktuell.de/artikel/1169916.kuenstliche-intelligenz-vom-algorithmus-diskriminiert.html
108 http://www.essv.de/essv2021/pdfs/06_siegert_v2.pdf
109 https://www.duden.de/suchen/dudenonline/Vaterinstinkt
110 Um später zu erklären, dass es eine missverstandene Darstellung des Autors war.
111 https://www.zeit.de/2022/43/christian-lindner-bundesfinanzminister-fdp

112 https://twitter.com/Quasselette/status/1348345487007617026

113 https://www.spiegel.de/gesundheit/diagnose/who-streicht-transgender-von-liste-der-psychischen-krankheiten-a-1213812.html

114 https://www.destatis.de/DE/Themen/Arbeit/Verdienste/Verdienste-Verdienstunterschiede/Tabellen/ugpg-03-wirtschaftszweige-ab-2014.html

115 https://deutsch.medscape.com/diashow/49005001?src=mkm_ret_210610_mscpmrk_de_decomp&faf=1#2

116 Ebd.

117 https://ec.europa.eu/eurostat/databrowser/view/sdg_05_20/default/bar?lang=de

118 https://de.statista.com/themen/293/durchschnittseinkommen/#topicOverview

119 Wirtschafts- und sozialwissenschaftliches Institut der Heinrich-Böll-Stiftung (2016): Gender Pay Gap – die geschlechtsspezifische Lohnlücke und ihre Ursachen. S. 7. Unter: https://www.boeckler.de/fpdf/HBS-006394/p_wsi_pb_7_2016.pdf

120 https://www.stern.de/wirtschaft/geld/gender-pay-gap--darum-verdienen-frauen-in-anderen-laendern-mehr-30416762.html

121 https://www.wsi.de/de/einkommen-14619-verdienstabstand-nach-erwerbsumfang-und-beruflicher-position-14928.htm

122 Wirtschafts- und sozialwissenschaftliches Institut der Heinrich-Böll-Stiftung (2016): Gender Pay Gap – die geschlechtsspezifische Lohnlücke und ihre Ursachen. S. 8. Unter: https://www.boeckler.de/fpdf/HBS-006394/p_wsi_pb_7_2016.pdf

123 https://www.gew.de/aktuelles/detailseite/perspektiven-oeffnen

124 https://de.statista.com/statistik/daten/studie/1220561/umfrage/bereinigter-gender-pay-gap-in-deutschland/

125 https://www.glassdoor.com/research/gender-pay-gap/

126 https://www.esf.de/portal/SharedDocs/Meldungen/DE/2022/2022_03_08_gender_pay_gap.html

127 https://www.personalwirtschaft.de/news/verguetung/deutschland-hat-den-zweithoechsten-bereinigten-gender-pay-gap-99931/

128 Ebd.

129 https://magazin.nzz.ch/wirtschaft/arbeitsmarkt-auslaendische-namen-werden-aussortiert-ld.1599225?reduced=true

130 https://www.dw.com/de/afrozensus-verbreiteter-rassismus-gegen-schwarze-in-deutschland/a-59977715

131 https://www.antidiskriminierungsstelle.de/SharedDocs/Glossar_Entgeltgleichheit/DE/19_Migration_Pay_Gap.html

132 Ebd.

133 Ebd.

134 https://www.destatis.de/DE/Presse/Pressemitteilungen/2020/07/PD20_279_12511.html

135 Karim Fereidooni (2022). Unter: https://www.instagram.com/p/CnERTndsEx6/

136 KPMG (2018): She's price(d)less. The economics of the gender pay gap. S. 33. Unter: https://www.wgea.gov.au/sites/default/files/documents/She%27s-Price%28d%29less-2019-Detailed-report.pdf

137 Giorgio Brunello, Béatrice D'Hombres (2006): Does body weight affect wages? Evidence from Europe. In: Economics and Human Biology, 5(1). S. 1–19.

138 https://www.economist.com/christmas-specials/2022/12/20/the-economics-of-thinness

139 Sabrina Strings (2019): Fearing the Black Body. The Racial Origins of Fat Phobia. NYP Press. New York.

140 https://www.freitag.de/autoren/the-guardian/class-pay-gap-wenn-die-klassenherkunft-ueber-den-lohn-entscheidet

141 Ebd.

142 https://www.zeit.de/arbeit/2022-11/class-pay-gap-einkommensunterschiede-soziale-herkunft-akademiker

143 https://www.verivox.de/kredit/nachrichten/gender-pay-gap-frauen-zahlen-hoehere-kreditzinsen-1116639/

144 Ebd.

145 https://dip21.bundestag.de/dip21/btd/19/189/1918921.pdf

146 https://editionf.com/wie-unser-steuersystem-frauen-benachteiligt/

147 Anne Dittmann (2023): Solo, selbst & ständig. Was Alleinerziehende wirklich brauchen. Kösel. München. S. 127.

148 https://www.zeit.de/arbeit/2022-08/helma-sick-finanzielle-unabhaengigkeit-frauen-feminismus/seite-2

149 https://www.brandeins.de/magazine/brand-eins-wirtschaftsmagazin/2021/kassensturz/es-kein-ehegattensplitting-mehrgaebe

150 Anne Dittmann (2023): Solo, selbst & ständig. Was Alleinerziehende wirklich brauchen. Kösel. München. S. 129.

151 https://de.statista.com/statistik/daten/studie/1328920/umfrage/berufstaetigkeit-von-alleinerziehenden-und-eltern-in-paarfamilien-in-deutschland/

152 Ebd.; https://de.statista.com/infografik/27659/erwerbsumfang-von-alleinerziehenden-muettern-und-muettern-in-paarfamilien/

153 https://www.bertelsmann-stiftung.de/de/themen/aktuelle-meldungen/2021/juli/armutsrisiko-von-alleinerziehenden-verharrt-auf-hohem-niveau#link-tab-201378-10
154 Christian Lindner (2023). Unter: https://www.instagram.com/p/CwfT1iPM9m9/
155 https://www.gesetze-im-internet.de/bgb/__616.html
156 https://www.gesetze-im-internet.de/sgb_5/__45.html
157 https://www.apotheken-umschau.de/familie/freizeit-alltag/kind-krank-bekomme-ich-urlaubstage-zurueck-946809.html
158 https://www.mdr.de/nachrichten/sachsen-anhalt/kind-krank-muetter-oefter-zuhause-100.html
159 https://www.zeit.de/wirtschaft/2022-12/erbschaftsteuer-steuer reform-debatte-erbe-vermoegen/seite-2
160 https://www.zeit.de/geld/2023-10/frauenerbschaftssteuer-schenkungssteuer-gender-tax-gap
161 https://editionf.com/wie-unser-steuersystem-frauen-benach teiligt/
162 OECD and G20 Indicators (2021): Pensions at a glance 2021. OECD Publishing, Paris. S. 175.
163 Bündnis Sorgearbeit fair teilen (2021): Factsheet »Der Gender Care Gap und seine Folgen«. S. 2.
164 https://www.bertelsmann-stiftung.de/de/themen/aktuelle-meldungen/2020/maerz/die-grosse-kluft-frauen-verdienen-im-leben-nur-halb-so-viel-wie-maenner
165 https://www.bertelsmann-stiftung.de/de/themen/aktuelle-meldungen/2020/maerz/die-grosse-kluft-frauen-verdienen-im-leben-nur-halb-so-viel-wie-maenner
166 Franziska Schutzbach (2021): Die Erschöpfung der Frauen. Wider die weibliche Verfügbarkeit. Droemer Knaur. München.
167 https://www.boell.org/de/2022/11/09/methode-und-ergebnisse-der-autoritarismus-studie-2022
168 https://www.undp.org/press-releases/almost-90-men/women-globally-are-biased-against-women
169 Katrin Auspurg, Thomas Hinz, Carsten Sauer (2017): Why Should Women Get Less? Evidence on the Gender Pay Gap from Multifactorial Survey Experiments. In: American Sociological Review, Vol. 82 (1). S. 179–210. Unter: https://epub.ub.uni-muenchen.de/42066/1/0003122416683393.pdf
170 Ebd. S. 182.
171 Ebd. S. 202.
172 Ebd. S. 183.

173 https://www.zeit.de/arbeit/2018-06/gehaltsunterschiede-frauen berufe-loehne-gender-pay-gap

174 https://de.statista.com/statistik/daten/studie/167555/umfrage/frauenanteil-in-verschiedenen-berufsgruppen-in-deutschland/

175 Ebd.

176 https://www.zeit.de/arbeit/2018-06/gehaltsunterschiede-frauen berufe-loehne-gender-pay-gap

177 Emily Murphy, Daniel Oesch (2015): The Feminization of Occupations and Change in Wages: A Panel Analysis of Britain, Germany, and Switzerland. In: Social Forces, S. 1–35. Unter: https://serval.unil.ch/resource/serval:BIB_394986C05943.P001/REF

178 Ebd. S. 1.

179 Ann-Christin Hausmann, Corinna Kleinert, Kathrin Leuze (2015): Entwertung von Frauenberufen oder Entwertung von Frauen im Beruf? In: KZfSS Kölner Zeitschrift für Soziologie und Sozialpsychologie, 67. S. 217–242.

180 Emily Murphy, Daniel Oesch (2015): The Feminization of Occupations and Change in Wages: A Panel Analysis of Britain, Germany, and Switzerland. In: Social Forces, S. 1–35.

181 https://www.zeit.de/arbeit/2018-06/gehaltsunterschiede-frauen berufe-loehne-gender-pay-gap/seite-2

182 Krüger, Helga (1995): Prozessuale Ungleichheit: Geschlecht und Institutionenverknüpfungen im Lebenslauf. In: Sozialstruktur und Lebenslauf. S. 133–153.

183 Ebd.

184 https://www.bpb.de/themen/gender-diversitaet/frauen-in-deutschland/49397/arbeit-von-frauen-in-zeiten-der-globalisie rung/#node-content-title-3

185 https://www.bmfsfj.de/bmfsfj/aktuelles/reden-und-interviews/dr-franziska-giffey-dere-erzieherberuf-muss-attraktiver-werden--127010

186 https://www.br.de/nachrichten/deutschland-welt/familienminis terin-paus-will-erzieher-ausbildung-reformieren,TGdmM9B

187 https://www.zeit.de/2023/10/fachkraeftemangel-kita-gender-gap-einkommen

188 Ebd.

189 https://www.zeit.de/arbeit/2018-06/gehaltsunterschiede-frauen berufe-loehne-gender-pay-gap/seite-2

190 Kerstin Lücker, Ute Daenschel (2017/2020): Weltgeschichte für junge Leserinnen. Kein & Aber. Zürich S. 371–388.

191 https://www.forbes.at/artikel/women-of-wall-street.html

192 Ebd.

193 Ebd.

194 https://startupverband.de/fileadmin/startupverband/forschung/studien/ffm/Female_Founders_Monitor_2022.pdf

195 Brandeis Marshall (2022): Misogynoir – die algorithmische Diskriminierung Schwarzer Frauen in der Content-Moderation. In: Heinrich-Böll-Stiftung (Hrsg.), Gunda-Werner-Institut für Feminismus & Geschlechterdemokratie. Berlin. S. 4.

196 Ebd.

197 https://hbr.org/2010/09/why-men-still-get-more-promotions-than-women

198 Ebd.

199 Ebd.

200 https://www.rnd.de/wirtschaft/kolumne-chefinnensache-schluss-mit-der-frauenfoerderung-befoerdert-sie-einfach-KXR6J6TXH5C5ZLKCOPS3CPSISI.html

201 Caroline Criado-Perez (2020): Unsichtbare Frauen. Wie eine von Daten beherrschte Welt die Hälfte der Bevölkerung ignoriert. Btb Verlag. München. S. 76.

202 Ebd. S. 75.

203 https://taz.de/Wickeltische-in-Herrenklo-in-den-USA/!5341420/

204 https://taz.de/Petition-der-Woche/!5851940/

205 https://www.zeit.de/wissen/2023-01/stadtplanung-feminismus-frauen-wissen-podcast

206 https://www.faz.net/aktuell/karriere-hochschule/hoersaal/keine-universitaet-in-deutschland-nach-einer-frau-benannt-17193627.html

207 Michaela Leitner (2022): Fem Facts. Von Sexismen, Gender Gaps und anderen Absurditäten. &Töchter. München. S. 144.

208 Ebd.

209 Leslie Kern (2022): Feminist City. Wie Frauen die Stadt erleben. Unrast Verlag. Münster.

210 https://www.focus.de/panorama/kolumne-von-kristina-lunz-lunz-deutschland-muss-sich-einem-ignorierten-kriminalitaets problem-stellen_id_190362311.html

211 https://www.spiegel.de/ausland/stadtplanung-wie-koennte-eine-feministische-stadt-aussehen-a-c4b7370d-81ee-4fc8-8965-84312028aaa3

212 Rebekka Endler (2021): Das Patriarchat der Dinge. Warum die Welt Frauen nicht passt. DuMont. Köln. S. 44.

213 https://www.spiegel.de/ausland/stadtplanung-wie-koennte-

eine-feministische-stadt-aussehen-a-c4b7370d-81ee-4fc8-8965-84312028aaa3

214 Karin Hartmann (2002): Schwarzer Rolli, Hornbrille. Plädoyer für einen Wandel in der Planungskultur. Jovis Verlag. Berlin. S. 68.

215 Ebd.

216 https://www.br.de/nachrichten/deutschland-welt/15-minuten-staedte-von-der-vision-zur-verschwoerungstheorie,TX369PO

217 https://www.deutschlandfunknova.de/beitrag/crashtest-dummies-der-erste-echte-weibliche-dummy-kommt-aus-schweden

218 Ebd.

219 Lanlan Zhang, Elizabeth A. Reynolds Losin et al. (2021): Gender Biases in Estimation of Others' Pain. In: The Journal of Pain (Vol 22, No. 9). S. 1048–1059.

220 Ebd. S. 1054.

221 Antje Kunstmann (2023): Vom Bikini-Blick zum Diagnose-Kater. In: BRIGITTE (4/2023). S. 80.

222 Lanlan Zhang, Elizabeth A. Reynolds Losin et al. (2021): Gender Biases in Estimation of Others' Pain. In: The Journal of Pain (Vol 22, No. 9). S. 1048–1059. S. 1054.

223 Diane E. Hoffmann, Anita J. Tarzian (2001): The Girl Who Cried Pain: A Bias Against Women in the Treatment of Pain. In: Journal of Law, Medicine & Ethics. Volume 29:1. S. 13–27. S. 17.

224 Ebd.

225 https://www.apotheken-umschau.de/podcast/episode/the-sex-gap-der-podcast-zu-geschlechtergerechter-medizin/gender-pain-gap-wenn-schmerzen-bei-frauen-nicht-ernst-genommen-werden-953541.html

226 Maya Dusenbery (2019): Doing Harm: The Truth About How Bad Medicine and Lazy Science Leave Women Dismissed, Misdiagnosed, and Sick. HarperOne. New York.

227 https://www.undp.org/press-releases/almost-90-men/women-globally-are-biased-against-women

228 Celia Kitzinger (2015): Feminism and the »right to die«: Editorial introduction to the Special Feature. In: Feminism & Psychology. Volume 25 (1). S. 101–104. S. 102.

229 Diane E. Hoffmann, Anita J. Tarzian (2001): The Girl Who Cried Pain: A Bias Against Women in the Treatment of Pain. In: Journal of Law, Medicine & Ethics. Volume 29:1. S. 13–27. S. 19–20.

230 Ebd. S. 19.

231 Ebd.

232 Rebekka Endler (2021): Das Patriarchat der Dinge. Warum die Welt Frauen nicht passt. DuMont. Köln. S. 245.

233 Antje Kunstmann (2023): Vom Bikini-Blick zum Diagnose-Kater. In: BRIGITTE (4/2023). S. 80.

234 Petra Bertram, Rita Kundt (2023): Der tödliche Unterschied. Wie Menschen falsch behandelt werden. In: MDR Fernsehen (Folge 1).

235 Rebekka Endler (2021): Das Patriarchat der Dinge. Warum die Welt Frauen nicht passt. DuMont. Köln. S. 257.

236 Petra Bertram, Rita Kundt (2023): Der tödliche Unterschied. Wie Menschen falsch behandelt werden. In: MDR Fernsehen (Folge 1).

237 https://www.aerztinnenbund.de/downloads/6/Aerztin_2.19_S.12–13.pdf

238 https://www.theguardian.com/society/2022/apr/10/will-we-soon-be-able-to-fix-periods

239 Inga Blundell, Yvonne Hissel (2022): Feministiken. Die Wahrheit über Gleichberechtigung. dtv. München. S. 111.

240 https://www.dggg.de/die-dggg/geschichte/auszeichnungen

241 Inga Blundell, Yvonne Hissel (2022): Feministiken. Die Wahrheit über Gleichberechtigung. dtv. München. S. 111.

242 Antje Kunstmann (2023): Vom Bikini-Blick zum Diagnose-Kater. In: BRIGITTE (4/2023). S. 80.

243 Petra Bertram, Rita Kundt (2023): Der tödliche Unterschied. Wie Menschen falsch behandelt werden. In: MDR Fernsehen (Folge 1).

244 Rajasundaram Rajaganeshan et al. (2008): Accuracy in ECG lead placement among technicians, nurses, general physicians and cardiologists. In: The International Journal of Clinical Practice. 62(1). S. 65-70.

245 Inga Blundell, Yvonne Hissel (2022): Feministiken. Die Wahrheit über Gleichberechtigung. dtv. München. S. 110.

246 Petra Bertram, Rita Kundt (2023): Der tödliche Unterschied. Wie Menschen falsch behandelt werden. In: MDR Fernsehen (Folge 1).

247 Ebd.

248 Ebd.

249 David Westergaard et al. (2019): Population-wide analysis of differences in disease progression patterns in men and women. In: Nature Communications, 10:666. Unter: https://www.nature.com/articles/s41467-019-08475-9.pdf

250 Antje Kunstmann (2023): Vom Bikini-Blick zum Diagnose-Kater. In: BRIGITTE (4/2023). S. 80.

251 Abigail Tucker (2021): Was es bedeutet, eine Mutter zu werden. Ullstein Extra. Berlin. S. 11.

252 Ebd. S. 13.

253 https://www.zdf.de/nachrichten/panorama/endometriose-speicheltest-100.html

254 Inga Blundell, Yvonne Hissel (2022): Feministiken. Die Wahrheit über Gleichberechtigung. dtv. München. S. 111.

255 https://www.businessinsider.de/politik/deutschland/lauterbach-warnt-vor-massenkrankheit-endometriose-geld-ausgeben-fuer-den-kampf-dagegen-will-die-regierung-aber-nicht-a/

256 Rebekka Endler (2021): Das Patriarchat der Dinge. Warum die Welt Frauen nicht passt. DuMont. Köln. S. 254.

257 https://www.zdf.de/nachrichten/panorama/endometriose-speicheltest-100.html

258 Inga Blundell, Yvonne Hissel (2022): Feministiken. Die Wahrheit über Gleichberechtigung. dtv. München. S. 111.

259 https://www.theguardian.com/society/2022/jan/04/women-more-likely-die-operation-male-surgeon-study

260 Christopher J. D. Wallis, Angela Jerath, Natalie Coburn et al. (2021): Association of Surgeon-Patient Sex Concordance With Postoperative Outcomes. In: JAMA Surg. 2022;157(2): S. 146–156.

261 Bundesärztekammer (2021): Aktuellste Ärztestatistik zum 31. 12. 2021. Unter: https://www.bundesaerztekammer.de/file admin/user_upload/BAEK/Ueber_uns/Statistik/Statistik_2021/2021_Statistik.pdf

262 Antje Kunstmann (2023): Vom Bikini-Blick zum Diagnose-Kater. In: BRIGITTE (4/2023). S. 80.

263 https://reportage.wdr.de/gendermedizin-warum-frauen-und-maenner-anders-krank-werden#unterschiede-zwischen-maennern-und-frauen-im-medizin-studium-oft-nur-beiwerk

264 https://www.dgesgm.de/geschlechtersensible-lehre.html

265 Charité – Universitätsmedizin Berlin, Deutscher Ärztinnenbund e. V., Deutsche Gesellschaft für Geschlechtsspezifische Medizin e. V. (2020): Aktueller Stand der Integration von Aspekten der Geschlechtersensibilität und des Geschlechtswissens in Rahmenlehr- und Ausbildungsrahmenpläne, Ausbildungskonzepte, -curricula und Lernzielkataloge für Beschäftigte im Gesundheitswesen. Berlin. S. 68.

266 Ebd. S. 40.

267 Ebd. S. 17.

268 Solmaz Golsabahi-Broclawski (2021): Rassismus im medizinischen

Alltag und in der Lehre. In: Impu!se für Gesundheitsförderung 110/2021. S. 8–9.

269 Geoffrey S. Holtzman, Neda A. Khoshkhoo & Elaine O. Nsoesie (2022): The Racial Data Gap: Lack of Racial Data as a Barrier to Overcoming Structural Racism. In: The American Journal of Bioethics, 22 (3). S. 39–42.

270 Emilia Roig (2021): Why we matter. Das Ende der Unterdrückung. Aufbau. Berlin.

271 Ebd. S. 290–292.

272 https://taz.de/Gender-und-Wissenschaft/!5685021/

273 Emilia Roig (2021): Why we matter. Das Ende der Unterdrückung. Aufbau. Berlin. S. 288.

274 Rebecca Epstein, Jamilia J. Blake, Thalia Gonzalez (2017): Girlhood Interrupted: The Erasure of Black Girls' Childhood. Center on Poverty and Inequality. Georgetown University Law Center. S. 1.

275 Emilia Roig (2021): Why we matter. Das Ende der Unterdrückung. Aufbau. Berlin. S. 279.

276 https://www.apotheken-umschau.de/podcast/episode/the-sex-gap-der-podcast-zu-geschlechtergerechter-medizin/gender-pain-gap-wenn-schmerzen-bei-frauen-nicht-ernst-genommen-werden-953541.html

277 Davis Kasprowski et al. (2021): Geringere Chancen auf ein gesundes Leben für LGBTQI*-Menschen. In: DIW Wochenbericht 6/2021. S. 79–88.

278 Ebd.

279 Emilia Roig (2021): Why we matter. Das Ende der Unterdrückung. Aufbau. Berlin. S. 281.

280 Uta Brehm, Mathias Huebener, Sophia Schmitz (2022): 15 Jahre Elterngeld: Erfolge, aber noch Handlungsbedarf. In: Bevölkerungsforschung aktuell, 6/2022. S. 4.

281 Ebd.

282 https://de.statista.com/infografik/25086/auswirkungen-der-corona-pandemie-auf-selbststaendige-in-deutschland-nach-geschlecht/

283 https://taz.de/Corona-und-Gender/!5727692/

284 https://www.weforum.org/agenda/2022/10/inflation-crisis-hits-women-harder/

285 https://www.elle.de/female-empowerment-geld-frauen-armut-inflation

286 https://www.bpb.de/themen/familie/familienpolitik/194766/familienberichte-agenda-setting-in-der-familienpolitik/

287 Petition.Elterngeld.Hoch (2023). Unter: https://www.instagram.com/p/CrYFjobsWNG/

288 https://www.welt.de/politik/ausland/article242796079/Gleichstellung-in-Norwegen-Fuer-Vaeter-lohnt-es-sich-nicht-zu-arbeiten.html

289 Ebd.

290 Ebd.

291 https://www.tagesschau.de/ausland/mutterschutz-elternzeit-eu-101.html

292 https://www.menshealth.de/dad/job-care/paternal-leave/#Nl

293 Ebd.

294 Caroline Criado-Perez (2020): Unsichtbare Frauen. Wie eine von Daten beherrschte Welt die Hälfte der Bevölkerung ignoriert. Btb Verlag. München. S. 123.

295 https://www.tagesschau.de/inland/kabinett-pflegereform-101.html

296 BMFSFJ (2021): Kinder, Haushalt, Pflege – wer kümmert sich? Berlin. S. 36.

297 Ebd. S. 20.

298 https://www.brigitte.de/aktuell/gesellschaft/corona-eltern--wo-bleibt-der-frauenstreik--11789326.html

299 https://www.dw.com/de/ein-land-funkt-sos-deutschland-an-der-belastungsgrenze/a-64189343

300 Uta Brehm, Mathias Huebener, Sophia Schmitz (2022): 15 Jahre Elterngeld: Erfolge, aber noch Handlungsbedarf. In: Bevölkerungsforschung aktuell, 6/2022.

301 Louann Brizendine (2007): The Female Brain. Harmony. New York. S. 105.

302 Nicole Leistikow et al. (2022): Prescribing Sleep: An Overlooked Treatment for Postpartum Depression. In: Biological Psychiatry. Volume 9. S. 13–15.

303 https://www.spektrum.de/news/was-bei-schlafmangel-im-gehirn-passiert/1560834

304 https://www.bussgeldkataloge.de/alkohol-am-steuer/?msclkid=b92297cccb1913d93db9f3899bf1f337&utm_source=bing&utm_medium=cpc&utm_campaign=Alkohol%20%7C%20Midterm%20%7C%20Exact&utm_term=ab%20wieviel%20promille%20betrunken&utm_content=!Alkohol%20-%20Allgemein%20%7C%20Midterm%20%7C%20Exact

305 https://www.spiegel.de/politik/deutschland/familienpolitik-in-der-krise-muetter-sind-keine-allzweckwaffen-a-6126300a-9648-4d25-9760-971e28f6dae5

306 Nicole Leistikow et al. (2022): Prescribing Sleep: An Overlooked Treatment for Postpartum Depression. In: Biological Psychiatry. Volume 9. S. 14.

307 Liat Tikotzky et al. (2015): VII. Infant sleep development from 3 to 6 months postpartum: Links with maternal sleep and paternal involvement. In: Monographs Society Res Child, 80: 107–124.

308 Nicole Leistikow et al. (2022): Prescribing Sleep: An Overlooked Treatment for Postpartum Depression. In: Biological Psychiatry. Volume 9. S. 14.

309 Abigail Tucker (2021): Was es bedeutet, eine Mutter zu werden. Ullstein extra. Berlin. S. 345.

310 https://www.insider.com/living-in-south-korea-care-after-birth-amazing-2023-9

311 Ebd. S. 252–254.

312 Ebd. S. 282–284.

313 Ebd. S. 291.

314 https://www.watson.de/leben/interview/747341761-mutter werden-zwei-doulas-erklaeren-das-veraendert-sich-bei-einer-frau

315 Abigail Tucker (2021): Was es bedeutet, eine Mutter zu werden. Ullstein Extra. Berlin. S. 20.

316 Ebd.

317 Jana Heinicke (2022): Aus dem Bauch heraus. Wir müssen über Mutterschaft sprechen. Goldmann. München. S. 121.

318 Ebd. S. 123–126.

319 Ebd.

320 SWR-Doku (2022). Unter: https://www.instagram.com/p/Cn15 qDZMrnH/

321 https://mother-hood.de/informieren/situation-geburtshilfe/

322 https://www.zeit.de/wirtschaft/2022-11/krankenhausreform-budget-hebammen-karl-lauterbach

323 Bündnis Sorgearbeit fair teilen (2021): Factsheet »Der Gender Care Gap und seine Folgen«. S. 1.

324 Ebd.

325 Ebd.

326 https://www.bmfsfj.de/bmfsfj/themen/gleichstellung/gender-care-gap/indikator-fuer-die-gleichstellung/gender-care-gap-ein-indikator-fuer-die-gleichstellung-137294

327 https://www.oxfam.de/unsere-arbeit/themen/care-arbeit

328 BMFSFJ (2021): Kinder, Haushalt, Pflege – wer kümmert sich? Berlin. S. 16.

329 Bündnis Sorgearbeit fair teilen (2021): Factsheet »Der Gender Care Gap und seine Folgen«. S. 2.

330 BMFSFJ (2021): Kinder, Haushalt, Pflege – wer kümmert sich? Berlin. S. 19.

331 Ebd.

332 https://www.oxfam.de/unsere-arbeit/themen/care-arbeit

333 Ebd.

334 https://www.sueddeutsche.de/leben/care-arbeit-bezahlung-1.4823395

335 https://www.watson.de/leben/interview/907696548-interview-mit-alexandra-zykunov-sind-nicht-so-emanzipiert-wie-wir-dachten

336 https://nypost.com/2018/03/17/being-a-mom-is-the-equivalent-of-2-5-full-time-jobs/

337 Claire Samtleben (2019): Auch an erwerbsfreien Tagen erledigen Frauen einen Großteil der Hausarbeit und Kinderbetreuung. In: DIW Wochenbericht 10/2019, S. 139–144.

338 Jutta Allmendinger (2021): Es geht nur gemeinsam. Wie wir endlich Geschlechtergerechtigkeit erreichen. Ullstein. Berlin.

339 https://www.destatis.de/DE/Presse/Pressemitteilungen/2019/02/PD19_061_122.html

340 https://www.forbes.com/sites/maggiemcgrath/2023/04/13/more-women-outearn-husbands-but-household-work-remains-inequitable-pew-study-finds/?sh=3ff090dc3757

341 https://www.vox.com/the-highlight/23076305/breastfeeding-costs-baby-formula-shortage

342 https://www.faz.net/aktuell/wirtschaft/deutsche-muetter-stillen-zu-wenig-neue-strategie-der-bundesregierung-17780133.html

343 Teresa Bücker (2022): Alle_Zeit. Eine Frage von Macht und Freiheit. Ullstein. Berlin. S. 62.

344 https://www.vox.com/the-highlight/23076305/breastfeeding-costs-baby-formula-shortage

345 Caroline Criado-Perez (2020): Unsichtbare Frauen. Wie eine von Daten beherrschte Welt die Hälfte der Bevölkerung ignoriert. Btb Verlag. München. S. 127.

346 https://finance.yahoo.com/news/much-economists-stay-home-moms-130001098.html?guccounter=1

347 https://www.sueddeutsche.de/leben/care-arbeit-bezahlung-1.4823395

348 Ebd.

349 https://taz.de/Unbezahlte-Arbeit-in-Deutschland/!5297798/

350 Caroline Criado-Perez (2020): Unsichtbare Frauen. Wie eine von Daten beherrschte Welt die Hälfte der Bevölkerung ignoriert. Btb Verlag. München. S. 110.

351 Jo Luecke (2023): https://www.instagram.com/reel/CoHttfQAR3g/

352 https://www.theguardian.com/lifeandstyle/2020/mar/30/the-men-who-give-up-on-their-spouses-when-they-have-cancer

353 https://www.fatherly.com/health/why-sick-wives-increase-divorce-risk-not-sick-husbands

354 Ebd.

355 Asha Hedayati (2023): Die stille Gewalt. Wie der Staat Frauen allein lässt. Rowohlt. Hamburg.

356 https://www.antidiskriminierungsstelle.de/SharedDocs/pressemitteilungen/DE/2022/20220524_Caregiverstudie.html

357 Ebd.

358 Sandra Runge, Karline Wenzel (2022): Glückwunsch zum Baby, Sie sind gefeuert! Diskriminierung von Eltern im Job: Fallgeschichten von Betroffenen und Lösungsansätze. Eden Books. Berlin. S. 153.

359 Ebd. S. 59.

360 https://www.mckinsey.com/featured-insights/diversity-and-inclusion/diversity-wins-how-inclusion-matters

361 https://www.tagesschau.de/wirtschaft/erwerbstaetigkeit-frauen-103.html

362 https://www.sueddeutsche.de/wirtschaft/arbeitsmarkt-familienministerin-frauen-als-loesung-fuer-fachkraeftemangel-dpa.urn-newsml-dpa-com-20090101-221017-99-160442

366 Ebd.

364 https://www.zeit.de/2023/10/fachkraeftemangel-kita-gender-gap-einkommen

365 https://www.tagesschau.de/inland/lindner-ehegattensplitting-100.html

366 https://www.spiegel.de/wirtschaft/soziales/rwi-studie-abschaffung-des-ehegattensplittings-koennte-hunderttausende-fuer-job-motivieren-a-ee79a7bf-c34f-4b62-a524-c28ef5de2523?utm_source=pocket-newtab-global-de-DE

367 https://www.spiegel.de/politik/deutschland/ehegattensplitting-mehrheit-sieht-abschaffung-nicht-als-beitrag-zur-gleichberechtigung-a-a7bd52b8-cf8a-4c95-bd3d-4671c54fb43a

368 https://www.spiegel.de/wirtschaft/s-oliver-gruender-bernd-freier-ueber-die-generation-z-ich-finde-arbeit-geil-a-2ee50731-d345-4990-a91a-4c3fdaa7326f

369 https://www.haufe.de/personal/hr-management/fachkraefte mangel-hidden-worker-finden-und-binden_80_581598.html

370 https://www.zdf.de/dokumentation/terra-x/lesch-und-co-back fire-effekt-104.html

371 https://www.cfr.org/legal-barriers/

372 https://www.bloomberg.com/news/articles/2022-08-31/women-not-having-kids-get-richer-than-men?leadSource=uverify%20wall

373 Teresa Bücker (2022): Alle_Zeit. Eine Frage von Macht und Freiheit. Ullstein. Berlin.

374 Ebd. S. 54.

375 Ebd. S. 85.

376 BMFSFJ (2022): Kinder, Haushalt, Pflege – wer kümmert sich? Berlin. S. 20.

377 https://spiegel.de/wirtschaft/soziales/tariverhandlungen-in-der-stahlindustrie-ig-metall-fordert-mehr-lohn-und-32-stunden-woche-a-93c9d9f6-cecd-4478-bce1-6912aad1ab6d

378 https://www.bmfsfj.de/bmfsfj/aktuelles/alle-meldungen/die-familienarbeitszeit--106806

379 https://www.welt.de/politik/deutschland/article136144682/Comeback-fuer-Schwesigs-Familienarbeitszeit.html

380 https://www.sueddeutsche.de/politik/personalmangel-gabriel-fuer-laengere-arbeitszeit-1.5627070

381 https://www.gesetze-im-internet.de/azv/__3.html

382 https://www.tagesschau.de/ausland/mutterschutz-elternzeit-eu-101.html, https://www.welt.de/politik/ausland/article242796079/Gleichstellung-in-Norwegen-Fuer-Vaeter-lohnt-es-sich-nicht-zu-arbeiten.html

383 Saskia Esken (2023): https://mastodon.social/@eskensaskia/110871861030741531

384 https://www.spiegel.de/politik/deutschland/familienpolitik-in-der-krise-muetter-sind-keine-allzweckwaffen-a-6126300a-9648-4d25-9760-971e28f6dae5

385 https://news.microsoft.com/de-de/vereinbarkeit-von-familie-und-beruf-bei-microsoft/

386 https://www.novartis.com/de-de/geschichten/novartis-bietet-14-wochen-bezahlte-elternzeit

387 Sandra Runge, Karline Wenzel (2022): Glückwunsch zum Baby, Sie sind gefeuert! Diskriminierung von Eltern im Job: Fallgeschichten von Betroffenen und Lösungsansätze. Eden Books. Berlin. S. 183.

388 https://www.mentalfloss.com/article/86819/11-companies-innovative-benefits-parents

389 Ebd.

390 Ebd.

391 Ebd.

392 Caroline Criado-Perez (2020): Unsichtbare Frauen. Wie eine von Daten beherrschte Welt die Hälfte der Bevölkerung ignoriert. Btb Verlag. München. S. 125.

393 https://cnv-stiftung.de/fileadmin/user_upload/pdfs/Infoblatt_de.pdf

394 Ebd.

395 https://www.zeit.de/2022/43/christian-lindner-bundesfinanzminister-fdp

396 https://www.zdf.de/nachrichten/panorama/entschaedigung-hausarbeit-ivana-moral-100.html

397 Ebd.

398 https://www.woman.at/a/gerichtsurteil-entschaedigung-hausarbeit-ex-frau

399 https://www.spiegel.de/karriere/china-mann-muss-fuer-hausarbeit-der-exfrau-zahlen-a-1e691517-2999-4527-a128-8e99d1f92894

400 https://www.derstandard.at/story/3000000178587/kindes erziehung-bei-sche?fbclid=IwAR0S2rS9AUYMLSUqTt75s7m SuQBhXmamk6w-iR-6GOlcOHXVQ_gNDbf5q6k

401 https://www.sueddeutsche.de/karriere/muttertag-muetter-job-benachteiligung-1.4438023

402 Bertelsmann Stiftung (Hrsg.), Timm Bönke, Rick Glaubitz (2022): Wer gewinnt? Wer verliert? Die Absicherung von Lebenseinkommen durch Familie und Staat. Gütersloh. Unter: https://www.bertelsmann-stiftung.de/fileadmin/files/BSt/Publikationen/GrauePublikationen/Studie_Lebenseinkommen.pdf. S. 11.

403 https://www.welt.de/politik/ausland/article183195902/Geburten rate-Italiens-Ackerland-Praemie-fuers-dritte-Baby.html

404 https://www.reuters.com/article/us-hungary-orban-benefits/orban-offers-financial-incentives-to-boost-hungarys-birth-rate-idUSKCN1PZ0I0

405 https://www.wsi.de/fpdf/HBS-008274/p_wsi_report_73_2022.pdf

406 https://www.brigitte.de/familie/haben-wollen/hei-baby---ein-paket-fuer-jede-finnische-mutter--das-wollen-wir-auch--1019 5350.html

407 Anne Dittmann (2023): Solo, selbst & ständig. Was Alleinerziehende wirklich brauchen. Ein Wut- und Mutmachbuch. Kösel. München. S. 126–129.

© Hans Scherhaufer

Alexandra Zykunov, geb. 1985, ist Journalistin für feministische und gesellschaftliche Themen bei der BRIGITTE und Autorin des Bestsellers »Wir sind doch alle längst gleichberechtigt!«. Als Speakerin hält sie Keynotes in internationalen Unternehmen zu Themen wie Feminismus, Care-Arbeit oder Gender bias und ist als @alexandra___z eine reichweitenstarke Stimme auf Social Media. Ihre pointierten Texte und Analysen zur Unsichtbarkeit von Frauen- und Familienthemen in der Politik sprechen Tausenden von Frauen aus der Seele und gehen regelmäßig viral.